Quand Paris dansait avec Marianne

Quand Paris dansait avec Marianne

1879-1889

Musée du Petit Palais
10 mars - 27 août 1989

L'exposition *Quand Paris dansait avec Marianne (1879-1889)* a été conçue dans le cadre des célébrations nationales et municipales du bicentenaire de la Révolution française.

1989 1789 Mairie de Paris bicentenaire

ISBN 2-7376-2644-7

Exposition organisée par la Ville de Paris
grâce à la confiance de :

M. Jacques CHIRAC
Maire de Paris

Mme Françoise DE PANAFIEU
Adjoint au maire, chargé des Affaires culturelles

M. Bruno RACINE
Directeur des Affaires culturelles

M. Olivier GÉROLAMI
Chef du Bureau des musées et secrétaire général
de « Paris-Musées »

M. Bertrand COCHERY
Administrateur

Commissariat

Thérèse BUROLLET,
Conservateur en chef du musée du Petit Palais

Guénola GROUD,
Conservateur au musée du Petit Palais

Daniel IMBERT,
Conservateur au musée du Petit Palais
Responsable du dépôt des œuvres d'art
de la Ville de Paris

avec la complicité, pour le catalogue, de TARDI

Commissariat administratif

Sylvie-Jan PIVER,
Secrétaire général du musée du Petit Palais

Conception de la présentation
Jérome HABERSETZER, architecte,
avec la collaboration de
Yannick SCHUTZ

Réalisation technique
Atelier des musées
Michel GRATIO, chef d'atelier

Conception et réalisation des
peintures décoratives du péristyle
Jean-Claude CHUPIN
assisté de Ashley ASHFORD-BROWN

Conception et réalisation de l'audiovisuel
Patrick LADOUCETTE, assisté de Jean-Carol LARRIVÉ,

avec le concours technique du service audiovisuel,
dirigé par Daniel HENNEMAND

REMERCIEMENTS

Cette exposition a pu être réalisée grâce aux prêts généreusement consentis par les personnes et les établissements dont les noms suivent :

M. Lionel ASSOUAD, maire du XIVe arrondissement
M. Alain DEVAQUET, maire du XIe arrondissement
M. Edouard FREDERIC-DUPONT,
maire du VIIe arrondissement
M. Georges MESMIN, maire du XVIe arrondissement
M. Roger ROMANI, adjoint au maire de Paris
M. Jean TIBERI, maire du Ve arrondissement

M. Jean CLOUET, maire de Vincennes
M. MAYET, adjoint au maire
de Champigny-sur-Marne
et Mme BROSSARD, directeur de l'Administration générale

M. Bernard AUBIN, Fleury-les-Aubrais
M. AZEMA, président directeur général
de RUGGIERI, Paris
M. Eric BASCHET, directeur des archives
de *L'Illustration*, Paris
M. LOIR, directeur de la Société de gérance
Jeanne-d'Arc, Paris

Bibliothèque administrative de la Ville de Paris
Mlle Béatrice de BUFFEVENT, conservateur en chef

Bibliothèque historique de la Ville de Paris
M. Jean DERENS, conservateur en chef

Bibliothèque Trocadéro de la ville de Paris
Mme Nathalie VOISIN, conservateur

Musée Carnavalet, Paris
M. Bernard de MONTGOLFIER, conservateur en chef,
inspecteur général des musées de la Ville de Paris

Musée d'Orsay, Paris
Mme Françoise CACHIN, inspecteur général
des musées, directeur du musée

Musée de l'Armée, Paris
M. le général de corps d'armée BOISSEAU, directeur

Musée du Petit Palais, Genève
Docteur Oscar GHEZ, président-fondateur

Musée Picasso, Paris
M. Pierre GEORGEL, conservateur en chef

Musée Rodin, Paris
M. Jacques VILAIN, conservateur

Nous tenons à exprimer notre reconnaissance à toutes les personnes qui nous ont encouragés, aidés et largement accueillis lors de la préparation de cette exposition :

au musée d'Orsay
Anne Pingeot, conservateur en chef, Caroline Mathieu, conservateur, Laure de Margerie et l'équipe du service de documentation des sculptures

au musée Carnavalet
Jean-Marie Bruson, François Macé de Lépinay, Françoise Reynaud et Philippe Sorel, conservateurs et Danièle Chadych, bibliothécaire

à la bibliothèque administrative de la Ville de Paris
Laurence Leloup, conservateur et Isabelle Blondel

à la bibliothèque historique de la Ville de Paris
Mme Bourgeade, documentaliste

ainsi que Nicole Barbier, conservateur au musée Rodin, Hélène Marraud, son assistante et Hélène Pinet, documentaliste ; Laurence Bardury, conservateur, responsable des collections municipales de la Ville de Paris ; Mme Boustani, conservateur du musée de Saint-Maur ; Marie-Noëlle Maynard, conservateur du musée municipal de Sedan ; Mme Muller, conservateur au musée d'Aquitaine à Bordeaux ; Catherine Mathon et Frédéric Chappey, conservateurs à l'École nationale supérieure des Beaux-Arts ; Jean-Pierre Reverseau, conservateur au musée de l'Armée ; M. Roy, conservateur du château-musée de Nemours ; Yves Roumegoux, chargé de mission au musée municipal de Nevers et M. Vanario, archiviste aux archives municipales de Lyon.

Nous souhaitons également remercier pour leur précieux concours :

Roxane et France Debuisson qui nous ont autorisés à photographier certaines pièces de leur riche collection de cartes postales.

Jacques Imbert qui ne nous a ménagé ni son temps ni ses conseils lors de la rédaction des textes du catalogue

Pierre Jahan, photographe et témoin de la *Mort des statues*

ainsi que Anne Debal, Pascale Etiennette, June Hargrove, Elisabeth Lebovici, Krischnâ Renou, Pierre Allio, Laurent Chemtob, Annie et Henri Galleron, Olivier Meslay, Jean-Paul Réti et François Vié.

Nous adressons également nos remerciements à nos collègues du Petit Palais et à l'ensemble du personnel du musée qui nous ont apporté une aide dévouée et particulièrement à :

François Pérot, conservateur en chef honoraire, Mathilde Avisseau, Gilles Chazal, Dominique Morel, conservateurs ainsi que Nathalie Morigeon et Marie-Christine Lamoril

Lisa Jouvet, attachée de presse
Catherine de Bourgoing et l'ensemble du service pédagogique,
Denise Kaminskis, responsable du secrétariat et toute son équipe
André Protin qui a participé au montage de l'exposition
Fortuné Babouram, chef de l'équipe des travaux
et ses collaborateurs
André Valli, inspecteur et tout le personnel de surveillance du musée

Cette exposition n'aurait pu avoir lieu sans l'aide précieuse que nous ont apportée :

à la direction des Parcs, Jardins et Espaces verts de la Ville de Paris, M. Guy Surand, directeur général et M. Jean-Pierre Clergue, sous-directeur ;

à la direction des Affaires culturelles de la Ville de Paris,
Mme Claire Reclus, ancien sous-directeur du Patrimoine culturel,
Mme Paulette Giry-Laterrière, chef de cabinet du directeur,
Jean-Pierre Thibault, ancien chef du Bureau des monuments,
Patrick Roger-Vasselin, chef du Bureau, ainsi que Daniel Landraud et François Guerra ; Bernard Notari, ancien secrétaire-général de « Paris-Musées », Marie-Noëlle Carof et Marie-Hélène Riglet, adjointes au chef du Bureau des musées, Brigitte de Montclos, chargée des relations publiques et Catherine de Bourgoing, responsable de l'action culturelle, ainsi que Danièle Camilleri, responsable de la section du personnel, Carmen Sokolenko et Françoise Vaillant ;

Daniel Hennemand, responsable de la photothèque des musées et du service audiovisuel, assisté de Patrick Pierrain, Marc du Broca et Didier Giet, photographes,

Helyette Treatt, responsable éditions « Paris-Musées »

et le personnel de l'Atelier des musées :
Guy Andreoleti, Denis Blard, Jean-Paul Boyau, Bernard Chevallier, Louis Coustou, Bernard Davoine, Patrick Gros, Jean-Pierre Guillaume, Gilbert Henri, Alain Lamy, Maurice Lemut, Denis Michel, Claude Moutailler, Pierre Ory, Jacques Paquet, Alain Rogue, Michel Sachet, Benoit Sellite, Bruno Tuheille.

Notre gratitude va enfin aux nombreux restaurateurs qui, depuis 1987, ont eu en charge la restauration des œuvres exposées ; pour les sculptures conservées au dépôt des œuvres d'art de la Ville de Paris : Bruno Capredon, Patrick Jallet, Marcel Molac, Michel Prieur, Maximilien Wroblewski, Sophie Joigneau et Marie Louis ;

pour le grand tableau de Roll : Olivier Nouaille, Bertrand Le Dantec, Guillaume Benard Tertrais, Nathalie Palmade, Alain Pitrel, Nicolas Imbert, assistés des étudiants de l'ifroa : Laurence Atger, Florence Marcille, Sylvie Sauvagnargues, Gabrielle Zeitoun, Sabine Cotte, Christian Vibert, Martine Lemot, Xavier Beugnot, Guillaume Bouchayer ;
Annie Hochart, Florence Douxami, Michèle Congé ;

et pour les autres œuvres : Sylvia Brunetti, Anne Cartier-Bresson, Florence Herrenschmidt, Pascale Klein, Thierry Lefèvre, Marie-Pierre Lernout, Costas Spourdos, Claude Wrobel, Grégor et Maria Zabinski ainsi que la fonderie Blanchet-Landowski et la fonderie Susse.

SOMMAIRE

AVANT-PROPOS

En cette année du bicentenaire des débuts de la Révolution française – alors que le musée Carnavalet s'apprête à montrer ses collections historiques révolutionnaires – le Petit Palais, musée de la Ville de Paris largement consacré au XIXe siècle, a choisi de souligner auprès du public le rôle primordial joué par la capitale dans la célébration historique et artistique, en 1889, du premier centenaire de 1789.

Après les hésitations politiques des années 1871-1879, lorsque se met en place une République déjà « radicale » consolidée par la venue au pouvoir de Jules Grévy et de Jules Ferry, le Conseil municipal de Paris affirme une position encore plus marquée à gauche. Le Conseil souffre, en effet, du statut particulier qui a été maintenu à Paris, mettant la capitale à part du nouveau régime des autres communes. Il vote les budgets et les principales décisions mais ne détient pas le pouvoir exécutif qui est assuré par le préfet. Même quand celui-ci se montre parfaitement républicain, le Conseil, pour obtenir sa part de pouvoir, aura tendance à renchérir et se plaira à exalter de façon systématique les grandes idées-force de la République, qu'elles soient politiques, sociales ou humanistes. Partisans inconditionnels de la démocratie et de l'application du mot d'ordre jailli en 1789 : « Liberté. Egalité. Fraternité », les conseillers municipaux de Paris s'attachent à soutenir les principes que les représentants républicains radicaux défendent à la Chambre et les programmes des ministres-théoriciens comme Jules Ferry et Armand Fallières : la nécessité de l'enseignement pour tous et son corollaire la laïcité, l'importance du travail pour l'épanouissement civique du citoyen, la reconnaissance accrue de l'entité familiale et de l'idée de patrie, dont découlent évidemment les notions de paix armée et de défense de la nation.

Dès 1875-1879, Paris avait exprimé dans ses premières décorations de mairies son adhésion au dogme républicain et à « l'Evangile laïque » du citoyen. Dans les années suivantes les édiles renforceront cette prise de position. L'exposition que nous présentons offre au visiteur la possibilité de suivre, de 1879 à 1889, les étapes des grandes commandes artistiques parisiennes célébrant la République et les libertés.

En vue de cette présentation la Ville de Paris a fait l'effort de faire restaurer les nombreux plâtres, heureusement conservés, qui ont servi à l'élaboration des principaux monuments : esquisses, maquettes, modèles au tiers ou plâtres originaux. Ceux-ci permettent de comparer les différentes conceptions des artistes pour les mêmes projets, de regarder avec un œil nouveau des monuments trop souvent occultés par l'agitation de la circulation, et a fortiori de se souvenir de monuments disparus. On évoquera ainsi – en les comprenant mieux – le groupe de la *Défense de Paris*, aujourd'hui perdu au milieu des échangeurs, la figure allégorique, encore classique, qui se dresse au centre d'une place de la République souvent encombrée de manèges et de tirs forains ou bruissante de manifestations politiques, ou la femme-symbole, à la fois puissante et lyrique, qui couronne le char triomphal de Dalou place de la Nation. On retrouvera aussi avec plaisir des monuments hautement symboliques mais familiers comme le *Danton* du carrefour de l'Odéon ou l'*Etienne Marcel* du quai de l'Hôtel-de-Ville, et l'on pourra admirer la longue silhouette du plâtre original du monument détruit de Condorcet, autrefois dressé devant l'Institut.

Et c'est de nouveau les vertus civiques, le triomphe de la République et l'exemple des grands hommes que l'on découvre dans les décorations commandées durant cette période pour les mairies du VIe et du XXe arrondissement.

La municipalité de Paris a essayé, en outre, de donner à Marianne un visage personnalisé qui puisse symboliser la République dans les lieux publics municipaux, mais elle n'a pas réussi à fixer un archétype. Cela nous a permis d'aligner côte à côte plusieurs bustes aux attributs différents et aux expressions variées : noble, intense, douce ou grave.

La deuxième partie de l'exposition fera revivre pour le Parisien d'aujourd'hui les fêtes républicaines du Parisien d'hier : ce fut d'abord évidemment la création de la fête nationale le 14 juillet 1880 et l'implantation des futurs rites de cette manifestation annuelle comme le défilé, les rues pavoisées, les bals populaires et les feux d'artifice. Ce fut aussi les grandes réjouissances de la célébration du centenaire de la prise de la Bastille en 1789 et de la proclamation de la République en 1792.

Cette mise en valeur de la fête républicaine est largement soulignée dans l'exposition par les jeux de l'image du montage audiovisuel de Patrick Ladoucette.

Cette évocation a été pour nous, de plus, la meilleure des occasions de mettre en chantier la restauration d'une immense toile d'Alfred Roll, illustrant le *14 Juillet 1880*, et restée pour ainsi dire inconnue jusqu'à nos jours.

Les dernières salles sont consacrées à l'évocation de l'Exposition universelle de 1889, conçue par le gouvernement et la municipalité parisienne comme un hommage à la Révolution. Elles permettront, à travers une brève rétrospective des pavillons de la Ville de Paris, de comprendre l'importance de la capitale comme moteur républicain et mécène artistique. Notre présentation s'est voulue d'autant plus uniquement municipale que le musée d'Orsay prépare parallèlement une étude des données socio-politiques

de l'Exposition universelle de 1889 et de ses principales réalisations artistiques, en particulier celle de la tour Eiffel.
Le choix de quelques œuvres ne permet évidemment pas de rendre compte de l'extrême effort accompli par la Ville de Paris pour exposer en 1889 le résultat de son vaste programme de commandes de sculptures pour ses squares et ses jardins – n'oublions pas qu'il y avait à l'Exposition plus de quatre-vingts sculptures alignées en bordure des pelouses – mais les pièces présentées ici donnent un aperçu de la variété des sujets et des styles ainsi qu'un témoignage de la qualité de leur facture. Il nous a paru intéressant de les présenter sous le péristyle, dans une atmosphère extérieure qui leur rend leur dimension de sculpture de plein air.

Il aurait, bien sûr, été passionnant d'étudier tous les monuments consacrés à la République au cours de cette période dans la France entière ; mais une telle recherche, si elle avait été exhaustive, aurait fort dépassé les limites d'une seule exposition. Cependant la démarche républicaine de la Ville de Paris étant tout à fait exemplaire, son étude est parfaitement représentative des vœux politiques et des courants idéologiques de l'époque. Elle en est, en quelque sorte, la cristallisation. Du reste on trouvera dans le catalogue – en vue de comparaisons fructueuses – de nombreuses allusions aux monuments élevés aux mêmes dates dans certaines villes de province particulièrement engagées sur le plan politique comme Lyon ou Bordeaux.

Le sujet de cette exposition est assez neuf pour avoir demandé un énorme effort de recherche pour l'établissement du catalogue. Si l'exposition *La sculpture française au XIXe siècle*, au Grand Palais, en 1986, avait étudié avec soin le processus des commandes de l'Etat, l'équivalent n'existait pas pour la Ville de Paris et il a été nécessaire de plonger fort avant dans les sources municipales des Archives de Paris, de la bibliothèque administrative de l'Hôtel de Ville et de la bibliothèque historique de la Ville de Paris. L'exposition *Le triomphe des mairies*, organisée au Petit Palais en 1986-1987, avait déjà révélé pour la peinture les sources administratives et iconographiques des grandes commandes murales de la Ville de Paris. Pour la sculpture et l'étude des fêtes municipales l'essentiel restait à faire.

En ce temps de bicentenaire nous constatons une prolifération d'ouvrages sur la Révolution française et ses prolongements dans le XIXe siècle, mais l'évolution de la figure de Marianne et la mise en lumière du fait républicain avaient depuis plus de dix ans intéressé quelques précurseurs, dont les ouvrages nous ont servi d'exemples. Il s'agit en particulier des études de Maurice Agulhon dans *Marianne au combat* et *Histoire vagabonde* et celles de Pierre Nora et de toute son équipe dans les irremplaçables *Lieux de mémoire*.

Cette présentation est en grande partie l'aboutissement d'un long travail de sauvegarde et de restauration d'une section du patrimoine de la Ville de Paris, peu connue mais très riche, qui est conservée actuellement au dépôt des œuvres d'art de la Ville de Paris, à Ivry. Nous nous devons de remercier une fois encore l'administration parisienne et en particulier M. Camille Cabana, alors Secrétaire général de la Ville de Paris, qui nous ont permis d'engranger et de conserver ces œuvres. Notre pensée fidèle se tourne de même vers Henri Cazaumayou qui nous a aidée, il y a plus de dix ans, à les préserver et en fit pour le plaisir les premières photographies de repérage. Mais cette collection de sculptures n'aurait pas repris vie sans l'intérêt passionné et les efforts répétés de Daniel Imbert, responsable du dépôt des œuvres d'art de la Ville de Paris. Conservateurs du département des sculptures du Petit Palais, Daniel Imbert et Guénola Groud, travaillant en équipe, ont assumé la lourde tâche de la conception et de la réalisation de cette exposition, l'étude scientifique des œuvres et la rédaction du catalogue. Qu'ils soient chaudement remerciés pour leur sens de l'histoire, leur ardeur et leur sensibilité et pour la réalisation de ce travail exemplaire qui ne peut qu'intéresser et séduire le visiteur. Notre gratitude va aussi à Sylvie-Jan Piver qui a assuré durant de longs mois le suivi administratif de cette manifestation.

Je tiens enfin à exprimer ici tout particulièrement mes sentiments reconnaissants envers Jacques Tardi qui a accepté avec simplicité de se joindre à nous et de poser sur notre entreprise un percutant regard de sociologue et d'humoriste. En commentant ainsi les œuvres exposées et le propos qu'elles nous ont inspiré, il a jeté un pont bien séduisant entre le XIXe siècle de Jules Ferry et la plus fascinante des modernités.

Thérèse Burollet
Conservateur en chef du musée du Petit Palais

arianne

Paris et la République : les enjeux d'une statue

En janvier 1875, l'amendement Wallon, adopté de justesse lors du vote des lois constitutionnelles, inscrit la république comme forme légale de gouvernement. Chacun sait qu'il faudra encore quatre ans pour que le régime s'impose dans les faits. Le 1er février 1879, la démission de Mac Mahon, suivie de l'élection de Jules Grévy à la présidence, achève le processus de conquête du pouvoir par les républicains. Le même jour, le préfet Hérold, nommé par le gouvernement à la tête de l'administration parisienne, propose de célébrer symboliquement cette victoire par l'érection dans la capitale d'un monument sculpté à la gloire des nouvelles institutions.

Nous ne voulons pas, lit-on dans le rapport qu'il soumet au Conseil municipal, *que, sous les institutions qui nous régissent, l'image de la République soit absente de la grande cité*[1]. La tradition explique, dans une large mesure, ce désir de célébration. Depuis toujours, le pouvoir s'est efforcé de manifester de la sorte son existence et sa gloire. En particulier, la Révolution puis l'Empire s'y sont essayés, parfois sur les décombres mêmes des statues de rois. En 1879, l'heure n'est plus, sans doute par opportunisme, aux destructions iconoclastes mais les conseillers municipaux, dans leur majorité, souhaitent opposer aux monuments royaux, restaurés après 1815, une grande sculpture qui symboliserait avec éclat le changement institutionnel et le souvenir de la Révolution. C'est ce que dit encore clairement Ulysse Parent dans le rapport qu'il présente au Conseil pour demander l'acquisition du *Triomphe de la République* de Dalou, alors que le concours de 1879 a déjà couronné le projet de Léopold Morice. *De quelque côté que nous jetions les yeux, partout nous voyons, traduit par le bronze ou le marbre, le souvenir des monarchies éteintes* [...] *Mais où pourrions-nous trouver une pierre qui rappelât notre grande Révolution ; où sont les monuments élevés à sa gloire*[2] *?*

Le souhait d'ériger à Paris une allégorie de la République remonte en fait à l'année précédente. En 1878, à quelques semaines de l'ouverture de l'Exposition universelle qui fut, on le sait, l'occasion de glorifier le nouveau régime, le gouvernement invite le Conseil municipal à participer financièrement à l'exécution définitive d'une statue de Clésinger dont le modèle en plâtre existe déjà. L'affaire, engagée dans un climat de méfiance politique tourne court, ce qui n'empêchera pas d'ailleurs le plâtre d'être installé dans l'enceinte de l'exposition. La gauche municipale se méfie d'une œuvre et d'un projet qu'elle juge trop tièdes. Les discussions qui s'engagent au mois de mars — au cours desquelles certains conseillers, souvent eux-mêmes artistes, comme le peintre Jobbé-Duval ou Ulysse Parent, qui fut dessinateur d'objets d'art, vont se mettre en évidence — montrent bien que la majorité du Conseil souhaite donner à la statue projetée la dimension d'un manifeste politique. Le plus représentatif de cette volonté est certainement Viollet-le-Duc ; l'architecte représente le quartier Montmartre à l'assemblée municipale ; il a présidé, au moment des élections législatives de 1876, un comité de républicains radicaux hostiles à la candidature de Thiers[3] ; on ne compte plus ses démêlés avec l'administration préfectorale depuis que, comme rapporteur de la commission des Beaux-Arts, il cherche à faire diminuer les crédits affectés à la décoration des églises pour favoriser ceux concernant les édifices civils. La conviction qu'il n'y a pas d'art public indépendant d'une idéologie l'incite, comme certains de ses collègues, à mettre en œuvre à Paris un grand programme éducatif de statuaire publique à vocation laïque et républicaine.

La statue de Clesinger (FIG. 1) montre une figure assise revêtue d'une armure et coiffée d'un casque à cimier que certains compareront, avec ironie, à un casque de pompier. L'allégorie tient une épée dressée tandis que sa main gauche repose sur une table où l'inscription portée se limite à l'évocation prudente de la constitution de 1875. Un des conseillers croit savoir qu'il s'agit là d'une œuvre ancienne qui symbolisait primitivement la France[4]. Au moment de l'Exposition, un critique se contentera de regretter le caractère banal et un peu lourd de l'œuvre[5]. Mais pour les conseillers munici-

FIG. 1

FIG. 2

FIG. 3

FIG. 1
Auguste CLESINGER
La République, 1878 Paris,
Exposition universelle
(Roger-Viollet).

FIG. 2
Jean-François SOITOUX
La République, 1848 anciennement Paris,
devant l'Institut
(Roger-Viollet).

FIG. 3
État actuel Amboise,
place de la Croix-Benard.

paux, quelques mois plus tôt, c'est l'iconographie plus que la forme qui est en jeu : Ulysse Parent déplore ainsi que la statue ne rappelle son sujet *ni par l'ensemble ni par les détails*. Il lui oppose la *République* de Soitoux (FIG. 2 et 3), marbre commandé en 1848 au terme d'un concours[6] et relégué depuis plus de vingt ans dans les magasins de l'Etat[7]. Plus que le détail de ses attributs — couronne royale brisée aux pieds et faisceau républicain —, son origine en fait aux yeux des élus parisiens un symbole autrement plus éloquent que la figure indécise de Clésinger.

Le manque d'entrain du Conseil a une autre cause dont nous verrons qu'elle demeure, l'année suivante, un des enjeux du monument projeté. Les élus souhaitent recourir, pour la création de cette allégorie-symbole, à la voie du concours plutôt qu'au système de la commande directe[8]. La commission des Beaux-Arts rédige un programme dont les différents articles seront repris pour l'essentiel en 1879. Adopté par l'assemblée municipale[9], ce programme est repoussé par le préfet qui, sur instruction du gouvernement, s'oppose à la prétention des élus d'imposer aux futurs concurrents de coiffer la statue d'un bonnet phrygien[10].

Depuis l'étude de Maurice Agulhon consacrée à Marianne[11], il est à peine besoin de rappeler que, pour des raisons d'opportunisme, le bonnet rouge, symbole de la liberté mais également de l'agitation révolutionnaire, tarde à être accepté en France comme l'emblème officiel de la République. En 1878, son usage est toujours interdit par la loi. C'est en s'appuyant sur une circulaire ministérielle vieille de trente ans, qu'un commissaire de police peut ainsi s'opposer à l'installation dans un marché parisien d'un buste coiffé de cet attribut, alors même que l'on s'apprête à donner à la fête nationale, célébrée le 30 juin, un caractère indéniablement républicain[12]. Déjà la querelle paraît à beaucoup surannée.

Le critique Louis Ménard déplore ainsi que Bartholdi n'ait pas utilisé cet emblème reconnu par tous pour coiffer sa statue de la Liberté exposée au Salon, regrettant qu'il puisse s'agir là pour une œuvre d'art d'un motif d'exclusion[13]. En fait, le gouvernement qui entend, parallèlement au choix des attributs, se réserver également celui de l'emplacement, se méfie d'un projet dont la réalisation pourrait devenir le seul symbole des sentiments républicains de la capitale.

L'arrivée au pouvoir, en 1879, des républicains ne pouvait qu'estomper l'affrontement. Toutefois la personnalité même du nouveau préfet, Ferdinand Hérold, semble avoir joué un rôle appréciable dans la fin des entraves imposées jusqu'alors au Conseil.

Contrairement à son prédécesseur, l'homme est foncièrement républicain. Exclu en 1872 du Conseil d'Etat sur l'intervention des royalistes, il entre à l'assemblée municipale à la gauche de laquelle il siège jusqu'en 1876, année où il est élu sénateur de la Seine[14]. Son premier discours de préfet fait allusion à sa carrière : *Parmi vous*, dit-il, *j'aperçois d'anciens compagnons de lutte, de cette lutte qui dans le présent établit notre accord. Vieux républicain, je vois en vous, Messieurs, des républicains* [...] *Comment donc ne trouverais-je pas ici des amis*[15] *?* L'initiative qu'il prend aussitôt de proposer au Conseil d'ériger à Paris une statue de la République montre également son habileté car, s'il donne d'emblée satisfaction à certains désirs des élus — organisation d'un concours et proposition de l'Est ouvrier de la capitale pour implanter le futur monument — il fixe sans retard les limites de sa complicité en engageant les conseillers à s'entendre avec l'administration dès la rédaction du programme. Il participera d'ailleurs symboliquement aux discussions comme pour ôter au projet ce caractère presque polémique toujours voulu par quelques élus.

Le rapport présenté par Viollet-le-Duc au nom de la commission des Beaux-Arts est discuté puis adopté par le Conseil le 18 mars 1879. Le ministre de l'Intérieur ayant autorisé le préfet à approuver le vote des élus, l'ouverture de l'épreuve est acceptée définitivement au mois d'avril. Le programme reprend sans réel changement les termes de la délibération de 1878. Toutefois, pour ne pas réveiller la controverse, l'obligation de coiffer la statue d'un bonnet phrygien n'est plus évoquée que de façon tacite, le règlement se bornant à demander aux concurrents de représenter la *République conformément au type traditionnel*[16]. La composition du jury, chargé au mois d'octobre du classement des projets, est également modifiée pour accueillir des représentants de l'administration[17]. Mais l'ensemble des dispositions exprime la même intention fondamentale : faire de l'œuvre et de la façon dont elle sera créée la démonstration symbolique du républicanisme parisien.

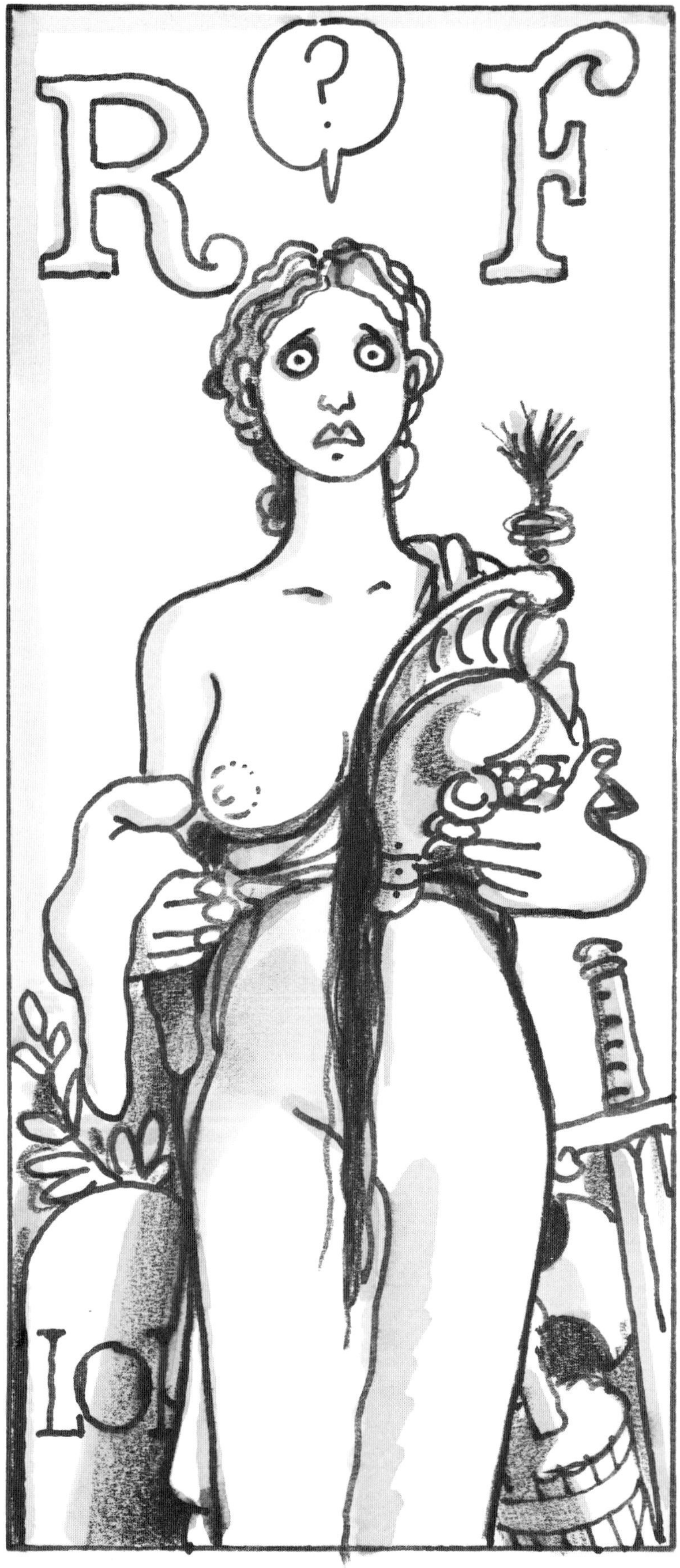

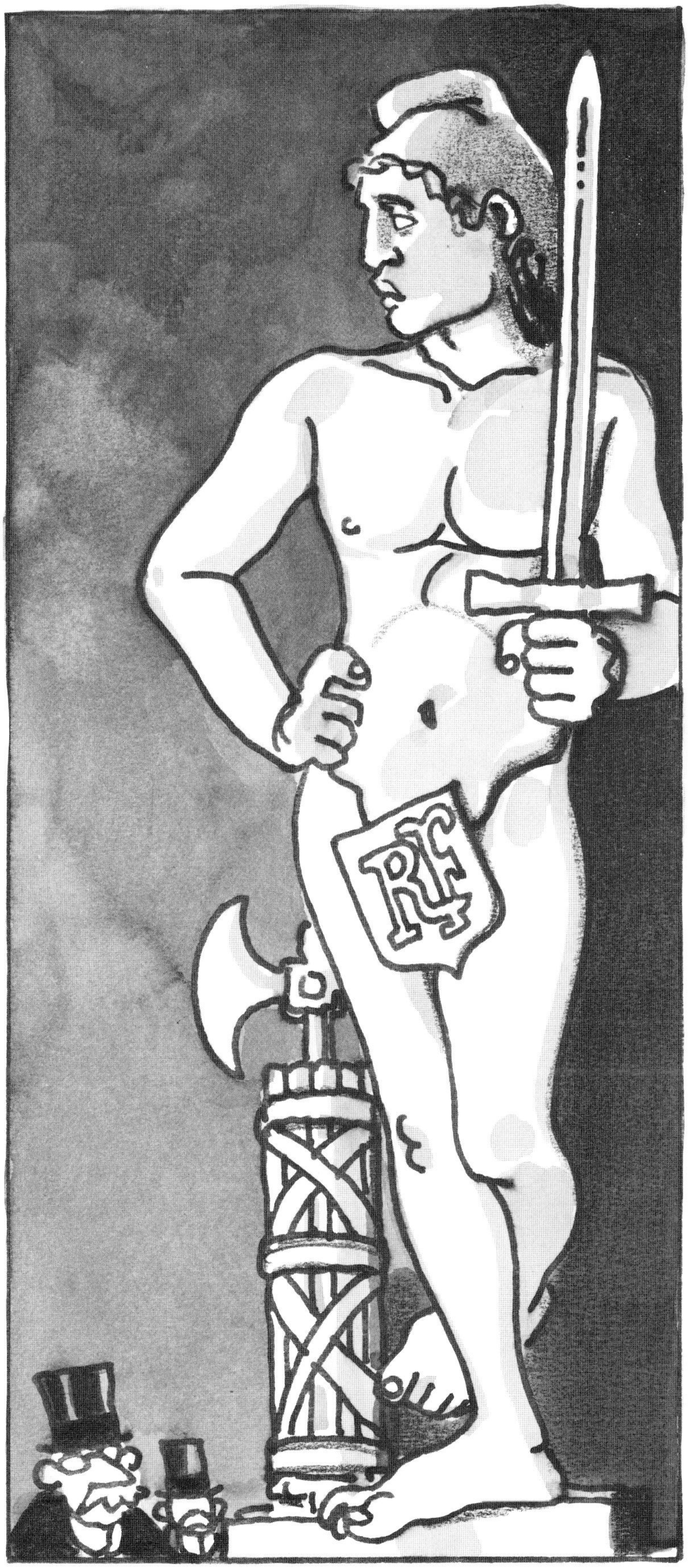

Nous l'avons observé, le Conseil municipal réclame avant tout, dès 1878, la mise au concours public de l'allégorie. La formule, chacun le sait, montre le souhait des républicains d'appliquer au fonctionnement des arts le principe de l'égalité. Depuis la Révolution, le concours a représenté, à différents moments, ce désir de donner à tout artiste une chance égale de bénéficier des grandes commandes publiques. Au début de la Troisième République, le système semble correspondre à une attente supplémentaire. L'idée se développe chez certains critiques que la sculpture, pour composer avec les idées modernes, doit se renouveler. Dans son compte rendu du Salon de 1881, Anatole de Baudot écrit ainsi que si l'on comprend bien qu'à certaines époques qui possédaient un style propre, *une manière acceptée par tous*, la commande directe ait pu produire d'excellents résultats, telle n'est pas la situation actuelle ; et il conclut : *Notre temps cherche sa voie et ne la trouvera qu'en adoptant logiquement un système qui est réclamé par l'opinion publique*[18]. Certains conseillers vont plus loin et se prennent à rêver d'un *Beau républicain* : seule la libre confrontation des projets peut permettre de révéler l'artiste dont le talent neuf s'impose pour la création du symbole même des doctrines nouvelles. La formule du concours, de règle dans les commandes municipales jusqu'à la fin du siècle, montrera cependant rapidement ses limites. Remarquons toutefois — et Ulysse Parent ne manquera pas de le mettre en exergue de son rapport de 1880 — que le concours de 1879 fit découvrir Dalou, imposé par le goût du public contre celui de l'Académie.

Le règlement du concours laisse transparaître un autre enjeu dont les conséquences, paradoxalement, restreignent la liberté de création des artistes. Demander une *République* représentée *debout*, dicter sa hauteur — de cinq mètres en 1878, elle passe à sept l'année suivante — relève d'une intention essentiellement politique. Le Conseil municipal accompagne son goût du triomphalisme monumental du souci d'une pédagogie efficace. Rivale laïque des Vierges colossales[19], la statue parisienne de la République répond au même dessein de frapper les imaginations. Ce rêve de gigantisme annonce d'ailleurs les futurs ensembles sculptés que la France consacrera à la gloire des idées républicaines, synthèses de plus en plus amples, vouées parfois à l'échec — ce fut le cas du monument à la Révolution française, projeté sans suite à Paris pour l'Exposition universelle de 1889[20]. Toute nécessité pratique n'est pourtant pas absente dans cette contrainte imposée à l'imagination des sculpteurs. Si le choix d'une posture dressée correspond au désir de rompre avec des figures de Pouvoir représentées assises, il répond également à la préoccupation d'une harmonie décorative. Un conseiller souligne celle-ci au cours des discussions pour la désignation de l'emplacement : *Il importe* [que le cadre] *soit en rapport avec l'œuvre elle même afin d'obtenir un tout harmonieux*[21]. Elever la statue à l'ex-

térieur sur une place largement dégagée ne pouvait qu'influencer le calcul de ses proportions.

Le problème de l'emplacement du monument est d'ailleurs un autre des points essentiels abordés par le programme. Pour les conseillers municipaux il ne fait aucun doute que, par son histoire même, le lieu choisi est susceptible d'infléchir le sens symbolique de l'œuvre. La commission des Beaux-Arts a retenu la proposition du préfet Hérold d'ériger la statue sur l'ancienne place du Château d'Eau qui prendrait alors le nom de place de la République. Au cours des discussions, certains élus se déclarent partisans de la place de la Concorde, là où s'élève l'obélisque dressé sous la Monarchie de Juillet, endroit qu'occupait pendant la Révolution une statue de la *Liberté* conçue par Chinard. L'ombre des scènes d'union et de fraternité qui se sont déroulées ici depuis un siècle se profile derrière cette volonté de donner un sens véritablement national à la manifestation projetée. A l'opposé, le choix de la place de l'Hôtel de Ville que préconisent d'autres conseillers consacrerait ouvertement le caractère municipal de la sculpture, dans une intention presque polémique.

Le vote final en faveur de la proposition de la commission des Beaux-Arts gomme l'une et l'autre tentation mais conserve au projet sa marque parisienne. La place du Château d'Eau, proche de la Bastille, comme le rappelle Viollet-le-Duc, est pour bien des élus le centre même du Paris laborieux[22]. Erigée en son centre, la statue colossale est donc appelée à refléter le rôle majeur joué par le Paris révolutionnaire dans les combats du passé, à prendre à son contact le visage de la démocratie, tout en célébrant, de façon générale, les liens historiques de Paris et de la République.

Reste le problème de la composition du jury auquel les élus parisiens apportent une solution

tout aussi réfléchie. Rousseau, dont la pensée inspire certains conseillers, écrit dans le *Contrat social : La souveraineté, n'étant que l'exercice de la volonté générale, ne peut jamais s'aliéner*[23]. Appliquée à la commande d'art, la réflexion du philosophe devrait sembler contraire à l'existence d'un jury chargé du jugement des projets. Le choix du mode électif établi par le règlement de l'épreuve[24] et qui fait des membres du jury de simples mandants de leurs électeurs veut garantir aux parties concernées — le Conseil d'une part, les artistes de l'autre — que leurs intérêts seront défendus. Chaque composante désigne, au début du mois d'octobre un nombre égal de représentants : Mathurin Moreau, Chapu, Guillaume, Schœnewerk et Cavelier pour les sculpteurs, Jobbé-Duval, Ulysse Parent, Collin, Laurent Pichat et l'architecte Vaudremer pour le Conseil municipal. Mais les élus vont plus loin dans leur détermination de faire de chaque détail de l'épreuve un manifeste de l'esprit républicain. L'organisation d'une exposition publique qui donne l'illusion d'étendre à la collectivité entière l'examen des projets répond ainsi au souhait de rendre légitime le choix final. C'était déjà l'ambition de Viollet-le-Duc en 1878 quand il demandait que l'esquisse retenue donne lieu à l'exécution non d'une œuvre définitive mais d'une maquette que le public pourrait juger et critiquer, obligeant l'artiste à en tenir compte[25]. Par leur conviction que l'imaginaire gouvernerait le réel, les conseillers parisiens sont plus proches de l'esprit d'utopie des révolutionnaires de 1848 que du pragmatisme des républicains de la dernière génération. Même si, d'une façon générale, les faits ont montré le caractère chimérique de bien des enjeux du concours pour la création d'un monument de la République, ses dispositions, conçues pour transformer l'esprit de la commande publique, devaient en faire le grand modèle des nombreuses épreuves de ce type organisées à Paris et ailleurs pendant les premières décennies de la Troisième République.

Le concours de 1879 : remarques sur quelques projets présentés

FIG. 4

Conformément au vœu du Conseil municipal, le jugement des esquisses déposées par les artistes fut précédé d'une exposition publique organisée à l'Ecole des Beaux-Arts au milieu du mois d'octobre 1879. Près de quatre-vingt sculpteurs, dont la plupart n'étaient guère plus connus à l'époque qu'ils ne le sont aujourd'hui, avaient déposé des projets qui se trouvaient entassés, sans perspective ni recul, dans la salle Melpomène. De véritables monuments y côtoyaient des ensembles plus modestes, voire de simples figures dépourvues de socles qui se perdaient au milieu des grandes masses voisines[26]. Les réalisations les plus imposantes, dont celle de Gautherin (FIG. 4), étaient disposées au rez-de-chaussée dans le vestibule du bâtiment ouvrant sur le quai Malaquais et bénéficiaient de ce fait d'une meilleure présentation. Le public, semble-t-il, plébiscita l'événement ; les journaux d'alors en donnèrent de larges comptes rendus favorables, regrettant seulement quelquefois que les sculpteurs les plus connus se soient abstenus de participer au concours[27].

Le règlement de l'épreuve n'indiquait pas clairement que les artistes devaient accompagner la figure principale d'un projet de piédestal ; le jury décida donc, pour rétablir l'égalité des chances entre les concurrents, de ne faire porter son jugement que sur la seule figure de la République. C'est ainsi qu'il put sélectionner, à côté des œuvres plus complexes de Morice (FIG. 5) et de Gautherin, l'ébauche de Soitoux (FIG. 6). Ces trois sculpteurs furent invités à préparer une maquette de leur statue, au tiers de l'exécution finale, pour le jugement définitif prévu six mois plus tard. Une simple mention honorifique fut attribuée aux projets de Maillet (FIG. 7), Dalou (FIG. 8), Albert-Lefeuvre (FIG. 9), Carrier-Belleuse, Lebourg et Debrie. Quatre mentions supplémentaires furent en outre accordées aux piédestaux les plus remarqués, ceux de Bertin, Amy, Meunier et Albert-Lefeuvre de nouveau (Emile Bastien-Lepage architecte). Enfin, à l'issue de la délibération, un vœu fut émis par le jury en faveur de l'achat par l'administration du groupe de Dalou[28].

FIG. 5

FIG. 6

FIG. 7

FIG. 8

FIG. 9

FIG. 4
Jean GAUTHERIN
Monument à la République esquisse, 1879 photographie ancienne (Paris, archives de la Direction des affaires culturelles).

FIG. 5
Léopold MORICE
Monument à la République esquisse, 1879 *L'Illustration*, 25 octobre 1879.

FIG. 6
Jean-François SOITOUX
La République esquisse, 1879 *L'Illustration*, 25 octobre 1879.

FIG. 7
Jacques MAILLET
Monument à la République esquisse, 1879 *L'Illustration*, 25 octobre 1879.

FIG. 8
Jules DALOU
Le Triomphe de la République esquisse, 1879 photographie ancienne (Paris, Bibliothèque nationale).

FIG. 9
Louis-Etienne ALBERT-LEFEUVRE
Monument à la République esquisse, 1879 *L'Illustration*, 25 octobre 1879.

On remarque que les sculpteurs récompensés sont souvent ceux dont les noms reviennent fréquemment dans la presse de l'époque, qui insiste particulièrement sur l'œuvre de Gautherin. Quelques projets cités manquent toutefois au palmarès, celui de Granet par exemple ou de Capellaro encore, défendu par Charles Blanc et qui montrait la République debout sur un globe terrestre rompu par des proues de navires accompagnées de groupes sculptés dominant une vasque d'eau[29]; ceux également de Gilbert, de Guilbert — les statues assises de Carnot, Hoche, Danton et Baudin escortaient la sculpture principale[30] — et d'Allasseur (FIG. 10) qui, en 1848, avait déjà participé à un concours national pour la création d'une statue de République[31]. Pour la deuxième fois au cours du siècle en effet, les sculpteurs étaient appelés à inventer l'image officielle de la République puisqu'il ne fait aucun doute qu'en dépit des différents qui ont opposé la Ville à l'Etat en 1878, le monument futur était appelé à devenir, sans restriction, le symbole même du nouveau régime.

Rapprochant les deux époques dans son analyse, Maurice Agulhon, auteur d'une étude devenue classique sur Marianne, avance l'idée que les Mariannes de la fin des années 1870 reflètent encore, comme trente ans auparavant, deux visions antagonistes de la République : l'image *vivante* et dynamique d'une combattante, reflet d'une option radicale, plus révolutionnaire que légaliste, s'oppose aux représentations immobiles incarnant un idéal politique fondé sur la stabilité et l'ordre, défendu par les républicains du gouvernement[32]. La théorie est cependant difficile à vérifier puisque nous n'avons des œuvres présentées qu'une connaissance très lacunaire. Sur les soixante-dix-huit projets, trois seulement nous ont été conservés : Morice, Gautherin et Allasseur; l'œuvre de Soitoux présentée dans l'exposition (CAT. 22) n'est en fait qu'une version inversée de l'esquisse soumise au jury, peut-être même postérieure à l'épreuve; quelques-uns sont connus par la gravure ou par de rares photographies (FIG. 11 représentant le projet de Carrier-Belleuse?); d'une quinzaine enfin, nous n'avons connaissance que par des descriptions souvent sommaires.

Il n'empêche qu'on pourrait attendre de la statue de Morice, commandée par l'Assemblée parisienne, qu'elle personnifie les convictions radi-

FIG. 10
Jules ALLASSEUR
Monument à la République esquisse, 1879 Nemours, château-musée.

FIG. 11
Albert CARRIER-BELLEUSE?
Monument à la République esquisse, 1879 (Paris, bibliothèque des Arts décoratifs, coll. Maciet).

CAT. 22
Jean-François SOITOUX
La République vers 1879.

FIG. 11

FIG. 10

CAT. 22

LOI
RF

RF
LOI
RF

FIG. 12

FIG. 12
SAVOYE
Monument à la République Lyon, place de la République
L'Illustration, 5 août 1882.

cales de sa majorité. Or, sa fidélité a un mode de représentation antiquisant et l'austérité de sa forme la rapprochent des modèles qui, au milieu du siècle, incarnaient une république modérée. En fait, il semble bien que le problème de l'image ait cessé alors de diviser les familles républicaines. C'est ce que révèle la lecture de la presse contemporaine. Du journal radical *La Lanterne* au quotidien modéré *Le XIXe siècle*, les journaux s'accordent sur des projets offrant une vision calme et sereine de la République dont l'image symbolise la paix civile plus que la discorde politique. Des nuances de jugement peuvent subsister mais le débat s'est déplacé : il concerne davantage le principe même de l'érection d'une statue que le détail de sa forme. Vers 1880, la coloration politique des municipalités influence largement la création de tels monuments. Le cas lyonnais vérifie l'exemple parisien. La municipalité de Lyon décide, en 1881, de l'organisation d'un concours après une première tentative sans succès l'année précédente. Le jury, présidé par Eugène Guillaume, couronne le projet du sculpteur lyonnais Savoye[33] dont la maquette provisoire, érigée en plâtre et inaugurée le 14 juillet 1882, ne résistera que quelques mois aux intempéries (FIG. 12). Quand il s'agira de commémorer le premier centenaire de la Révolution, cette République sera remplacée par le grand monument du sculpteur Peynot, démembré au début des années 1970. Orléans (bronze de Louis Roguet, issu du concours de 1848, inauguré pour la Fête nationale de 1882) et Agen (bronze de Fumadelles, inauguré le même jour en 1884) offraient deux autres exemples aujourd'hui disparus de ces érections symboliques dictées par des considérations politiques[34]. Chaque fois que le commentaire des œuvres aborde le sujet général de la forme, le fond du débat relève d'un problème d'esthétique. Les exemples abondent en effet de jugements contradictoires portés sur un même projet par les tenants de la tradition académique ou les défenseurs de ce que Baudelaire appelait la *modernité*. Les figures de République présentées au concours de 1879 se soumettent, à des degrés variables, aux conventions du langage allégorique et l'on peut se demander si ce n'est pas là, pour l'essentiel, affaire de génération. Un des concurrents les plus âgés, Gilbert, né en 1816 et ancien élève de Cortot, a négligé le règlement de l'épreuve et représenté sa République, assise. Il est peu douteux qu'ici le poids de la tradition l'a emporté sur l'intention politique, même si le sculpteur précise dans une note accompagnant son esquisse, que la République étant un gouvernement stable, elle ne peut être représentée debout[35]. Nous rencontrerons d'autres œuvres montrant elles aussi que la formation reçue par le sculpteur influence bien davantage son œuvre que certaines considérations politiques.

Ces considérations, par contre, dominent dans une certaine mesure le choix des attributs et des allégories annexes accompagnant l'œuvre. En 1848, l'accumulation d'attributs avait bien davantage obscurci qu'éclairé la signification du symbole. C'est qu'aucun attribut dont la seule présence admise et reconnue aurait permis d'identifier la sculpture comme étant la REPUBLIQUE, de la transfigurer en quelque sorte, n'avait pu s'imposer jusqu'alors. A la fin des années 1870, le bonnet phrygien, emblème de liberté qui coiffe aujourd'hui tous les bustes

CAT. 1B

CAT. 1C

CAT. 1D

CAT. 21B

CAT. 21B

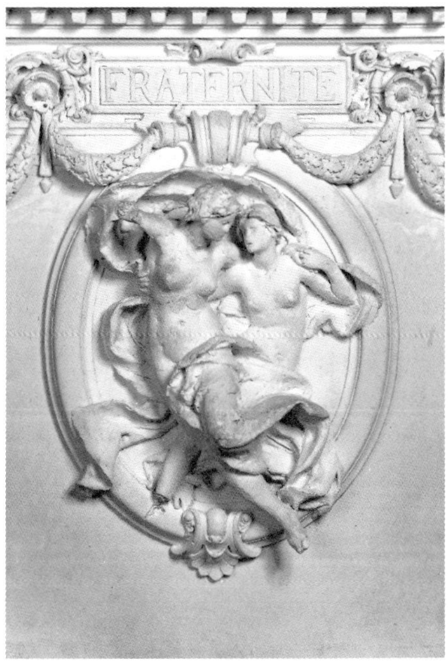

CAT. 21B

CAT. 1B
Léopold MORICE
La Liberté, 1879 *Monument à la République.*

CAT. 1C
Léopold MORICE
L'Egalité, 1879 *Monument à la République.*

CAT. 1D
Léopold MORICE
La Fraternité, 1879 *Monument à la République.*

CAT. 21B
Jean GAUTHERIN
La Liberté, L'Egalité, La Fraternité, 1879
Monument à la République détails du socle.

FIG. 13
Emile PEYNOT
La Liberté, 1890, groupe du *Monument à la République* Lyon, place Carnot déposé en 1974 parc Georges-Bazin.

FIG. 14
Emile PEYNOT
L'Egalité, 1890, groupe du *Monument à la République* Lyon, place Carnot déposé en 1974 parc Georges-Bazin.

FIG. 15
Emile PEYNOT
La Fraternité, 1890, groupe du *Monument à la République* Lyon, place Carnot déposé en 1974 parc Georges-Bazin.

FIG. 13

FIG. 14

FIG. 15

de Marianne, s'est imposé comme cet attribut commun qui jusque là faisait défaut[36]. Soulignons simplement le rôle historique joué à cet égard par le concours de 1879. Même si l'opinion est désormais acquise à l'idée qu'il ne peut y avoir de République que coiffée d'un bonnet phrygien, nous constatons, par l'examen des projets, que les artistes d'alors ont plutôt cherché à caractériser la République en associant à la figure principale les allégories de la Liberté, de l'Egalité et de la Fraternité. Ainsi Charles Blanc défend pour cette raison l'esquisse du sculpteur Cirasse qu'il juge par ailleurs un peu gauche et mal exécutée. Aujourd'hui disparue, l'œuvre représentait la République portée sur un pavois par les trois figures de la devise

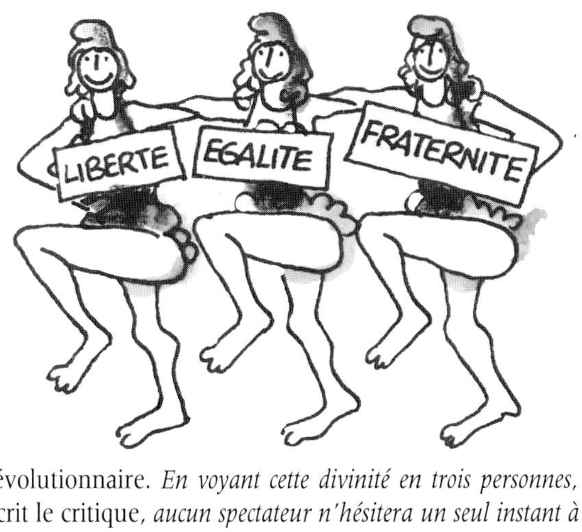

révolutionnaire. *En voyant cette divinité en trois personnes,* écrit le critique, *aucun spectateur n'hésitera un seul instant à la nommer car la Liberté, l'Egalité et la Fraternité sont les trois grandes vertus, les vertus théologales, de la République. Elle les réunit, elle les résume, elle les domine. L'idée à rendre est ainsi parfaitement rendue et sous ce rapport le problème est résolu*[37].

L'œuvre trouve son inspiration dans certains projets du siècle précédent : Jean-Baptiste Lemoyne proposait aux Rouennais un ensemble montrant Louis XV élevé sur le pavois, à la manière franque, par trois guerriers (modèle en bronze, musée du Louvre). Elle révèle également, d'une façon générale, que le monument républicain entretient des rapports étroits avec le monument royal. Louis Réau, à ce propos, parlait justement de l'aspect *Troisième République* du programme dessiné par Diderot pour un autre monument de Louis XV, celui de Reims, érigé par Pigalle[38]. Ce symbolisme clair, fondé sur la présence des vertus républicaines aux côtés de la statue principale, anime d'autres esquisses du concours, celles par exemple de Morice et de Gautherin, malgré des solutions plastiques différentes (CAT. 1 B, 1 C, 1 D et CAT. 21 B). Notons que le procédé fut temporaire. Parmi les principaux monuments du centenaire, érigés à partir de 1889 à Lyon, Bordeaux, Toulon, Grenoble..., seul celui de Lyon caractérise encore la République par ses valeurs essentielles (les groupes de Peynot sont aujourd'hui déposés dans un square de la périphérie lyonnaise ; FIG. 13-15).

Dans un discours de 1878, Gambetta avait déclaré : *La République, c'est la forme qui emporte le fond*[39]. Les principes de *89* devenaient les facteurs d'une nouvelle vie sociale fondée sur la Paix et la Justice et transformée par l'exercice du suffrage universel. Le respect vigilant des lois librement consenties assurerait désormais la cohésion nationale dans la République. Sa vocation pédagogique conduisait donc la statue à des énoncés complémentaires, d'où l'utilisation par les sculpteurs de certains attributs dont on comprend alors qu'ils reviennent comme des leitmotive d'un projet à l'autre : le rameau d'olivier, symbole de la paix — Morice, Maillet, Guilbert[40], Carrier-Belleuse[41], Debrie[42] et Amy[43] —, l'épée, symbole de la justice — Granet (FIG. 16 pour la statue exécutée à partir de l'esquisse du concours), Morice, Gautherin —, les tables de la Loi — Morice, Gautherin et Maillet de nouveau ainsi que Gilbert[44] —, l'urne, seul accessoire nouveau d'un répertoire dicté par la tradition iconographique — Albert-Lefeuvre, Soitoux et Amy — et le faisceau de l'unité républicaine — Dalou et Capellaro pour un modèle postérieur de République fondu en plusieurs exemplaires et dérivé très probablement du concours de 1879.

Le premier de ces attributs, le rameau d'olivier, a été, on le constate, celui qui fut le plus fréquemment mis à contribution par les sculpteurs. Avec le bonnet phrygien, sa présence aidera d'ailleurs à caractériser, au delà du concours parisien, l'essentiel des Républiques érigées en France jusqu'à la guerre de 1914. Maurice Agulhon, dans un article consacré aux statues du centenaire, l'explique en avançant l'idée que les acheteurs ou les commanditaires adhéraient là à l'une des constantes du régime prônant l'image d'une République pacificatrice ayant mis un terme à l'ère des guerres civiles[45]. L'explication vaut bien sûr pour les esquisses du concours parisien mais elle aide également à comprendre certains des projets récompensés lors d'un autre concours qui s'est déroulé en 1880. Il s'agissait de créer à Versailles un monument commémorant la réunion dans cette ville de l'Assemblée constituante et qui montrerait une statue de la République dressée en haut d'une colonne de bronze accompagnée à sa base des figures historiques de Bailly, Mirabeau, Sieyes et La Fayette. L'ensemble, dont la réalisation fut abandonnée, aurait été accompagné de bas-reliefs retraçant les séances du 23 juin et du 4 août 1789 et d'un plan ou d'une vue de la salle des séances[46]. Exposés eux aussi à l'Ecole des Beaux-Arts en 1881, les modèles en plâtre d'une allégorie de République présentés par Coutan (1er prix, FIG. 17), Aubé (4e prix, FIG. 18) et Caillé (primé, FIG. 19 pour le projet général) tiennent ou brandissent le rameau d'olivier. Ce symbole de paix animera d'ailleurs longtemps

FIG. 16
Pierre GRANET
La République, 1879 photographie ancienne
(Paris, Archives nationales).

FIG. 17
Jules COUTAN
La République, 1881 photographie Pierre Petit
(Paris, Ecole nationale supérieure
des Beaux-Arts).

FIG. 18
Jean-Paul AUBE
La République, 1881 photographie Pierre Petit
(Paris, Ecole nationale supérieure
des Beaux-Arts).

FIG. 19
Joseph-Michel CAILLE
Monument à la Constituante esquisse,
1880 *Revue de l'Architecture
et des Travaux publics*,
1880-1881, vol. de planches pl. 32-33.

FIG. 17

FIG. 18

FIG. 16

FIG. 19

FIG. 20
Pierre GRANET
La République, 1881
photographie Pierre Petit
(Paris, Ecole nationale supérieure
des Beaux-Arts).

FIG. 20

le monument républicain. C'est qu'il s'agit souvent de réalisations fondées sur d'anciens projets; ainsi Debrie reprendra en partie son idée de 1879 pour le monument des Girondins réalisé à Bordeaux en 1895. Il ne faut pas non plus sous-estimer le rôle que joue le contexte particulier des années 1879-1880. Chacun sait qu'à ces dates la question de l'amnistie anime le monde politique et la société française: l'image d'une République prônant moins la paix en soi que la réconciliation nationale reflète essentiellement à ce moment-là le désir précis de voir se refermer les blessures de la Commune.

Il faut donc se garder de penser qu'une esquisse de monument public ne puisse être autre chose que l'image du seul discours officiel. Le sculpteur, c'est évident, y développe également ses propres convictions politiques. Au travers de certains choix, quelques esquisses du concours le laissent clairement percevoir. Dumilâtre ajoute ainsi au bas de son projet de monument un autel de la Patrie et un ensemble de cénotaphes élevés à la mémoire des héros républicains[17]. Ce projet n'était pas sans rapport d'intention avec le grand monument du Peuple rêvé par Michelet[48]. L'esquisse de Dalou, autre exemple, fait reposer le bras de l'allégorie sur un faisceau d'armes. Cet attribut, d'un emploi très constant dans l'iconographie révolutionnaire où il se définit comme l'emblème de la République, donne au char un éclat politique tout particulier. Pour le sculpteur, exilé à Londres en 1871, pour Capellaro, autre proscrit de la Commune déporté, lui, en Nouvelle-Calédonie, la présence du faisceau donne un accent historique voulu et transforme les projets en instruments de commémoration politique. Cette même raison entraîne Granet, qui participe successivement à l'épreuve parisienne et au concours pour le monument historique de Versailles, à remplacer l'épée de justice de son premier projet par le faisceau d'armes (FIG. 20), probablement autant par conviction personnelle que par compréhension du sujet.

Dans la conception générale des figures, les intentions spécifiquement politiques ont joué cependant un rôle modeste. Le respect du *grand style* ou l'influence des succès plus ou moins récents de la sculpture contemporaine ont pesé d'un poids prépondérant sur l'élaboration des formes. On connaît le caractère antiquisant de la statue de Morice, malgré le détail du corsage rustique que l'on devine à hauteur de l'épaule et l'ébauche bienveillante d'un sourire. L'œuvre n'en reflète pas pour autant une préférence pour une République d'ordre; elle s'inspire simplement, dans sa conception, d'une règle d'or de l'Académie qui commande au sculpteur, dès lors qu'il s'agit de concevoir une statue allégorique, de l'habiller d'un vêtement idéal. En 1879, l'image souhaitée de la République est encore l'image de la Déesse, figure intemporelle du Pouvoir. Il devait y avoir pourtant parmi les projets suffisamment d'exemples contraires pour que le critique de *L'Illustration* s'irrite du fait que *Grévin hante plus souvent que Phidias les rêveries de nos jeunes sculpteurs* et puisse conclure, après avoir visité l'exposition, *nous avons*

LOI
RF
Eh bien, voyez comme nous sommes difficiles : dans tout cela nous n'avons pas découvert ce qu'il faudrait !

IL convient qu'une statue soit ainsi faite qu'elle puisse rouler du haut d'une montagne sans se rompre les membres !
RF

FIG. 21

vu la République de Belleville, la République de Bullier; la République qui rit, la République de 1792, celle de 1848, celle de 1870 [...]. *Nous avons vu des petites Républiques à l'air fûté, d'autres tout à fait pot-au-feu. Eh bien, voyez comme nous sommes difficiles : dans tout cela nous n'avons pas découvert ce qu'il faudrait*[49]. Le commentaire révèle du même coup qu'un certain nombre de participants du concours, délaissant le langage de la convention, avaient appréhendé de façon nouvelle le problème de la représentation allégorique.

Pour renouveler la sculpture et l'écarter du conformisme académique, certains sculpteurs se sont tournés vers d'autres sources. Même s'il est difficile, trop de projets ayant disparu, de mesurer l'ampleur de la rupture, l'écho des grands modèles de la Renaissance italienne semble avoir accompagné le concours pour le monument parisien. Les grands succès du Salon dans les années 1870 — le *David* de Mercié (musée d'Orsay), l'*Education maternelle* de Delaplanche (Paris, square Sainte-Clotilde), les figures de la tombe du général Lamoricière de Paul Dubois (Nantes), toutes œuvres inspirées des pièces maîtresses de l'art toscan, peuvent certes expliquer le phénomène. Il faut rappeler toutefois que, depuis 1840 environ, existait à l'Ecole des Beaux-Arts une collection de moulages des œuvres essentielles de la Renaissance italienne destinés à la formation des jeunes artistes qui ont trouvé là de quoi renouveler leur inspiration[50]. Le souvenir du *Bacchus ivre* de Michel-Ange transparaît ainsi nettement dans l'esquisse de la République de Gautherin où l'artiste met à mal le canon antique pour reproduire fidèlement le déséquilibre savant de la statue du musée du Bargello. On retrouve aussi sans peine dans certains détails du projet de Dumilâtre les statues couchées du tombeau des Médicis[51].

Certains projets révèlent donc que leurs auteurs, sans renier le but décoratif de la sculpture, ont eu le désir, en libérant la création monumentale de la froideur et de la géométrie des modèles anciens, de remettre en question ce dogme qui fait écrire à Charles Blanc qu'il convient qu'*une statue soit ainsi faite qu'elle puisse rouler du haut d'une montagne sans se rompre les membres*[52]. Par leur style qui s'applique désormais à reproduire la souplesse vivante des mouvements éphémères, les œuvres montrent souvent encore que la tentation réaliste a mêlé ses effets modernes aux leçons de la Renaissance italienne. Deux versions de la République que Gautherin propose au choix du jury aident à comprendre cette audace voulue.

L'un de ces modèles montre l'allégorie les bras ouverts et librement déployés dans l'espace (FIG. 21). Il trouve son rythme et l'essentiel de son effet rhétorique dans ce mouvement volontairement *pictural* du corps que n'abandonneront pas les statues ultérieures de République. L'autre projet, d'une liberté plastique plus discrète, oppose à l'idéal qui dicte à Allasseur et à Morice un portrait conformiste d'une puissance austère, une image plus familière, d'un sentiment privé, exaltant l'aspect vivant des formes (CAT. 21 A). Le visage est d'une

FIG. 21
Jean GAUTHERIN
La République esquisse, 1879
(Paris, bibliothèque des Arts décoratifs, coll. Maciet).

CAT. 21A
Jean GAUTHERIN
La République, 1879
Monument à la République.

CAT. 21A

CAT. 21C
Jean GAUTHERIN
Le Travail, 1879 *Monument à la République.*

FIG. 22
Jean GAUTHERIN
La Défense, 1879 *Monument à la République*
(Paris, bibliothèque des Arts décoratifs, coll. Maciet).

FIG. 23
Jean GAUTHERIN
L'Instruction, 1879 *Monument à la République*
(Paris, bibliothèque des Arts décoratifs, coll. Maciet).

FIG. 24
Jean GAUTHERIN
Le Labeur paysan et la Famille, 1879 *Monument à la République*
(Paris, bibliothèque des Arts décoratifs, coll. Maciet).

CAT. 21C

FIG. 22

FIG. 23

FIG. 24

douceur grave, romantique, tandis que le vêtement laisse deviner la souplesse du corps. Moins déesse et plus humaine, la République de Gautherin est habillée d'une façon différente que ne le sont ses consœurs. Le corset simplement lacé sur le devant, couvrant un corsage froncé au coude, évoque l'habit de la paysanne, popularisé par la *Jeanne d'Arc* de Chapu. L'évolution vers plus de réalisme a toutefois ses limites. La dépouille du lion, drapée en jupe rustique et serrée à la taille par une ceinture attachée par un mufle, conserve une valeur d'emblème ; l'attribut, symbole de la force et de la souveraineté populaire, se retrouve dans d'autres esquisses d'un idéalisme désormais nuancé. Dans celle proposée par Granet, il revêt la forme d'un tablier de travail; on le retrouvait également dans le modèle proposé par le sculpteur Francia. Sa *République*, d'un aspect farouche, avait les traits d'une gauloise[53] pour incarner également une figure de Patrie dans une allusion transparente aux événements de la guerre de 1870.

siècle de ces *allégories réelles* qui rapidement vont renouveler le langage et le discours allégoriques, il symbolise encore cette même vertu du Travail, valeur sociale souvent illustrée dans les projets, parfois sous les traits non plus d'un ouvrier mais d'un laboureur comme dans le bas-relief qui décore l'esquisse d'Albert-Lefeuvre.

Travaillée par le ferment réaliste, la sculpture allégorique a également suivi la voie du portrait historique. Comme nous l'avons déjà dit, Guilbert avait choisi de représenter autour du piédestal de la statue de République les figures légendaires de Danton, Hoche, Carnot et Baudin; mais il prend soin d'indiquer, grâce aux inscriptions, le caractère symbolique de leur présence. Elles sont là pour incarner successivement l'*Eloquence*, le *Génie militaire*, la *Défense de la Patrie* et l'*Amour de la Liberté*. Si le critique du journal *Le Voltaire*[54] s'attache au côté moderne de l'invention, celui de *L'Illustration*[55] critique ce

Encore volontairement modeste dans le traitement de l'allégorie principale, le réalisme semble cependant avoir très généralement marqué les sculptures complémentaires qui accompagnent de nombreux projets. Il reste discret toutefois dans la petite esquisse de Gautherin symbolisant, sous la forme d'un forgeron, le travail ouvrier (CAT. 21 C). L'œuvre décorait primitivement la base du monument avec trois autres ensembles aujourd'hui disparus qui incarnaient la *Défense, l'Instruction* et, pour le dernier groupe, le *Labeur paysan et la Famille* (FIG. 22-24). Le sculpteur conserve à la silhouette une éloquence décorative, dose d'idéalisme son observation et maintient sur le socle les attributs traditionnels (ballot et roue de machine). Il marquera moins d'hésitation dans la version définitive de l'œuvre qui, modifiée, sera réalisée en bronze et installée en 1886 au jardin du Luxembourg (FIG. 25). En revanche, le réalisme éclate avec franchise dans l'esquisse de Dalou ; la figure du forgeron, tenant un lourd marteau sur l'épaule, le torse nu et puissant, vêtu d'un tablier de cuir, procède d'un regard familier (CAT. 23). Type vivant d'un lyrisme soutenu, premier exemple ou presque dans la sculpture du XIXe

qu'il pense être trop directement inspiré des souvenirs de la Marseillaise et de la Convention. Le monument symbolique est devenu alors, sans cesser de représenter les principales valeurs républicaines, un monument aux grands hommes, choisis pour leur pédagogie exemplaire.

D'une façon générale et au-delà des différences que nous avons essayé de relever touchant à l'iconographie et à la forme de quelques-une des œuvres présentées au concours, il semble bien qu'en 1879 le jury parisien se soit trouvé devant deux types distincts de monuments, révélant dans leurs visions deux approches assez différentes de la République. Un premier ensemble de projets a eu pour nette ambition de la glorifier au travers de ses seules valeurs philosophiques et de son histoire. On en donnerait comme meilleur exemple celui de Morice, grâce notamment à la présence des haut-reliefs historiés, et celui de Guilbert que nous venons d'évoquer. C'est l'option *lyrique*, celle qui souhaite authentifier le caractère républicain des nouvelles institutions par un hommage rendu aux grands événements ou aux grands hommes qui ont permis leur création. Indépendemment

FIG. 25
Jean GAUTHERIN
Le Travail, 1884
(coll. France Debuisson).

CAT. 23
Jules DALOU
Le Forgeron, 1879
Le Triomphe de la République.

maintenue par la statue, encore vierge d'inscriptions au moment du concours, les mots *Droits de l'homme* pour rappeler que même les lois républicaines sont soumises au respect des droits inhérents à la nature de l'homme, peut-être pour rattacher là encore et symboliquement le monument à l'œuvre de la Révolution.

FIG. 25

de sa forme, la statue se dresse comme un objet de passion et le monument fait appel à l'émotion populaire. Le deuxième ensemble oublie au contraire l'histoire pour inviter avant tout à la vertu morale et au devoir civique. L'exemple le plus caractéristique de cette tendance est fourni par le projet de Gautherin. Son programme est conçu pour rappeler, comme le disait Gambetta, que *la République, c'est la sécurité, c'est l'égide, mais c'est l'égide sous laquelle il faut travailler, il faut produire, il faut éclairer, sous laquelle il faut tous les jours répandre davantage le sentiment du devoir et développer de plus en plus la valeur des individus*[56]. La passion du passé cède ici le pas à la froide raison du présent.

Faut-il voir dans cette différence la cause essentielle du choix du jury, préférant définitivement Morice à Gautherin en mai 1880 lors du concours au deuxième degré (Soitoux, malade, n'a pas présenté sa maquette) ? Il n'est, bien sûr, pas possible de répondre avec certitude. On peut remarquer toutefois que dans l'œuvre finale, inaugurée en 1883, on portera sur la table

CAT. 23

RF
RF
RF
RF
RF

Le monument des frères Morice, place de la République

FIG. 26

Certains grands monuments ont vu, peu à peu, leur origine symbolique s'estomper dans la mémoire pour devenir de simples sujets de cartes postales. Celui des frères Morice — Léopold, sculpteur et Charles, architecte — place de la République, a connu un destin différent. Beaucoup peinent aujourd'hui à décrire sa silhouette alors que la simplicité calculée de son ordonnance semblerait le faciliter, tant son dessin est presque sévère. Trois gradins circulaires en granit supportent un large stylobate décoré d'une ceinture de hauts-reliefs représentant douze grandes dates des révolutions accomplies en France de 1789 à 1880. Au-dessus, le piédestal, flanqué de trois groupes en pierre, allégories de la *Liberté*, de l'*Egalité* et de la *Fraternité*, porte la statue de bronze. L'ensemble culmine à vingt-trois mètres et séduit par l'équilibre harmonieux qui s'établit entre la sculpture et l'architecture (FIG. 26). Comme l'écrivait en 1883 le critique de *L'Art*, qui n'avait pourtant guère aimé l'esquisse : *L'ensemble ne manque pas d'un certain grand air*[57]. En revanche, l'écho symbolique du monument semble avoir mieux résisté à l'usure du temps, même si l'idée républicaine, réduite ici à sa synthèse, n'a plus guère besoin de ce support pour enfiévrer l'esprit. Nous ne reviendront pas sur les enjeux de sa création[58], mais il est souhaitable, pour se représenter l'effort consenti par le sculpteur, de détailler l'histoire d'une construction qui semble écraser de son importance la carrière d'un artiste de second plan dont l'œuvre mérite toutefois mieux que l'oubli injuste dans lequel elle est si rapidement tombée.

Né à Nîmes en 1846, Léopold Morice a été à Paris l'élève de François Jouffroy. Une figure agenouillée d'*Hylas*, présentée au Salon de 1875, révèle un sculpteur consciencieux, appliqué à suivre, pour attirer l'attention, les canons de la sculpture néo-classique (FIG. 27). Acheté par la Ville de Paris, le plâtre sera fondu par la maison Thiébaut et installé au parc Monceau (œuvre détruite pendant la dernière guerre). Deux figures en ronde-bosse, projet pour une tombe du Père-Lachaise exposé deux ans plus tard (FIG. 28), montrent par contre un talent sensible aux volumes déliés et qui travaille dans une veine volontiers intimiste, exploitant certains des archétypes de la sculpture funéraire de l'époque, thème du gisant et figure de Douleur. Nous retrouvons l'écho de ce goût plus libre dans certaines sculptures du monument de la place de la République.

L'esquisse présentée au concours de 1879 (CAT. 1 A - P) fut peu mentionnée dans la presse. Quelques chroniqueurs, qui notent sa présence, soulignent la qualité de son architecture et l'équilibre d'un projet où la statue principale, accompagnée de reliefs, utilise un procédé repris des monuments aux grands hommes[59]. Charles Blanc, grammairien jusque dans ses chroniques, écrit : *N'est-ce pas une des premières lois de l'art statutaire que, si l'on veut accompagner de quelques ornements les statues en ronde-bosse, il faut y adapter des bas-reliefs ou des hauts-reliefs* [...] *les bas-reliefs sont, au pied d'une statue monumentale, ce que sont les notes au bas d'un livre*[60]. Une simple logique de narration s'est transformée au fil des siècles en dogme ; on peut penser que son respect a joué en faveur du projet, même si le jugement portait principalement sur la statue. Au premier tour de scrutin, Morice obtient en effet la

FIG. 27

FIG. 28

CAT. 1A

FIG. 26
(coll. part.).

FIG. 27
Léopold MORICE
Hylas, 1875 Paris,
dépôt des œuvres d'art.

FIG. 28
Léopold MORICE
tombe Tartarin-Moris Paris,
cimetière du Père-Lachaise.

CAT. 1A-P
Léopold MORICE
Monument à la République 1879.

FIG. 29 (page 34)
(documentation musée du Petit Palais).

majorité absolue requise : sept voix en sa faveur contre quatre à Dalou et seulement deux à Gautherin[61].

Le sculpteur consacre trois années d'activité intense à la création du monument. Le projet de son architecture, conçu par Charles Morice, a obtenu une mention honorable au Salon suivant le concours[62]. Pour la première célébration officielle de la Fête nationale, le 14 juillet 1880, les deux frères ont élevé à la hâte, sur l'emplacement de l'ancienne fontaine du Château d'Eau de Davioud, une maquette sommaire du monument à la taille définitive, faite de plâtre, de foin et de chiffon. Comme le montre un dessin ancien édité en carte postale (FIG. 29), l'ébauche diffère en partie du projet couronné : les niches qui, dans l'esquisse, creusaient le piédestal, ont été supprimées, ce qui a permis aux artistes de dégager de l'architecture les statues assises représentant les vertus républicaines. Dans ce monument provisoire, l'emplacement des hauts-reliefs, autour du stylobate, est occupé par

FIG. 29

des toiles en grisaille, détruites en 1956 ; il est probable qu'elles devaient suivre le programme initial qui ne fut modifié que l'année suivante. De grands pylônes en granit cantonnent le monument dans l'attente d'un concours qui doit régler définitivement l'ensemble du décor de la place. La réalisation d'une œuvre provisoire, principe défendu par Viollet-le-Duc en 1879, offrait l'avantage d'un jugement sur pièce : elle donne ainsi au jury la possibilité de demander à Morice quelques modifications mineures (position du lion et ajout de l'urne du suffrage universel à son côté). L'économie générale du monument ne semble pas avoir été remise en cause même si tout porte à croire que, par la suite, on ait tenté de faire pression sur le préfet pour la faire modifier, ce qui entraîna une vive protestation du peintre Jobbé-Duval soucieux de défendre la seule responsabilité du jury[63]. La polémique ne retarda que de quelques mois la commande définitive des trois figures en pierre et des modèles en plâtre du lion et des douze hauts-reliefs[64].

A LA
GLOIRE
DE LA
REPUBLIQUE
FRANÇAISE

FIG. 30
Léopold MORICE
La République modèle au tiers, 1880
(coll. Debuisson).

FIG. 31
Réception officielle de la statue de la République dans l'atelier de Morice, 137, rue Oberkampf, 6 février 1882
(Paris, Bibliothèque nationale).

FIG. 32
Transport de la statue de la République, 27 juin 1883
L'Illustration, 7 juillet 1883.

FIG. 30

Au début de 1881, Morice soumet le modèle définitif de la statue de la République, simple agrandissement de sa maquette au tiers présentée en 1880 au deuxième degré du concours (FIG. 30). Le grand plâtre est accepté sans difficulté, comme le seront les autres éléments du monument dont l'exécution se poursuit jusqu'en 1884. Cette année là, on met en place les six derniers hauts-reliefs qui ont été exposés au Salon. Chaque étape importante de la création a été l'occasion d'une mise en scène destinée à frapper les imaginations. Une gravure conserve ainsi le souvenir de la réception officielle du grand modèle par le préfet et le bureau du Conseil municipal dans l'atelier du sculpteur (FIG. 31). Une autre évoque le long défilé du bronze colossal à travers les rues de Paris dans la nuit précédant l'inauguration (FIG. 32). *C'était,* écrit *L'Illustration, un tableau très saisissant au milieu de la nuit, celui qu'offrait cette marche lente de l'immense statue à travers la ville, avec son long chapelet de chevaux, son escorte de gardiens de la paix, armés de torches, dont les lueurs d'un rouge blafard, l'éclairant par en bas, lui prêtaient parfois des aspects véritablement fantastiques*[65].

Dans le monument définitif, des changements existent qui, même modestes, apportent plus de rythme à l'œuvre et plus de force à son discours. L'architecture a été remaniée. Le piédestal de l'esquisse était, nous l'avons vu, creusé de niches isolant les unes des autres les vertus républicaines, Charles Morice semble avoir voulu imiter Visconti. La fontaine des *Orateurs sacrés*, élevée à la fin de la Monarchie de Juillet, place Saint-Sulpice, présente un semblable massif dont les faces ont été évidées pour accueillir les statues de Bossuet, Fénelon, Fléchier et Massillon ; l'ensemble s'élève sur deux bassins dont les profils à pans coupés inspirent le soubassement du projet des frères Morice. Supprimant les niches dont la presse, avant le jury, avait d'ailleurs jugé l'effet médiocre, les artistes accentuent la présence de la sculpture. Disposées désormais aux angles d'un triangle idéal, la *Liberté*, l'*Egalité* et la *Fraternité* dessinent la base d'une grande pyramide d'où jaillit la République.

Paradoxalement, certains membres du jury proposèrent, un temps, de supprimer ces figures essentielles à la symbolique du programme[66]. Ils redoutaient la démesure du monument. On devine derrière cet épisode la difficulté qu'il y eut à trouver un équilibre entre l'attente idéologique de certains et la vision seulement esthétique des autres. L'accord qui finit par s'établir reste pour cette raison, souvent ambigu. Ainsi, la présence de l'urne du suffrage universel aux pieds de la *Liberté* est jugée trop discrète et le jury unanime déclare qu'on ne peut omettre de donner une place primordiale à ce symbole. Pour le justifier, le sculpteur Guillaume met en avant le caractère décoratif du motif, alors qu'un conseiller municipal souligne l'importance essentiellement politique de cet élément du blason républicain[67]. Le sculpteur est également invité à donner plus de présence au lion, représenté couché dans le monument provisoire. Morice profite de ces changements pour créer une introduction visuelle à l'œuvre. Debout devant l'urne détachée en demi-relief, l'animal de bronze, symbole de la puissance du Peuple, se

FIG. 31

FIG. 32

A REPUBLIQUE
1789

IMBERT
DENTISTE

FIG. 33

FIG. 34

FIG. 35

FIG. 36

FIG. 33
Léopold MORICE
La Liberté, 1883 Paris,
monument de la place de la République.

FIG. 34
Léopold MORICE
L'Egalité, 1883 Paris,
monument de la place de la République.

FIG. 35 et 36
Léopold MORICE
La Fraternité, 1883 Paris,
monument de la place de la République.

dresse sur une large terrasse élevée sur trois degrés de pierre. L'ensemble a la séduction d'une agrafe décorative et toute l'éloquence d'une fleur de rhétorique.

D'autres modifications appartiennent en propre au sculpteur. Elles concernent certains détails de la forme dont le caractère parfois indécis se retrouve assez généralement dans la sculpture des années 1880. Morice, comme de nombreux sculpteurs de l'époque, hésite entre l'application des principes d'école et leur timide remise en question. Les statues de la *Liberté* et de l'*Egalité* témoignent à des degrés variés de cet embarras. Elles montrent que l'artiste n'ignore rien de la manière dont il convient de draper une figure. La facture, encore très sommaire dans les esquisses, laisse place dans les œuvres achevées aux traditionnels plis décoratifs qui sont l'écho des formes du corps (FIG. 33-34). Mais parallèlement, le sculpteur s'efforce de rompre le schéma géométrique dans lequel on inscrivait la sculpture. Les mêmes figures révèlent que si, dans l'ébauche, l'artiste ne crée rien d'autre qu'une gesticulation souvent raide, son métier finit par l'amener au jeu calme et équilibré des lignes que réclame le langage de l'allégorie.

La *Fraternité*, elle, laisse entrevoir un esprit plus moderne. Image traditionnelle d'une mère accompagnée de jeunes enfants dans l'esquisse, l'allégorie s'enrichit dans l'exécution finale d'attributs variés, la charrue, la roue dentée, la corne d'abondance (FIG. 35-36). L'œuvre s'oriente ainsi vers une célébration de valeurs plus sociales que philsophiques. Alors que l'allusion voulue au bien public dominait largement un grand nombre d'esquisses présentées au concours, cette notion n'apparaît chez Morice que plus tard. Toutefois alors que certains sculpteurs usent, pour lui donner forme, de la scène vivante — Carlier illustre ainsi en 1883 le thème de la fraternité au travers d'une fable de Florian, l'*Aveugle et le Paralytique* — Morice répugne au pittoresque. Un certain naturalisme s'aperçoit pourtant dans le traitement de quelques détails (le visage ou certaines parties du vêtement) mais il n'estompe jamais le caractère idéal de la figure. Dans la statuaire de Morice, l'habitude du discours allégorique ne perd pas ses droits. Ainsi, rebuté par le trop

FIG. 37
Léopold MORICE
Urne du suffrage universel avec figure allégorique de *Victoire*
dessin sur calque (Paris, archives de la Direction des affaires culturelles).

FIG. 37

grand réalisme de l'urne du suffrage universel, il propose à l'administration d'y adjoindre une figure de *Victoire*[68] dont il donne le dessin (FIG. 37).

L'écriture réaliste existe pourtant dans le monument mais elle se limite aux reliefs qui le ceinturent. Le style pictural qu'autorise le récit historique s'y impose. Le jury appréciait la présence de ces reliefs puisque, dans son rapport, Guillaume, si critique sur bien des points du projet, parle, en évoquant ces scènes encore à peine ébauchées, *d'une disposition d'un beau caractère*[qu']*il importe de conserver*[69]. On sait que la suite des épisodes, conçue à la manière d'une chanson de geste, met en scène les événements majeurs qui ont conduit à l'avènement de la République. Morice proposait d'évoquer le souvenir de quelques grandes dates symboliques de l'histoire de la Révolution française — du Serment du Jeu de paume en 1789 au naufrage du vaisseau *Le Vengeur*, le 13 prairial an II (CAT. 1 E, 1 K) —, une scène des trois Glorieuses (CAT. 1 L), deux épisodes de la révolution de 1848 — l'institution du suffrage universel et la distribution des drapeaux à la garde nationale (CAT. 1 N et 1 M) — et de conclure son récit par la proclamation de la République à l'Hôtel de Ville en 1870 (CAT. 1 O) et le vote de la constitution de 1875 (CAT. 1 P).

Deux ans après le concours, la commission des Beaux-Arts, avec l'aide du Comité des inscriptions parisiennes présidé par l'historien Henri Martin, retouche le programme[70]. Il est visible qu'on a œuvré alors pour une meilleure pédagogie de l'ensemble ; les faits plus ou moins mineurs, voire d'un sens ambigu, ont été supprimés : la prise des Tuileries en 1792 (CAT. 1 H), la distribution des drapeaux à la garde nationale en 1848 et

CAT. 1E
Léopold MORICE
Le Serment du jeu de paume, 1879.

CAT. 1H
Léopold MORICE
Prise des Tuileries, 1879.

CAT. 1K
Léopold MORICE
Naufrage du vaisseau le Vengeur, 1879.

CAT. 1L
Léopold MORICE
Le Peuple de Paris acclame le drapeau tricolore, 1879.

CAT. 1M
Léopold MORICE
Distribution des drapeaux à la garde nationale, 1879.

CAT. 1N
Léopold MORICE
Organisation du suffrage universel, 1879.

CAT. 1O
Léopold MORICE
Proclamation de la République à l'Hôtel de Ville, 1879.

CAT. 1P
Léopold MORICE
Vote de la République, 1879.

CAT. 1E

CAT. 1M

CAT. 1H

CAT. 1N

CAT. 1K

CAT. 1O

CAT. 1L

CAT. 1P

CAT. 5
Léopold MORICE
Fête de la Fédération, 1881.

CAT. 6
Léopold MORICE
La Patrie en danger, 1881.

CAT. 13
Léopold MORICE
La Fête nationale, 1881.

CAT. 5

CAT. 6

CAT. 13

le vote de la constitution de 1875. Les remplacent trois grands événements qui apparaissent comme le symbole même du triomphe de la République : l'enrôlement des volontaires de 1792 (CAT. 6) et, dans un balancement sans équivoque, la fête de la Fédération en 1790 et la célébration du premier quatorze Juillet en 1880 (CAT. 5 et 13).

Au Salon de 1884, Morice expose, un an après l'inauguration officielle du monument, les six derniers reliefs, fondus comme les autres par Thiébaut. Il y a là trois des œuvres dont les modèles en plâtre sont présentés dans l'exposition : la *Fête de la Fédération*, l'*Abolition de la royauté* le 21 septembre 1792 et le *Peuple de Paris acclame le drapeau tricolore* en 1830 (CAT. 16-17 et 18). En ce qui concerne les trois autres, un des modèles est aujourd'hui à la mairie de Saint-Maur — l'épisode du *Vengeur* (FIG. 38) — un autre détruit – les *Enrôlements volontaires* – et le troisième conservé au dépôt des œuvres d'art de la Ville de Paris — *Valmy* (FIG. 39). Un critique du Salon loue, en même temps que la fière tournure de quelques personnages, l'entrain pittoresque de presque toutes ces scènes révolutionnaires[71]. Mais il reproche à Morice le détail qu'il juge inutile du chien montant les marches de l'estrade au premier plan du relief des Enrôlements (*Est-ce pour montrer qu'en 1792 les chiens eux-mêmes voulaient s'enrôler dans Paris ?*) (FIG. 40). Cette critique révèle des limites que l'on assigne à l'époque à l'invention de l'artiste. L'art à vocation pédagogique suppose que les représentations à caractère historique respectent la vérité et l'exactitude des faits représentés. Cette exigence de Michelet a pourtant trouvé l'écho le plus large dans le travail préalable auquel s'est livré Morice. Estimant le prix alloué par l'administration un peu faible, il écrit en effet au préfet pour soutenir son exigence financière : *J'ai dû, pour donner un caractère aussi exact que possible à ces sujets historiques, n'économiser en rien ; ouvrages, costumes, renseignements de toute nature, j'ai tout recherché pour rendre ces bas-reliefs intéressants*[72]. Même s'il est probable que le sculpteur a largement trouvé son inspiration dans les représentations gravées des mêmes événements (son Serment du Jeu de paume exploite sans le cacher le dessin de David), ceci n'infirme pas le désir d'authenticité qui a dû présider à la création des reliefs. A cause de lui, la technique même du relief s'est d'ailleurs transformée.

CAT. 16

FIG. 38

CAT. 17

FIG. 39

CAT. 18

FIG. 40

CAT. 16
Léopold MORICE
Fête de la Fédération, 1883.

CAT. 17
Léopold MORICE
Abolition de la royauté, 1883.

CAT. 18
Léopold MORICE
Le Peuple de Paris acclame le drapeau tricolore, 1883.

FIG. 38
Léopold MORICE
Naufrage du vaisseau le Vengeur, modèle, 1883
Saint-Maur-des-Fossés, mairie.

FIG. 39
Léopold MORICE
Valmy modèle, 1883 Paris, dépôt des œuvres d'art.

FIG. 40
Léopold MORICE
La Patrie en danger bronze, 1884 Paris, monument de la place de la République.

Des esquisses aux modèles, si les compositions changent peu, l'écriture évolue. Pour donner l'illusion de la réalité, Morice développe des effets de trompe-l'œil; il rompt ainsi avec la discipline classique qui exigeait l'absence de profondeur et un nombre limité de personnages d'un relief presque plat. Il multiplie les jeux d'épaule et de bras, varie les poses de ses figures, retournant certaines d'entre elles pour les montrer de dos. Chaque page d'histoire présente un ou plusieurs personnages que l'artiste a détachés en saillie sur le devant de la scène. La manière évoque bien sûr Dalou si l'on songe par exemple au grand relief de la *Fraternité* (FIG. 41) exposé au Salon l'année de l'inauguration du monument. Ce style place la représentation historique dans un univers théâtral où le peuple anonyme, massé à l'arrière, rend, comme celui qui regarde les reliefs, hommage aux héros de l'Histoire. C'est la dernière dimension de l'œuvre des frères Morice. Elevé à la gloire de la République, commémorant aussi le souvenir de la Révolution, le monument parisien est également un monument aux grands hommes.

L'ensemble est inauguré le 14 juillet 1883 par un grand défilé, place de la République, des délégués de très nombreuses associations, sociétés ou corporations qui se sont fait inscrire. Aucun membre du gouvernement, volontairement, n'assiste à la cérémonie où seuls prennent la parole le président du Conseil municipal et le préfet représentant l'administration. Si les félicitations adressées aux frères Morice sont de rigueur chez les deux orateurs, le ton des discours est très différent. Pour l'élu parisien, l'occasion est bonne de déclarer que *sans vouloir porter atteinte à l'unité nationale, Paris, par son passé et par son initiative constante dans la voie du progrès, a conquis le droit de réclamer ses franchises municipales*[73], rappelant ainsi que la capitale, malgré la loi d'organisation municipale, reste toujours privée du droit d'élire son maire. Le préfet, à l'opposé, insiste vigoureusement sur le caractère *national* de la fête et du monument. On assiste là, en fait, au rappel solennel d'un des enjeux du concours de 1879 : en prenant l'initiative de la première statue monumentale symbolisant la République érigée en France, Paris entendait bien faire valoir aux yeux de tous et de l'avenir la prééminence de ses sentiments républicains.

FIG. 41

FIG. 41
Jules DALOU
La Fraternité, marbre, 1908 Paris, musée du Petit Palais.

RF
RF
RF
RF

Jules Dalou et le Triomphe de la République (place de la Nation)

CAT. 23

CAT. 23
Jules DALOU
Le Triomphe de la République, 1879.

D*ans les choses de l'art comme en littérature, la supériorité du talent ne saurait suffire pour atteindre le sublime ; il faut encore la foi et Dalou, malgré son génie, n'eût pu concevoir un tel chef-d'œuvre si lui-même, il n'eût pas été un républicain ardent et passionné*[74]. L'enthousiasme du président du Conseil municipal, inaugurant *le Triomphe de la République* le 21 septembre 1889 est légitime. Parce que le génie de l'œuvre démontre la ferveur républicaine du sculpteur, le monument est devenu le symbole le plus parlant du centenaire. Dalou émerveille, lui qui a brassé les formes pour mieux imprimer à son ensemble le souffle de l'épopée. Pourquoi alors, dix ans auparavant, l'esquisse (CAT. 23) n'a-t-elle obtenu, à l'issue du concours, qu'une seconde prime bien modeste ? Dreyfous, ami et biographe du sculpteur, en donne une explication implicite : *Les gens qui n'avaient à défendre*, écrit-il, *ni leurs théories ni leurs situations admiraient bien haut et sans chercher plus loin, comme d'honnêtes gens mis en présence d'une admirable chose*[75]. Il évoque là cette foule dont la presse de l'époque dit qu'étonnée, elle s'arrêtait devant le projet[76]. Avant donc de retracer la création pleine d'hésitations de l'œuvre définitive après sa commande en 1880 et de dire quelques mots de sa double inauguration (le grand plâtre en 1889, le bronze dix ans plus tard), il est important de prendre la mesure des jugements divers qui accueillent l'esquisse lorsqu'elle paraît au concours de 1879.

Quelles furent les réactions de la presse ? Elles convergent pour souligner un même *défaut* : le mouvement *excessif* qui emporte l'esquisse. *Ses qualités décoratives sont en opposition absolue avec l'art monumental qui veut avant tout des lignes et des silhouettes*, reproche *L'Illustration*[77] ; *trop mouvementée pour pouvoir s'asseoir au milieu d'une grande place*, constate *La République française* qui apprécie en revanche le classicisme de Gautherin dont le projet subordonne le programme à l'ordonnance de l'architecture[78]. Dalou propose pourtant d'élever le monument sur une base ovale dans l'intention précisément de gommer l'irrégularité de la place à laquelle il est destiné. En fait, une incompréhension de base règne entre l'artiste et la majorité des critiques ; peu d'entre eux ont saisi l'efficacité pédagogique de sa démarche et sa volonté d'entraîner le sentiment alors que les autres artistes sollicitent la raison. Celui du *Petit Parisien* applaudit toutefois l'esquisse parce qu'*elle donne l'idée d'une nation libre, riche, en fête*[79]. Le style est également mis en question. On retrouve là une théorie ancienne qui interdit à la sculpture d'user des effets réservés à la peinture ; c'est la même théorie qui avait nourri les reproches formulés contre la sculpture romantique : critique des effets de surface, de la multiplication des profils, de l'expressionnisme de certaines attitudes, toutes choses que l'on retrouve chez Dalou et qui révèlent ainsi une liberté d'inspiration et de langage par rapport aux autres participants du concours. Les jugements saluent toutefois le caractère décoratif du projet qui autoriserait l'édification du groupe dans un jardin *où, entouré de verdure et dans une perspective plus lointaine, il produirait certainement le plus bel effet*[80]. Pour la même raison, *acheté par l'Etat pour la manufacture de Sèvres, il pourrait devenir la pièce centrale d'un de ces somptueux surtouts de table dont Clodion et Falconnet semblent avoir emporté le secret*[81].

Comment l'esquisse fut-elle accueillie par le jury? Le rapport de Vaudremer, publié à l'issue du concours[82], laisse deviner un débat passionné entre partisans et adversaires d'un projet dont l'originalité enthousiasme ou dérange. Vote après vote, Dalou réunit en sa faveur un nombre constant mais minoritaire de suffrages. Malgré cela, si son esquisse n'obtient finalement qu'une modeste seconde prime, ses défenseurs arrachent au jury le vœu que le monument soit acquis par la Ville pour être placé dans Paris. Il est probable que par obstination doctrinale — ce qui rapproche leur jugement de celui de l'ensemble de la critique — les artistes appartenant au jury, dont certains étaient également membres de l'Institut, se soient personnellement opposés au projet de Dalou. Dreyfous, sans doute bien renseigné, le suggère, qui oppose à l'hostilité de ces artistes la sympathie de la majorité des représentants du Conseil municipal au sein du jury[83].

Cette sympathie mérite d'être expliquée puisqu'elle est si forte qu'elle pousse le Conseil municipal à décider en 1880 de l'exécution du groupe de Dalou pour la décoration du bassin central de la place de la Nation. Il suffit de lire le rapport présenté au Conseil le 28 juin par Ulysse Parent, qui a appartenu au jury: *Le public parisien est bon juge en matière d'art* [...] *Il fut tout d'abord attiré vers une œuvre qui fixa son attention*[84]. Dreyfous écrit quant à lui: *Le public, plus nombreux qu'il ne le fut en pareille occurrence, faisait cercle autour de cette chose inattendue*[85], ce que confirme la presse qui rend compte du concours. Dès lors, le Conseil municipal se doit de tenir compte du choix exprimé par la majorité et de le traduire dans les faits. C'est là un de ces exemples où s'applique la théorie politique de la démocratie directe qui fait des élus de simples mandants de la collectivité. Mais il y a une autre raison à cette décision de commande, celle de favoriser la naissance d'un art nouveau; c'était l'un des buts du concours, l'ambition des radicaux parisiens étant que cet art nouveau soit démocratique et révolutionnaire. Ainsi lit-on dans le rapport d'Ulysse Parent: *Si l'idée religieuse avec ses symboles qui traduisent les idées d'une métaphysique toujours obscure a su produire des chefs-d'œuvre de l'art, si l'idée aristocratique avec ses délicatesses, ses raffinements, ses voluptés, ses licences, quelquefois avec sa grandeur a pu en faire concevoir à son tour, pourrions-nous douter que l'idée démocratique, autrement haute et puissante, ne puisse en inspirer de nouveaux qui auront, cette fois, toute la sévérité, toute la portée morale d'un enseignement.* Par l'originalité de sa conception et de sa pédagogie, le groupe de Dalou ne pouvait que séduire les conseillers.

FIG. 42, 43 et 44
Jules DALOU
Le Triomphe de la République,
1899 Paris, place de la Nation.

FIG. 42

FIG. 44

FIG. 43

La *République* triomphante tend la main dans un geste de commandement et de protection ; elle domine le char de la Nation qu'accompagnent, sur les côtés, les figures du *Travail* et de la *Justice*. En tête, le *Génie de la liberté* guide l'attelage tandis qu'à l'arrière la *Paix* répand les fruits de l'abondance (FIG. 42-44). Par le dynamisme de son mouvement et le symbolisme de sa marche en avant, le monument signe dans l'espace le rêve d'une République entraînant l'humanité sur le chemin d'un nouvel âge d'or.

Il est paradoxal que l'intérêt des républicains se soit porté sur un projet qui, par son style, renouait avec la sculpture française de la fin du XVIIe siècle et du premier tiers du XVIIIe siècle. Celle de Versailles notamment puisqu'il est vrai que le *Triomphe de la République* se laisse aisément comparer, par sa verve théâtrale, plus maîtrisée toutefois, avec certains des grands morceaux sculptés exécutés pour le parc du château royal, groupe de Tuby au bassin d'Apollon, *Neptune et Amphitrite* par Adam l'aîné pour celui de Neptune. Dalou ne s'en cache d'ailleurs pas, qui écrit à un ami alors qu'il ébauche son œuvre : *Il faut que je lâche une bombe, la chose est dans une tendance Louis XIV!!! style que je vénère par dessus tout*[86].

FIG. 45

Sa création partage avec certaines des grandes machines royales qui se voulaient tout autant persuasives une même nécessité pour y parvenir de déroger aux règles habituelles de la sculpture. La puissance narrative du groupe, le thème du char qui trouve son origine dans l'imagerie dionysiaque, le goût du sculpteur pour des figures d'un réalisme vivant, le brio pictural de la matière rapprochent à l'évidence son art de celui des peintres. Cette *erreur de langage*, fut bien ressentie comme une transgression : *Si Rubens avait fait de la sculpture*, écrit le journal *Le Temps, il est probable qu'il l'aurait comprise de la sorte, c'est-à-dire colorée, familière, remuée, d'un style pittoresque qui est le contraire du style monumental, dans lequel les premiers éléments sont la sobriété du geste et la modération du mouvement*[87]. Même si, comme nous le verrons, le sculpteur devait dans l'exécution finale gommer un peu de cette verve pour une plus grande simplicité de formes, tout en restant classique par l'organisation très ordonnée du mouvement, l'art de Dalou doit se comprendre comme une réaction contre les conventions de la sculpture académique de son siècle. L'exubérance souvent joyeuse de sa langue, d'un délié parfois souple, parfois nerveux, le rapproche de la sculpture brillante de Carpeaux. Le mouvement giratoire des allégories autour de la République évoque d'ailleurs le groupe des *Quatre parties du monde*, soutenant la sphère céleste qu'elles font tourner, réalisé après la guerre de 1870 pour les jardins de l'Observatoire. Si Dalou annonce d'une façon générale la sculpture *baroque* de la fin du siècle, le *Triomphe de la République* préfigure certains groupes républicains postérieurs comme ceux conçus par Debrie pour le monument des Girondins à Bordeaux (FIG. 45). Ensemble ils aspirent au même refus de l'idéal parnassien, au rejet de « l'art pour l'art » au profit d'un art politique conçu comme un théâtre d'idées.

Echelonnée sur dix ans, la création du grand modèle en plâtre est pour le sculpteur une longue suite d'hésitations et de retours en arrière qui débutent dès l'élaboration de l'esquisse soumise au concours.

Réfugié à Londres depuis la fin de la Commune, Dalou modèle là-bas une première ébauche en terre cuite du monument (Camberra, Australian National Gallery, FIG. 46). Les allégories du *Travail*, de la *Paix* et de la *Justice* ont trouvé sinon leurs attitudes exactes, du moins leurs places définitives autour du char dont le sommet est encore libre. A l'avant, une figure coiffée du bonnet phrygien chevauche l'un des lions : il pourrait s'agir de l'effigie de la République, comme le laisse croire l'attribut qui la coiffe ; le sculpteur lui a donné l'emplacement, l'attitude et le mouvement choisis ensuite pour le *Génie de la liberté*. Dalou évoque au cours de cette période de recherche, mais sans que l'œuvre nous soit connue, l'existence d'une première ébauche où la République se tenait debout[88]. Deux esquisses en terre cuite, petites études de nus pour l'effigie principale — l'une est conservée à l'Aus-

FIG. 46

FIG. 47

FIG. 45
Gustave DEBRIE
Le monument des girondins Bordeaux.

FIG. 46
Jules DALOU
Le Triomphe de la République
ébauche terre cuite
Camberra, Australian National Gallery.

FIG. 47
Jules DALOU
La République étude terre cuite
Camberra, Australian National Gallery.

CAT. 24
Jules DALOU
La République étude.

CAT. 24

tralian National Gallery (FIG. 47), l'autre est au musée d'Orsay (CAT. 24) — semblent pouvoir être regardées comme contemporaines de cette phase de travail au cours de laquelle le sculpteur s'approche de l'esquisse définitive. La première provient d'une collection anglaise ; son ordonnance générale et notamment le mouvement équilibré des bras largement dégagés du corps préfigurent ce que sera la statue. La deuxième, dont le bras gauche est ramené sur la hanche et l'autre tendu près du corps, est d'une construction plus ramassée. La position cambrée limite également le mouvement dans l'espace. La conception, si l'œuvre toutefois se rapporte bien à la période anglaise envisagée, pourrait suggérer que Dalou a projeté de contredire en partie le mouvement général vers l'avant du monument.

Dès la fin du mois d'octobre 1879, l'administration demande au sculpteur un devis pour l'exécution de son projet. Ce devis s'élève à soixante-dix mille francs pour des figures mesurant alors quatre mètres. Le prix de la fonte est, lui, de cent quarante mille francs[89]. L'offre est acceptée l'année suivante — on a attendu l'achèvement définitif du concours — et l'arrêté de commande du 24 juillet 1880 entérine les propositions de l'artiste. Il est précisé que la proportion des figures pourra être modifiée si l'expérience le commandait, ce qu'il fallut faire. La décision prise par le Conseil municipal d'ériger le monument au centre du vaste bassin d'eau de la place de la

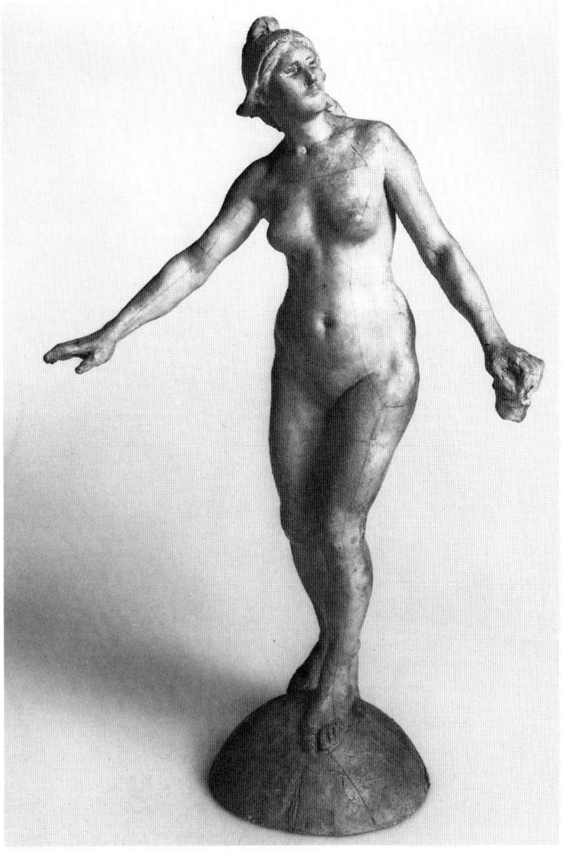

CAT. 25

Nation entraîna en effet Dalou à donner plus de présence à la grande sculpture. La hauteur de chacune des figures est portée à 4,50 mètres ; le monument mesure désormais 12 mètres de haut sur 22 mètres de long et 8 mètres de large.

Une autre difficulté rencontrée rapidement par le sculpteur est mentionnée par Dreyfous[90] dans le but de donner à la création une dimension romantique et de faire de Dalou l'égal de Michel-Ange. L'esquisse, exécutée au dixième, fut d'abord agrandie géométriquement selon la méthode traditionnelle. Devant l'échec plastique du résultat, l'artiste décide en 1884 de reprendre son travail figure par figure ; il façonne chacune d'elles, au sixième d'exécution, d'après le modèle vivant, d'abord nue puis drapée. Comme l'étude de femme nue pour la République (CAT. 25), *l'Enfant au livre* que présente également l'exposition (CAT. 27) appartient vraisemblablement à cette suite d'esquisses modelées alors conformément aux nouvelles dimensions données à l'œuvre ; allégorie de *l'Instruction*, il accompagne, dans le monument, *le Forgeron* et annonce sans peine la figure définitive (FIG. 48).

Une troisième préoccupation de Dalou au cours de la création fut d'atténuer sensiblement le travail à l'origine très ornemental de l'esquisse — *on se trompe,* déclare-t-il, *en regardant les peintres coloristes*[91] — pour obtenir une plus grande simplicité des lignes et des surfaces. Certains détails expressifs sont abandonnés, comme la lourde guirlande de fruits déversés de la corne d'abondance qui, dans l'état premier de l'esquisse[92], débordait largement sur le socle (FIG. 49). Le jeu foisonnant des draperies se simplifie, ce que montrent les modifications apportées aux figures de la *Paix* et de la *République*. La première, pour laquelle Dalou modèle au préalable une étude de torse (CAT. 28), abandonne pour la seule nudité le drapé qui l'habillait. Quant à la figure définitive de la *République*, si on la compare à celle du projet, on voit que le sculpteur lui a ôté le lourd plissé qui dissimulait ses formes au profit d'une tunique légère qui laisse percevoir le mouvement élégant de la silhouette (CAT. 23 et FIG. 50). Selon Dreyfous, Dalou fut satisfait du résultat : *Il s'était trouvé l'établir par grands plans et augmenter l'effet de puissance, de simplicité et de grâce virile*[93].

FIG. 49

CAT. 27

FIG. 48

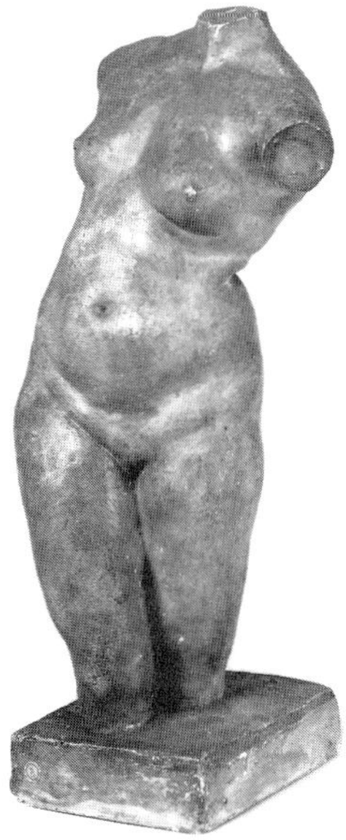

CAT. 28

CAT. 25
Jules DALOU
La République étude.

CAT. 27
Jules DALOU
Génie de l'instruction.

FIG. 48
Jules DALOU
Le génie de l'instruction,
Le Triomphe de la République.
1899 Paris, place de la Nation.

FIG. 49
Jules DALOU
Le Triomphe de la République
détail arrière *L'Art* 1879.

CAT. 28
Jules DALOU
Torse.

CAT. 23
Jules DALOU
La République,
1879 *Le Triomphe de la République* détail.

FIG. 50
Jules DALOU
La République, Le Triomphe de la République,
1899 Paris, place de la Nation.

CAT. 23

FIG. 50

En 1887, la reproduction en bronze du monument fut confiée au fondeur Bingen pour le prix de 250 000 francs[94]. Dalou avait longuement insisté pour que le Conseil municipal, très réticent, choisisse finalement l'ancien procédé de la fonte à cire perdue, *la seule pratiquée autrefois aux belles époques de l'art et qui seule peut rendre fidèlement le travail du sculpteur*, comme il l'écrit au président de la commission des Beaux-Arts[95]. Le document montre le rôle joué par la motivation politique à chaque instant de la création. *Faire pour la République*, conclut-il, *ce qu'autrefois d'autres ont pu faire pour les régimes déchus, c'est là le rêve que je prie le Conseil de bien vouloir m'aider à réaliser par le choix de ce procédé.* On sait toutefois que l'opération fut loin de donner les résultats escomptés. En 1895, la ville résilie le premier marché et charge la maison Thiébaut frères de reproduire par la fonte en bronze *Keller* les parties non encore fondues[96]; à cette date sont seulement achevées, après huit années, quatre figures: la *Justice* et le *Travail* accompagnées chacune d'un enfant et trois petites pièces, une tête d'ornement et des morceaux de guirlandes[97]. L'ensemble fut intégré au grand bronze inauguré en 1899.

Dans l'impossibilité de disposer du monument définitif pour l'Exposition universelle de 1889, il fut décidé d'inaugurer à sa place son grand modèle en plâtre, installé au centre du bassin de la place de la Nation. Le choix de l'emplacement remontait à 1880. Il avait été préféré alors à la place de l'Alma et à la place Armand-Carrel devant la mairie du XIXe arrondissement pour des raisons surtout symboliques. L'esplanade du Champ de Mars qui séduisait certains fut écartée faute d'une entente avec le ministère de la Guerre. L'idée fut reprise un moment lors de la préparation de l'Exposition universelle de 1889. Un numéro de *L'Illustration* (5 février 1887) montre un projet de placement à l'endroit où sera implantée la fontaine monumentale réalisée par Coutan. La place de la Nation retenue, il fut décidé de tourner le monument vers le faubourg Saint-Antoine; ainsi, écrit Ulysse Parent, le char allégorique semblerait entrer dans Paris, se dirigeant vers la place de la Bastille. Le groupe était perçu comme le pendant symbolique, à l'est de la capitale, de l'Arc élevé sur la place de l'Etoile. *L'Arc de triomphe*, écrit le rapporteur à l'adresse des conseillers municipaux, *a été dédié à la France militaire et conquérante; ne convenait-il pas d'élever à l'autre extrémité de la capitale un monument impérissable et qui rappellerait une gloire nationale plus pure si vous la consacrez au génie de la Révolution française et à la République qui en est issue*[98]. Enfin l'œuvre de Dalou devait également achever l'axe républicain dessiné par le boulevard Voltaire et dont le monument des frères Morice marquait l'autre extrémité. Monument commémoratif donc, autant que monument à la gloire du nouveau régime, le modèle-plâtre du *Triomphe de la République* est inauguré au cours de l'Exposition universelle, le 21 septembre 1889, jour anniversaire de l'instauration officielle, en 1792, de la République. La place de la Nation et l'entrée du faubourg Saint-Antoine sont brillamment pavoisées (FIG. 51). De grands mâts portent des écussons et des faisceaux de drapeaux tricolores. Dans

FIG. 51
L'inauguration du *Triomphe de la République* en 1889
(Paris, Bibliothèque nationale).

FIG. 51

FIG. 52
(Paris, Bibliothèque nationale).
FIG. 53
(coll. part.).

FIG. 52

FIG. 53

la tribune officielle siègent, à côté du Président Carnot, le président du Conseil municipal, Chautemps, et le président du Conseil des ministres, Tirard. Les discours s'accordent pour faire de l'œuvre de Dalou le symbole même du centenaire et de son inauguration une démonstration de la résolution des républicains de défendre le régime contre la menace boulangiste qui vient de l'ébranler. Curieusement, l'inauguration définitive, dix ans plus tard, le 19 novembre 1899, aura lieu en pleine affaire Dreyfus alors que la République paraît être de nouveau sous la menace des manifestations de rue. Par le hasard de l'Histoire, le monument a donc joué en deux occasions décisives pour la survie des institutions républicaines le rôle symbolique de métaphore politique que le sculpteur lui réservait dès 1879.

On sait que le *Triomphe de la République* avait été installé au centre d'une vasque d'eau (FIG. 52). Dreyfous méconnaît l'intérêt d'un projet qui visait à doter le bassin d'animaux légendaires. *Dalou en a fait une ébauche qui tient de l'allégorie et de la chimère japonaise mais, à la suite de l'inauguration et de son propre avis, le projet fut abandonné*[99]. Une lettre démontre au contraire l'intérêt du sculpteur pour une telle idée. Interrogé à ce sujet par l'administration quelques mois avant la seconde inauguration, il répond : *J'ai déjà fait une esquisse de cela en 1889. Depuis, mes intentions à cet égard sont restées les mêmes. J'estime que des chimères ou des monstres crachant sur le groupe central compléteraient et l'effet décoratif et le sujet*[100]. L'esquisse, modelée en terre cuite, a disparu mais on devine sans peine que la présence de ces créatures mi-vivantes, mi-fantastiques, opposées à la marche triomphale du char, auraient prolongé le caractère symbolique du programme. Debrie, dans le groupe sculpté du monument des Girondins, a utilisé le même affrontement. Les six alligators à la queue tourmentée exécutés par le sculpteur Gardet en 1908 après la mort de Dalou ne conservaient de l'idée d'origine que son intention décorative (FIG. 53). Comme de très nombreux bronzes parisiens, ils ont été enlevés pour être refondus pendant la dernière guerre. Le bassin, depuis lors, a été comblé et le *Triomphe de la République* sert fréquemment de terrain d'alpinisme aux enfants du quartier. Il est bien sûr impossible d'imaginer ce que Dalou aurait pensé de ce dernier avatar de son goût pour le colossal !

L'image de la République dans la mairie

CAT. 31

L'origine républicaine de la mairie comme son importance symbolique ne sont plus à démontrer. Maurice Agulhon l'a écrit : *La mairie est républicaine par définition, puisque la France elle-même l'est depuis le 4 septembre 1870 et que les mairies sont les sièges les plus nombreux du fonctionnement de nos institutions.* Et l'historien ajoute : *La mairie est républicaine plus essentiellement encore puisque c'est à la république que l'on doit l'universalité de sa présence*[101]. L'édifice est donc par lui-même le symbole des nouvelles institutions dont l'avènement est incarné par la présence dans le bâtiment d'un ou plusieurs bustes emblématiques qui représentent officiellement la République.

Curieusement, mais sans doute ont-ils manqué de temps, les républicains de 1848, pourtant soucieux de créer une représentation officielle du nouveau régime, ne semblent pas s'être préoccupés de la naissance d'un tel emblème. Plus pragmatiques, les conseillers radicaux parisiens n'hésiteront pas, une trentaine d'années plus tard, à prévoir, parallèlement à l'érection dans Paris d'une statue monumentale de la République, la création d'un buste allégorique dont la présence est rendue nécessaire par la construction ou l'aménagement des mairies d'arrondissement[102]. Dans l'esprit du Conseil, cette effigie unique, comme son double à l'extérieur, symbolisera pour l'avenir à la fois le changement de régime et l'éminence républicaine de la capitale. Sa multiplication dans le décor peint des mairies jusqu'au premier centenaire de la Révolution où elle prend, en 1889, un visage triomphal au plafond de la salle des fêtes de la mairie du VIe arrondissement, témoigne d'une intention similaire.

Le problème de la création d'un buste de la République, sous une forme définitive autant qu'idéale, a été soulevé par quelques conseillers municipaux dès 1878. Nous l'avons déjà souligné[103], le combat politique que mène la majorité des élus parisiens contre le pouvoir en place prend, cette année-là, l'aspect provoquant d'une guerre des signes : il s'agit alors de créer dans la capitale, à l'occasion de l'Exposition universelle, une statue-symbole. Si le projet tourne court devant l'interdiction ministérielle de coiffer l'allégorie de l'emblème très contesté du bonnet phrygien, l'hostilité de certains conseillers comme Viollet-le-Duc ou Jobbé-Duval envers un projet de buste destiné au décor de la salle des mariages de la mairie du IIe arrondissement confirme, en février 1878, cette volonté parisienne de voir chaque symbole des institutions incarner une République plus révolutionnaire que libérale.

L'œuvre, qui doit être exécutée en marbre, a été demandée au sculpteur Degeorge, préféré en 1877 à Pierre Granet[104]. Elle constitue la première commande officielle d'un buste de ce genre puisque, jusque-là, l'administration n'avait installé dans les édifices publics que des tirages en plâtre de modèles semi-officiels comme celui créé par Francia en 1876 et offert par l'artiste au président de la République. Cette sculpture est connue

CAT. 31
Angelo FRANCIA
République, 1876

CAT. 30
Charles DEGEORGE
République, 1878.

CAT. 30

à de nombreux exemplaires : l'un décore toujours la salle des mariages de la mairie du XIIIe arrondissement ; deux autres, conservés aujourd'hui au dépôt des œuvres d'art de la Ville de Paris, se trouvaient au début des années 1880 à la mairie du XIIe[105]. Le hiératisme de la figure qu'adoucit le sourire calme du visage, la couronne qu'elle porte, composée de feuilles de chêne et d'olivier, ainsi que la présence de l'étoile, transfigurent l'image en un symbole intemporel de sagesse et de raison. Dérivé, par le style et l'iconographie, des modèles créés au milieu du siècle, le buste de Francia continue d'incarner un idéal modéré de gouvernement (CAT. 31). Les critiques hostiles que soulève de la part des conseillers l'esquisse de Degeorge, lorsque l'artiste la soumet aux membres de la commission administrative des Beaux-Arts[106], semblent indiquer que l'œuvre, aujourd'hui disparue, ne devait guère s'éloigner de la tradition. Une bandelette, serrant le front de l'effigie, portait gravé le mot *concorde* ; cette seule inscription donnait au projet un sens ambigu. Le plâtre original (CAT. 30) correspondant au marbre finalement mis en place en 1879 montre, malgré quelques changements, que le buste continue d'utiliser les ressources de l'iconographie traditionnelle : le bandeau supprimé laisse place, pour couronner la figure, à un diadème princier orné d'étoiles et l'on retrouve, entremêlés, feuilles d'olivier et épis de blé, signes de fécondité et de prospérité. L'expression grave et le traitement sensible du visage, les longues mèches de cheveux coiffées avec ampleur, comme le détail du corsage, annoncent cependant bien des figures ultérieures, qui relèveront davantage de l'art du portrait que d'une vision idéale de la République.

La méfiance des conseillers à l'égard de l'œuvre de Degeorge est symptomatique de leur lutte pour l'avènement d'une République dont le buste, qu'ils imaginent aussi définitif que l'installation du nouveau régime, devra porter le premier des attributs d'une démocratie, le bonnet phrygien. De cette œuvre idéale Viollet-le-Duc et Jobbé-Duval tracent le portrait lorsqu'ils engagent Degeorge *à idéaliser la figure tout en lui conservant l'ensemble des qualités réelles qu'elle exige, dignité, grandeur, douceur et fermeté, caractère noble et populaire tout à la fois, expression fière et pacifique en même temps*[107]. Ce vaste programme élude pourtant l'essentiel : la création doit être en elle-même un symbole historique. En 1878 encore, un autre conseiller demande ainsi que l'on place dans les écoles et les mairies de Paris des modèles en plâtre conformes à la tête de la statue de Soitoux, pourtant assez proche dans sa réalisation de l'œuvre de Francia, mais qui a pour elle l'avantage, parce qu'elle a été couronnée par les républicains de 1848, de continuer d'incarner, trente ans après, l'esprit révolutionnaire[108].

Ce grand buste de la République, qui doit être à la fois l'emblème politique des républicains et le symbole historique de leur arrivée au pouvoir en 1879, le Conseil municipal entreprend aussitôt d'en favoriser la mise en œuvre. Un concours est organisé dont le premier objectif est la création d'un buste en marbre pour

LIBERTE EGALITE FRATERNITE
RF
HOTEL DE VILLE
RF
PELOUSE INTERDITE

la salle des mariages de la mairie du XIIIe arrondissement et dont le règlement précise que le projet couronné servira de modèle pour les autres établissements municipaux[109]. Le programme ajoute que, comme pour la statue qui doit être érigée dans Paris, la figure de la République devra être représentée *conformément au type traditionnel,* ce qui sous-entend qu'elle devra être coiffée du bonnet phrygien.

Le concours, qui se déroule dans la deuxième quinzaine du mois de décembre 1879, se solde par un échec. Aucun des soixante-trois projets exposés dans la salle Melpomène de l'Ecole des Beaux-Arts n'est retenu par le jury et l'épreuve au second degré, prévue pour février 1880, est annulée. Parmi les artistes[110] on note la présence de plusieurs sculpteurs familiers de ce type de commande comme Francia, qui a déposé trois esquisses, ou Doriot, auteur d'un buste largement diffusé dans les années 1870. Le premier parviendra par la suite à imposer son nouvel emblème de République (FIG. 54). Le concurrent le plus connu aujourd'hui reste cependant Rodin qui participe à l'épreuve comme il a participé quelques semaines plus tôt à celle organisée pour la création du monument de la Défense de Paris[111]. Sa *République,* rebaptisée plus tard *Bellone,* tant son aspect farouche évoque la déesse de la guerre, s'écarte, parce qu'elle est coiffée d'un casque et non du bonnet phrygien, de la donnée essentielle du concours (CAT. 33).

Le décalage de cette sculpture par rapport au désir de paix qui anime l'idéal républicain de l'époque est souligné par des journaux aussi différents que *La France* et *Le Petit Moniteur universel*[112]. Le visage d'une république plus martiale que pacifiste trouve cependant d'autres échos dans la sculpture de l'époque : la *Paix armée* de Coutan, dont le bronze est mis en place au square d'Anvers en 1888, en est un exemple plus nuancé qui n'atteind pas la puissance suggestive de la *Bellone* de Rodin (FIG. 55). Comme dans son projet de la Défense, le sculpteur fait jaillir le mouvement de la torsion prononcée des formes. Il déforme la figure pour ne plus conserver de la réalité que sa seule puissance expressive qui, au-delà de Rude, rapproche son art de celui de Michel-Ange. La nervosité du bronze – le modèle fut fondu en plusieurs exemplaires après 1890 –, plus que le marbre exécuté, lui, en 1889, achève de capter toute la violence irrépressible d'un projet trop à contre-courant pour être retenu.

Le seul souci du buste, de son architecture particulière comme de son caractère synthétique qui doivent imposer l'œuvre au regard avant de solliciter la curiosité de l'esprit, semble avoir été pourtant la préoccupation essentielle du jury. Eugène Guillaume souligne ainsi, dans le rapport publié après l'épreuve, non seulement le caractère souvent énigmatique des projets déposés ou leur tendance à rejoindre l'art du portrait mais également le manque d'autonomie des esquisses : *Le buste,*

Le Journal illustré

DIX-SEPTIÈME ANNÉE — N° 23

DIMANCHE 6 JUIN 1880

PRIX DU NUMÉRO : 15 CENTIMES

Gravures

Texte

Le Journal illustré est mis en vente dès le vendredi matin

ABONNEMENT	UN AN	SIX MOIS
Paris	6 50	3 50
Départements	7 50	4 »

Administration et Rédaction, à Paris, hôtel du Petit Journal rue Lafayette, 61.

LE BUSTE DE LA RÉPUBLIQUE

PAR M. FRANCIA

Dessin de Henri MEYER. — Voir l'article, page 179

FIG. 54

FIG. 55

CAT. 33

FIG. 54
(Paris, Bibliothèque nationale).

CAT. 33
Auguste RODIN
Bellone, 1879.

FIG. 55
Jules COUTAN
La Paix armée, 1888 Paris,
parc Montsouris
autrefois square d'Anvers.

écrit-il, *n'est pas un fragment de statue c'est une forme de l'art qui a sa raison en soi* [et qui] *est appelée par sa destination* [...] *à être un véritable monument*[113]. On ne s'étonnera donc pas que, pour remédier à l'insuccès du concours et parvenir à la création d'un modèle unique de figure, la commission des Beaux-Arts ait suggéré au Conseil municipal, mais sans succès, d'organiser une nouvelle épreuve ouverte aux seuls artistes *éminents*[114].

Ce buste idéal de la République dont le Conseil municipal cherchait à imposer le modèle, le buste de Gautherin, acheté par la Ville de Paris au Salon de 1879, aurait pu le devenir (CAT. 32). L'œuvre incarne l'essentiel des vœux de Viollet-le-Duc et de Jobbé-Duval et retient d'ailleurs l'attention au-delà du seul cercle municipal. Sans être totalement séduit puisqu'il trouve son expression *un peu indécise*, Eugène Véron, grand défenseur de Rodin, écrit ainsi dans *L'Art : Le Salon de cette année abonde en statues et en bustes de République fort peu réussis. La seule œuvre de cette catégorie à laquelle nous puissions nous arrêter est le buste de M. Gautherin, qui a de la largeur et de la puissance*[115].

Le sculpteur a choisi avec discernement les attributs de son emblème. Le bonnet phrygien, coiffant avec simplicité les cheveux, et le mufle de lion, symbole nécessaire de la force et de la souveraineté populaires ornant le baudrier, sont présents pour donner à l'œuvre une dignité démocratique. Ornemental et rustique à la fois, d'une élégance un peu austère faite surtout de simplicité, l'œuvre a séduit les conseillers parisiens au point que l'un d'entre eux, Abel Hovelacque, propose d'en placer la gravure dans toutes les écoles et les asiles municipaux[116]. La sculpture est commandée en marbre pour être mise à l'honneur dans la salle du budget de l'Hôtel de Ville. Edité par la maison Susse, le modèle de Gautherin a été largement diffusé à Paris. Il est toujours en place dans les salles des mariages des mairies du VIIe et du XVe arrondissement ainsi qu'au Conseil d'Etat. La commission des Beaux-Arts refuse pourtant son adoption officielle comme le lui demande l'éditeur en 1881[117]. La raison s'en explique sans peine : il a manqué au buste de Gautherin la consécration officielle que seul apporte, aux yeux des élus parisiens, le fait d'avoir été choisi à l'issue d'un concours public.

Après l'échec du concours, l'ancien système de la commande directe recouvrait sa nécessité. Au cours des années 1880, les architectes, maîtres d'œuvre des mairies, retrouvent dans les faits l'essentiel du pouvoir d'initiative qu'ils ont perdu depuis 1879. Pourtant placés sous le contrôle de la commission des Beaux-Arts, ils vont désormais imposer leurs vues au Conseil municipal chaque fois que l'achèvement des travaux intérieurs commande la présence d'un emblème républicain. Barrias, proposé par l'architecte Hénard, reçoit ainsi en 1885 la demande d'un buste pour orner la cheminée de la salle des fêtes de la mairie du XIIe arrondissement. Comme l'œuvre en est toujours, dix ans plus tard, au stade de l'esquisse, sur l'initiative d'un des successeurs de l'architecte, elle passe au sculpteur Pézieux[118] (FIG. 56).

Parfois, la commande accompagne l'organisation d'un concours destiné à choisir l'artiste qui décorera de panneaux peints les murs de la salle. A la

CAT. 32
Jean GAUTHERIN
République, 1880.

FIG. 56
Jean PEZIEUX
République, 1896 Paris, dépôt des œuvres d'art.

CAT. 32

FIG. 56

mairie du XIVe arrondissement, à la fin de 1888, l'administration confie ainsi à Blanchard l'exécution d'un marbre[119], peu de temps après la publication du règlement de l'épreuve qui couronnera Maurice Chabas, l'année suivante. L'œuvre, mise en place en juillet 1890, est inscrite dans la boiserie qui couronne la cheminée monumentale de la salle des mariages et se découpe sur un fond de mosaïque dorée. Sur le haut de sa cuirasse, la représentation de Méduse, la chevelure ourlée d'un entrelacs de serpents selon l'iconographie traditionnelle, montre toute la réticence du sculpteur à laisser parler les seuls attributs modernes auxquels se rattache la cocarde tricolore que la figure porte accrochée à son bonnet (CAT. 29). Devant la mairie, le square s'orne d'une autre *République*, marbre colossal donné par le sculpteur Baffier en 1881[120] (FIG. 57). C'est le seul exemple à Paris d'un dédoublement de l'emblème républicain dans l'enceinte d'une mairie.

La commande simultanée d'un buste et d'une peinture murale se retrouve aux Lilas dans la banlieue parisienne ; elle est confiée à Mathurin Moreau[121] et suit immédiatement celle donnée à Alfred Bramtot du panneau représentant, dans la salle du conseil municipal, le *Suffrage universel* (FIG. 58). En revanche, Huillard, architecte de la mairie du Ier arrondissement, devra solliciter à plusieurs reprises la présence d'un marbre de la *République* pour achever la décoration de la salle des mariages. Dès 1884, il adresse au service des Beaux-Arts un rapport où il juge *indigne de figurer dans cette salle richement décorée* un exemplaire du plâtre de Gautherin[122], avouant ainsi sa préférence pour la seule beauté décorative et la richesse de matière de l'œuvre d'art. Finalement confié à Gabriel-Jules Thomas, le buste, qui répond à l'ordonnance, au calme et à la gravité de la tradition classique, est installé en 1890, deux ans après la mise en place des trois lunettes peintes consacrées par Albert Besnard aux *Ages de la vie* (FIG. 59 et CAT. 34 pour le plâtre original).

Il est important de souligner que l'installation d'un buste-symbole est sans rapport avec la fonction du lieu de sa mise en place dans la mairie. Les œuvres commandées sont destinées aussi bien à une salle des mariages qu'à une salle des fêtes, voire à la salle du conseil municipal. Ce n'est pas le cas de l'allégorie quand elle figure dans un décor peint : sa représentation, peu fréquente dans le décor des salles des mariages, est en revanche encouragée dans les salles des fêtes, hauts lieux des fastes républicains.

Si les jurys des concours ont été dans l'ensemble attentifs à la destination finale des projets, les concurrents n'y ont guère été sensibles. C'est pour un plafond de salle des mariages, à la mairie du XIXe arrondissement, qu'Albert Besnard propose – mais c'est en 1880 – le *Triomphe de la République* (CAT. 36) et le peintre Maillard une allégorie du *Drapeau tricolore* (CAT. 37) où la République

CAT. 29
Jules BLANCHARD
République, 1890.

FIG. 57
Jean BAFFIER
République, 1881 Paris, place Ferdinand-Brunot.

FIG. 58
Alfred BRAMTOT
Le Suffrage universel
Les Lilas, mairie.

CAT. 29

FIG. 57

FIG. 58

FIG. 59

CAT. 34

CAT. 36

CAT. 37

FIG. 59
Paris, mairie du Ier arrondissement, salle des mariages.

CAT. 34
Jules THOMAS
République, 1890.

CAT. 36
Albert BESNARD
Le Triomphe de la République
esquisse, 1880.

CAT. 37
Diogène MAILLARD
Allégorie et scènes de la Révolution française
esquisse, 1880.

FIG. 60
Léon GLAIZE
Le Triomphe de la République Paris,
mairie du XXe arrondissement,
salle des mariages.

FIG. 61
Léon GLAIZE
Les grands hommes de la Révolution détail
Paris, mairie du XXe arrondissement,
salle des mariages.

CAT. 41
Henri LEVY
Le Travail sous l'égide de la République
esquisse, 1886.

FIG. 60

CAT. 41

FIG. 61

et la Ville de Paris dominent la marche victorieuse des armées entraînées par le génie de la Liberté. Bien que primées, ces deux esquisses où l'effigie joue le rôle de point d'orgue du programme sont écartées au profit du projet de Gervex et de Blanchon, qui ont consacré leur plafond à une évocation des activités du quartier.

Comme le montre le décor de la salle des mariages de la mairie du XXe arrondissement, le programme de Léon Glaize, qui remporte le concours en 1884, est cependant fondé pour l'essentiel sur la célébration de la République, son triomphe et ses grands hommes (FIG. 60-61). Il semble que le choix ait correspondu là à des considérations purement décoratives, les deux compositions en frise proposées par l'artiste pour les longs côtés de la pièce s'adaptant à l'espace sans le morceler, au contraire du projet de Jules Didier écarté en dépit des qualités qu'on lui reconnaissait (CAT. 40). C'est ce que laisse deviner le rapport publié à l'issue du concours où Félix Hattat résume ainsi les impressions du jury : *M. Léon Glaize a profité de l'occasion qui s'offrait au peintre d'histoire de développer un sujet unique sur une grande surface*[123]. Sur le mur nord-est, le *Triomphe de la République* fait apparaître un long cortège où la Ville de Paris, précédée par un envol de figures portant les dates des grandes révolutions, guide le char triomphal. Dans la version finale des *Grands Hommes de la Révolution devant le tribunal de la postérité*, le peintre rend hommage, sur le mur d'en face, aux héros révolutionnaires qu'accompagnent quelques figures plus modernes comme celles de Gambetta, de Thiers et de Victor Hugo. Cette synthèse historique et philosophique résume bien l'ambition pédagogique du décor des bâtiments publics mis en place au cours des années 1880.

C'est avant de disparaître de la commande officielle et de laisser la place aux seuls bustes que l'image de la République trouve sa plus belle expression lyrique – son chant du cygne pictural – à la mairie du VIe arrondissement, l'année même du premier centenaire de la Révolution. Le concours organisé en 1887 portait sur la décoration des trois grands caissons circulaires du plafond de la salle des fêtes ; le règlement stipulait que les artistes devaient dans leur programme symboliser la Liberté, l'Egalité et la Fraternité et leur laissait le choix entre l'allégorie ou des scènes historiques ou familières. Henri Lévy avait échoué, quelques mois auparavant, lors du concours organisé pour la décoration du plafond de l'escalier d'honneur de la mairie de Pantin (CAT. 41) avant de remporter cette épreuve (CAT. 42 pour l'esquisse d'ensemble). Les médaillons, qu'il peint en 1889, aujourd'hui peu visibles sous leur voile jaunâtre, brassent les discours pour rendre un hommage solennel à la République, à son histoire et à ses valeurs universelles, morales, sociales et politiques. C'est l'esprit même du premier centenaire qui souffle sur cette scénographie qu'inspirent, comme pour un résumé idéal, les grandes leçons du décor vénitien.

CAT. 40
Jules DIDIER
Scènes révolutionnaires
esquisse, 1884.

CAT. 42
Henri LEVY
Egalité, Liberté, Fraternité
esquisse, 1887.

CAT. 40

CAT. 42

Paris et la République : les enjeux d'une statue

1 Conseil municipal, *Procès-verbaux*, 1er février 1879.
2 Parent, 1880.
3 Larousse P., *Grand Dictionnaire universel du XIXe siècle*, Paris, 1876, pp. 1090-1091.
4 Conseil municipal, *Procès-verbaux*, 14 mars 1878.
5 Ménard, 1879, p. 262.
6 Chaudonneret, 1987.
7 La *République* de Soitoux, finalement donnée à la Ville de Paris en 1879, sera mise en place et inaugurée devant l'Institut le 24 février 1880. Retirée en 1962, elle a été depuis déposée à Amboise (Indre-et-Loire) ; mal située, elle est aujourd'hui très mutilée.
8 Conseil municipal, *Procès-verbaux*, 14 mars 1878.
9 *Ibid.*, 11 avril 1878.
10 *Ibid.*, 11 mai 1878.
11 Agulhon, 1979.
12 Conseil municipal, *Procès-verbaux*, 27 juin 1878.
13 Ménard, 1879, p. 262.
14 Préfecture de Paris, *Bulletin biographique de documentation parisienne*, nouvelle série, 4e année, supplément no 1.
15 Conseil municipal, *Procès-verbaux*, 1er février 1879.
16 *Arrêté* du concours, 21 avril 1879, article 2.
17 *Ibid.*, article 6.
18 Baudot A. de, « le Salon de 1881 », *L'Art*, vol. 26, 1881, p. 152.
19 Pingeot A., « les Vierges colossales du Second Empire », in *la Sculpture française au XIXe siècle*, Paris, 1986, pp. 208-213.
20 Bresc-Bautier et Pingeot, 1986, t. 2, pp. 468-469.
21 Conseil municipal, *Procès-verbaux*, 18 mars 1879.
22 *Ibid.*
23 Rousseau J.J., *le Contrat social*, Livre II, chap. 1, rééd. 1966, p. 368.
24 *Arrêté* du concours, 21 avril 1879, article 7.
25 Conseil municipal, *Procès-verbal*, 11 avril 1878.

Le concours de 1879 : remarques sur quelques projets présentés

26 « Concours de la Ville de Paris pour l'érection d'une statue monumentale de la République, sur la place du Château-d'Eau », *La Petite République française*, 14 octobre 1879.
27 Grimm, 1879.
28 Vaudremer, 1879.
29 Blanc, 1879.
30 Brédan, 1879.
31 Chaudonneret, 1987.
32 Agulhon, 1979, pp. 222-223.
33 *Monument de la République, place de la République (1880-1883)*. Archives municipales de Lyon, carton M1.
34 *Inventaire* Plon ; *Province, monuments civils*, t. 4, 1911, pp. 285-286 et 299-300.
35 Grimm, 1879.
36 *Cf.* cat. « Paris et la République : les enjeux d'une statue ».
37 Blanc, 1879.
38 Gaborit J.R., *Jean-Baptiste Pigalle*, Paris, 1985, p. 67.
39 Barral, 1968, pp. 166-167. Barral reproduit un discours prononcé par Gambetta, le 20 octobre 1878.
40 Brédan, 1879.
41 *Ibid.*
42 Véron, 1879, p. 133.
43 Grimm, 1879.
44 *Ibid.*
45 Agulhon, 1988,pp. 133-134.
46 *Journal officiel*, 28 novembre 1879.
47 Blanc, 1879 ; Vachon, 1879.
48 Fauquet E., « Jules Michelet et l'histoire de l'architecture républicaine », *Gazette des Beaux-Arts*, février 1984, pp. 71-79.
49 « Courrier de Paris », *L'Illustration*, 18 octobre 1879.
50 Lameyrie-Dagen N., « Louis Peisse et le *Musée des modèles* à l'Ecole des Beaux-Arts », *Bulletin de la Société d'Histoire de l'Art français*, année 1985, pp. 217-241.
51 Blanc, 1879.
52 *Ibid.*
53 Grimm, 1879.
54 Pothey, 1879.
55 Loysel, 1879.
56 Voir note 39.

Le monument des frères Morice place de la République

57 Dargenty G., « le monument de la place de la République », *L'Art*, vol. 34, 1883, p. 80.
58 *Cf.* cat. « Paris et la République : les enjeux d'une statue ».
59 Vachon, 1879 ; Bredan, 1879.
60 Blanc, 1879.
61 *Procès-verbal des opérations du jury*, 14 octobre 1879. Archives de Paris, VR 162.
62 Magne A. et L. , « le Salon de 1880 », *Revue de l'Architecture et des Travaux publics*, 1880, p. 125.
63 Conseil municipal, *Procès-verbaux*, 2 décembre 1880.
64 *Arrêté* du 20 janvier 1881.
65 « Le transport de la statue de la République », *L'Illustration*, 7 juillet 1883.
66 Guillaume, 1880.
67 *Procès-verbal des opérations du jury*, 19 juillet 1880. Archives de Paris, VR 162.
68 Lettre de Morice au préfet de la Seine, 11 mars 1883, archives de la Direction des affaires culturelles de la Ville de Paris.
69 Guillaume, 1880.
70 Lettre du bureau des Beaux-Arts à Morice, 25 mai 1881, archives de la Direction des affaires culturelles de la Ville de Paris.
71 Blémont E., « le Salon de 1884 », *L'Artiste*, 1884, t. 1, p. 469.
72 Lettre de Morice au préfet de la Seine, juillet 1883, archives de la Direction des affaires culturelles de la Ville de Paris.
73 *Bulletin municipal officiel*, 15-16 juillet 1883.

Jules Dalou et le Triomphe de la République (place de la Nation)

74 *Bulletin municipal officiel*, 22 septembre 1889.
75 Dreyfous, 1903, p. 104.
76 Bredan, 1879.
77 Loysel, 1879.
78 Burty, 1879.
79 Frollo, 1879.
80 Vachon, 1879.
81 Loysel, 1879.
82 Vaudremer, 1879.
83 Dreyfous, 1903, p. 105.
84 Parent, 1880.
85 Dreyfous, 1903, p. 104.
86 *Ibid.*, pp. 102-103. Dreyfous reproduit une lettre envoyée de Londres par Dalou à son ami Edouard Lindeneher, sculpteur ornemaniste (28 juillet 1879).
87 Blanc, 1879.
88 Dreyfous, 1903, p. 99.
89 Lettre de Dalou à Michaux, chef du bureau des Beaux-Arts, 29 octobre 1879, archives de la Direction des affaires culturelles de la Ville de Paris.
90 Dreyfous, 1903, p. 116.
91 *Ibid.*, p. 123.
92 Bien qu'aucun document ne permette de le confirmer, il est probable que l'esquisse du monument présentée dans l'exposition a été modifiée après le concours pour être rendue conforme à l'œuvre achevée. C'est à cette date que « quelqu'un » a dû remanier la guirlande de fruits (le style est médiocre).
93 Dreyfous, 1903, p. 122.
94 Conseil municipal, *Délibérations*, 30 avril 1887.
95 Lettre a.s. de Dalou au président de la 5e commission, 1er juillet 1885, archives de la Direction des affaires culturelles de la Ville de Paris.
96 Conseil municipal, *Délibérations*, 29 décembre 1895.
97 Lettre de Thiébaut Frères à Brown, chef du bureau des Beaux-Arts, 16 octobre 1895, archives de la Direction des affaires culturelles de la Ville de Paris.
98 Parent, 1880.
99 Dreyfous, 1903, p. 139.
100 Lettre a.s. de Dalou à Brown, chef du bureau des Beaux-Arts, 6 juillet 1899, archives de la Direction des affaires culturelles de la Ville de Paris.

L'image de la République dans la mairie

101 Agulhon M., « La mairie », in *Lieux de Mémoire*, I, *La République*, Paris, 1984, p. 168.
102 Folliot F., « Les décors de mairies : origine et évolution », in cat. exp. *Le Triomphe des mairies*, musée du Petit Palais, Paris, 1986-1987, p. 55.
103 *Cf.* « Paris et la République : les enjeux d'une statue ».
104 Sous-commission administrative des Beaux-Arts, *Procès-verbaux*, 20 juillet 1877, archives de la Direction des affaires culturelles de la Ville de Paris.
105 *Rapport* de l'architecte Hénard au service des Beaux-Arts [1881], archives de la Direction des affaires culturelles de la Ville de Paris ; l'architecte déclare avoir été autorisé par le directeur des Travaux de Paris à acquérir deux bustes de la *République*, œuvre de Francia.
106 Commission administrative des Beaux-Arts, *Procès-verbaux*, 20 février 1878, archives de la Direction des affaires culturelles de la Ville de Paris.
107 *Ibid.*
108 Conseil municipal, *Procès-verbaux*, 16 mars 1878.
109 Conseil municipal, *programme* [du] *Buste-type de la République* (article 1er), 9 août 1879.

110 *Liste* des concurrents. Archives de Paris, VR 162.
111 *Cf.* cat. « Le monument de la Défense de Paris».
112 V[achon] M., « Lettres, Science et Beaux-Arts », *La France*, 18 décembre 1879 ; *Le Petit Moniteur universel*, 17 décembre 1879.
113 Guillaume E., 1879, pp. 7-8.
114 Commission administrative des Beaux-Arts, *Procès-verbaux*, 2 mars 1882, archives de la Direction des affaires culturelles de la Ville de Paris.
115 Véron E., « La sculpture au Salon de Paris, 1879 », *L'Art*, 1879, t. III, p. 10.
116 Conseil municipal, *Procès-verbaux*, 25 octobre 1879.
117 Commission administrative des Beaux-Arts, *Procès-verbaux*, 18 juin 1881, archives de la Direction des affaires culturelles de la Ville de Paris.
118 *Arrêté* du 8 avril 1896.
119 Conseil municipal, *Procès-verbaux*, 21 novembre 1888.
120 Le marbre a été exposé au Salon de 1880. L'année suivante, l'architecte de la mairie rend compte au service des Beaux-Arts des discussions relatives à la recherche d'un emplacement. C'est à la demande de Formigé, architecte des promenades, que le buste est installée dans le square en 1885 : il remplace une statue en plâtre de la *République*, de Frédéric Bogino, anciennement dénommée l'*Italie délivrée*.
121 *Arrêté* du 4 janvier 1889.
122 *Rapport* de l'architecte au directeur des Beaux-Arts, 2 décembre 1884, archives de la Direction des affaires culturelles de la Ville de Paris.
123 Hattat F., *rapport* sur les opérations du jury, Paris, 1885.

Morice Léopold
Nîmes, 1846 - Paris, 1920

1.A-P repr. p. 33
Monument à la République

Plâtre.
Esquisse d'ensemble retenue en 1879 au 1er degré du concours pour le monument de la place de la République (15 parties conservées sur 16 à l'origine). Versée dans les collections municipales ; *Inventaire général* n° 351. Dépôt des œuvres d'art de la Ville de Paris.
Monument commandé en 1880-1881.

1.A
La République

Plâtre.
H. 0,76 ; L. 0,46 ; P. 0,30.
Sur le socle à d. : *L.M.*

1.B repr. p. 20
La Liberté

Plâtre.
H. 0,49 ; L. 0,25 ; P. 0,28.

1.C repr. p. 20
L'Egalité

Plâtre.
H. 0,51 ; L. 0,31 ; P. 0,28.

1.D repr. p. 20
La Fraternité

Plâtre.
H. 0,44 ; L. 0,27 ; P. 0,28.

1.E repr. p. 43
20 juin 1789. Serment du Jeu de paume

Plâtre.
H. 0,12 ; L. 0,24.

1.F
14 juillet 1789. Prise de la Bastille

Plâtre.
H. 0,12 ; L. 0,24.

1.G
4 août 1789. Abandon des privilèges

Plâtre.
H. 0,12 ; L. 0,24.
En bas : *Abandon* [...]

1.H repr. p. 43
10 août 1792. Prise des Tuileries

Plâtre.
H. 0,12 ; L. 0,24.
En bas : [...] *Prise* [des Tuileries]

1.I
20 septembre 1792. Valmy

Plâtre.
H. 0,12 ; L. 0,24.

1.J
21 septembre 1792. Abolition de la royauté

Plâtre.
H. 0,12 ; L. 0,24.
En bas : *Abolition* [...]

1.K repr. p. 43
13 Prairial An II. Naufrage du vaisseau Le Vengeur

Plâtre.
H. 0,12 ; L. 0,24.

1.L repr. p. 43
29 juillet 1830. Le peuple de Paris acclame le drapeau tricolore

Plâtre.
H. 0,12 ; L. 0,24.
En bas : *Le peuple de Paris acclamant le drapeau tr*[icolore]RF

1.M repr. p. 43
26 février 1848. Distribution des drapeaux à la garde nationale

Plâtre.
H. 0,12 ; L. 0,24.
En bas : *Distribution*

1.N repr. p. 43
4 mars 1848. Organisation du suffrage universel

Plâtre.
H. 0,12 ; L. 0,24.
En bas : *Proclamation* [...]

1.O repr. p. 43
4 septembre 1870. Proclamation de la République à l'Hôtel de Ville

Plâtre.
H. 0,12 ; L. 0,24.
En bas : *Proclamation de la Défense nationale*

1.P repr. p. 43
30 janvier 1875. Vote de la République

Plâtre.
H. 0,12 ; L. 0,24.
En bas : *Proclamation* [...]

2-13
Reliefs du monument à la République : nouvelles esquisses

Deux des douze sujets prévus en 1879 furent changés par la commission des Beaux-Arts qui demanda à Morice de présenter une nouvelle série d'esquisses.

2
20 juin 1789. Serment du Jeu de paume

Plâtre.
H. 0,50 ; L. 0,80.
Esquisse commandée en 1881. Versée dans les collections municipales ; *Inventaire général* n° 355.
Dépôt des œuvres d'art de la Ville de Paris.

3
14 juillet 1789. Prise de la Bastille

Plâtre.
H. 0,50 ; L. 0,80.
Esquisse commandée en 1881. Versée dans les collections municipales ; *Inventaire général* n° 355.
Dépôt des œuvres d'art de la Ville de Paris.

4
4 août 1789. Abandon des privilèges

Plâtre.
H. 0,50 ; L. 0,80.
Esquisse commandée en 1881. Versée dans les collections municipales. *Inventaire général* n° 355.
Dépôt des œuvres d'art de la Ville de Paris.

5 repr. p. 44
14 juillet 1790. Fête de la Fédération

Plâtre.
H. 0,50 ; L. 0,80.
Esquisse commandée en 1881. Versée dans les collections municipales ; *Inventaire général* n° 355.
Dépôt des œuvres d'art de la Ville de Paris.

6 repr. p. 44
11 juillet 1792. La Patrie en danger

Plâtre.
H. 0,50 ; L. 0,80.
Esquisse commandée en 1881. Versée dans les collections municipales ; *Inventaire général* n° 355.
Dépôt des œuvres d'art de la Ville de Paris.

7
20 septembre 1792. Valmy

Plâtre.
H. 0,50 ; L. 0,80.
Esquisse commandée en 1881. Versée dans les collections municipales ; *Inventaire général* n° 355.
Dépôt des œuvres d'art de la Ville de Paris.

8
21 septembre 1792. Abolition de la royauté

Plâtre.
H. 0,50 ; L. 0,80.
Esquisse commandée en 1881. Versée dans les collections municipales ; *Inventaire général* n° 355.
Dépôt des œuvres d'art de la Ville de Paris.

9
13 Prairial An II. Naufrage du vaisseau Le Vengeur

Plâtre.
H. 0,50 ; L. 0,80.
Esquisse commandée en 1881. Versée dans les collections municipales ; *Inventaire général* n° 355.
Dépôt des œuvres d'art de la Ville de Paris.

10
29 juillet 1830. Le peuple de Paris acclame le drapeau tricolore

Plâtre.
H. 0,50 ; L. 0,80.
Esquisse commandée en 1881. Versée dans les collections municipales ; *Inventaire général* n° 355.
Dépôt des œuvres d'art de la Ville de Paris.

11
4 mars 1848. Organisation du suffrage universel

Plâtre.
H. 0,50 ; L. 0,80.
Esquisse commandée en 1881. Versée dans les collections municipales ; *Inventaire général* n° 355.
Dépôt des œuvres d'art de la Ville de Paris.

12
4 septembre 1870. Proclamation de la République

Plâtre.
H. 0,50 ; L. 0,80.
Esquisse commandée en 1881. Versée dans les collections municipales ; *Inventaire général* n° 355.
Dépôt des œuvres d'art de la Ville de Paris.

13 repr. p. 44
14 juillet 1880. La Fête nationale

Plâtre.
H. 0,50 ; L. 0,80.
Esquisse commandée en 1881. Versée dans les collections municipales ; *Inventaire général* n° 355.
Dépôt des œuvres d'art de la Ville de Paris.

14-20
Reliefs du monument à la République : modèles à grandeur définitive

14
20 juin 1789. Serment du Jeu de paume

Plâtre.
H. 1,30 ; L. 2,15.
Modèle à grandeur définitive. Versé dans les collections municipales ; *Inventaire général* n° 356.
Dépôt des œuvres d'art de la Ville de Paris.

15 non exposé
14 juillet 1789. Prise de la Bastille

Plâtre.
H. 1,30 ; L. 2,15.
Modèle à grandeur définitive. Versé dans les collections municipales ; *Inventaire général* n° 356.
Mairie de Saint-Maur-des-Fossés.

16 repr. p. 45
14 juillet 1790. Fête de la Fédération

Plâtre.
H. 1,30 ; L. 2,15.
Modèle à grandeur définitive. Versé dans les collections municipales ; *Inventaire général* n° 356.
Dépôt des œuvres d'art de la Ville de Paris.

17 repr. p. 45
21 septembre 1792. Abolition de la royauté

Plâtre.
H. 1,30 ; L. 2,15.
Modèle à grandeur définitive. Versé dans les collections municipales ; *Inventaire général* n° 356.
Dépôt des œuvres d'art de la Ville de Paris.

18 repr. p. 45
29 juillet 1830 – Le peuple de Paris acclame le drapeau tricolore

Plâtre.
H. 1,30 ; L. 2,15.
Modèle à grandeur définitive. Versé dans les collections municipales ; *Inventaire général* n° 356.
Dépôt des œuvres d'art de la Ville de Paris.

19
4 septembre 1870 – Proclamation de la République

Plâtre.
H. 1,30 ; L. 2,15.
Modèle à grandeur définitive. Versé dans les collections municipales ; *Inventaire général* n° 356.
Dépôt des œuvres d'art de la Ville de Paris.

20
14 juillet 1880 – La Fête nationale

Plâtre.
H. 1,30 ; L. 2,15.
Modèle à grandeur définitive. Versé dans les collections municipales ; *Inventaire général* n° 356.
Dépôt des œuvres d'art de la Ville de Paris.

GAUTHERIN Jean
Ouroux, 1840 - mort en 1890

21A-C
Monument à la République

Plâtre.
Esquisse d'ensemble retenue en 1879 au 1er degré du concours pour le monument de la place de la République (3 parties conservées sur 6 à l'origine ; manque également le piédestal d'architecture). Versée dans les collections municipales ; *Inventaire général* n° 357 et n° 1383 (*Le Travail*).
Dépôt des œuvres d'art de la Ville de Paris.

21.A repr. p. 27
La République

Plâtre.
H. 0,85 ; L. 0,35 ; P. 0,25.

21.B repr. p. 20
La Liberté, l'Egalité, la Fraternité, La Ville de Paris

Socle avec quatre reliefs.
Plâtre.
H. 1,22 ; L. 0,60 ; P. 0,60.

21.C repr. p. 28
Le Travail

Plâtre patiné. H. 0,40 ; L. 0,20 ; P. 0,32.

Soitoux Jean-François
Besançon, 1816 - Paris, 1891

22 repr. p. 15
La République ôtant le voile de l'ignorance

Plâtre.
H. 1,15 ; L. 0,59 ; P. 0,45.
Version inversée de l'esquisse retenue en 1879 au 1er degré du concours pour le monument de la place de la République. Versée dans les collections municipales avec une attribution à Delhomme ; *Inventaire général* n° 886. Entrée au musée du Petit Palais en 1984, P.P.S.3396.

Dalou Aimé-Jules
Paris, 1836-1902

23 repr. p. 48
Le Triomphe de la République

Plâtre patiné.
H. 2,15 ; L. 1,10 ; P. 1,60.
Esquisse présentée en 1879 au 1er degré du concours pour le monument de la place de la République. Non retenue. Versée dans les collections municipales après la commande du monument en 1880 ; *Inventaire général* n° 570. Entrée au musée du Petit Palais en 1905, P.P.S. 75.

24 repr. p. 53
République

Terre cuite.
H. 0,33 ; L. 0,14 ; P. 0,09.
Etude de nu pour une variante de *République*. Don Mmes Brodin et de Massary, filles d'Etienne Moreau-Nelaton, aux musées nationaux, 1927. Musée d'Orsay, R.F. 1911.

25 repr. p. 56
République

Plâtre.
H. 0,49 ; L. 0,30 ; P. 0,15.
Etude de nu pour une variante de *République*. Achat de la Ville de Paris, 1905. Entrée au musée du Petit Palais, P.P.S. 235.

26
Forgeron

Plâtre patiné.
H. 0,67 ; L. 0,37 ; P. 0,62.
Modèle à échelle réduite. Déposé au Louvre par Auguste Biaggi en 1944 ; donné par lui, 1952. Musée d'Orsay, R.F. 2738.

27 repr. p. 57
Génie de l'Instruction

Plâtre patiné.
H. 0,47 ; L. 0,30 ; P. 0,19.
Modèle à échelle réduite. Achat de la Ville de Paris, 1905. Entré au musée du Petit Palais, P.P.S. 344.

28 repr. p. 57
Torse de la paix

Plâtre patiné.
H. 0,50 ; L. 0,23 ; P. 0,18.
Modèle à échelle réduite. Achat de la Ville de Paris, 1905. Entré au musée du Petit Palais, P.P.S. 276.

Blanchard Jules
Puiseaux, 1832 - mort en 1916

29 repr. p. 71
République

Buste marbre.
H. 1,00 ; L. 0,70.
Commandé en 1888 pour la décoration de la cheminée de la salle des mariages de la mairie du XIVe arrondissement. Mis en place en 1890 ; *Inventaire général* n° 906. Mairie du XIVe arrondissement.

Degeorge Charles-Jean-Marie
Lyon, 1837 - Paris, 1888

30 repr. p. 63
République

Buste plâtre.
H. 0,70 ; L. 0,50 ; P. 0,40.
Commandé en 1877 pour la décoration de la cheminée de la salle des mariages de la mairie du IIe arrondissement ; *Inventaire général* n° 369. Dépôt des œuvres d'art de la Ville de Paris. Buste marbre mis en place en 1879.

Francia Angelo
Rodez, 1833 - Lieu et date de mort inconnus

31 repr. p. 62
République

Buste en hermès, plâtre.
H. 0,90 ; L. 0,52 ; P. 0,31.
Devant : *R.F.* ; sur le côté : *Francia 1876* et plaquette métallique ovale : [nom de mouleur illisible].
Acquis en 1880 pour la mairie du XIIe arrondissement. Versé au dépôt des œuvres d'art de la Ville de Paris à une date inconnue ; non inventorié. Dépôt des œuvres d'art de la Ville de Paris.

Gautherin Jean
Ouroux (Nièvre), 1840 - Paris, 1890

32 repr. p. 69
République

Buste marbre.
H. 1,10 ; L. 0,80 ; P. 0,43.
Sur la terrasse, à d. : *Jean Gautherin 1880*.
Commandé en 1879 pour la salle du budget de l'Hôtel de Ville de Paris.
Mis en place en 1880 ; *Inventaire général* n° 312.
Hôtel de Ville.

Rodin René-François-Auguste
Paris, 1840 - Meudon, 1917

33 repr. p. 67
Bellone

Buste plâtre.
H. 1,02 ; L. 0,50 ; P. 0,43.
Signé sur le côté, au-dessus du piédouche.
Donation Rodin, 1916. Musée Rodin, Meudon (Hauts-de-Seine), S. 156.

Thomas Gabriel-Jules
Paris, 1824 - Paris, 1905

34 repr. p. 72
République

Buste plâtre.
H. 1,10 ; L. 0,90 ; P. 0,40.
Sur la terrasse, à d. : *Thomas 1890*.
Commandé en 1889 pour la décoration de la cheminée de la salle des mariages de la mairie du Ier arrondissement ; *Inventaire général* n° 931.
Dépôt des œuvres d'art de la Ville de Paris.
Buste marbre mis en place en 1890.

BRAMTOT Alfred-Henri
Paris, 1852 - Garennes (Eure), 1894

35
Le Suffrage universel

Huile sur toile.
H. 0,34 ; L. 0,52.
En bas à d. : *A. Bramtot.*
Esquisse du panneau commandé en 1888 pour la salle du conseil municipal de la mairie des Lilas. Versée dans les collections municipales ; *Inventaire général* n° 750 ; transférée au musée du Petit Palais en 1986, P.P.P. 4597.

BESNARD Paul-Albert
Paris, 1849 - Paris, 1934

36 repr. p. 73
Le Triomphe de la République

Huile sur toile.
H. 0,66 ; L. 0,56.
En bas à d. : *Besnard Janv. 1880* ; dans le tableau, sur la table : *Liberté/Egalité/Fraternité.*
Esquisse retenue en 1880 au 1er degré du concours pour la décoration de la salle des mariages de la mairie du XIXe arrondissement. Versée dans les collections municipales ; *Inventaire général* n° 486 ; transférée au musée du Petit Palais en 1902, P.P.P. 3858.

MAILLARD Diogène-Ulysse-Napoléon
La-Chaussée-du-Bois de l'Ecu (Oise), 1840 - Paris, 1926

37 repr. p. 73
Allégorie et scènes de la Révolution française

Huile sur toile.
H. 0,80 ; L. 3,00.
En bas à g. : *D. Maillard* et *Mairie du XIXe* ; à d. : *Panneau et Plafond-Maillard* ; dans les cartouches, de g. à d., au-dessus et au-dessous de chaque panneau, en haut : *Printemps*, en bas : *Le Départ du fiancé* ; en haut : *L'Automne*, en bas : *L'Abondance* ; en haut : *La Fraternité*, en bas : *L'Egalité* et *Pour La Famille* ; en bas ; *Le Drapeau tricolore* ; en haut : *Liberté*, en bas : *Pour la Patrie* ; en haut : *L'Hiver*, en bas : *La Fête de la vieillesse* ; en haut : *L'Eté*, en bas : *La Paix/La Maternité.*
Esquisse présentée en 1880 au 1er degré du concours pour la décoration de la salle des mariages de la mairie du XIXe arrondissement ; *Inventaire général* n° 5156 ; transférée au musée du Petit Palais, P.P.P. 4094.

GLAIZE Pierre-Paul-Léon
Paris, 1842 - Mort en 1931

38
Le Triomphe de la République

Huile sur toile.
H. 0,74 ; L. 1,77.
En bas à g. : *Léon Glaize.*
Sur les banderoles du groupe de femmes à g. : *1789/1792/1830/1848* ; sur les boucliers au centre : *Constitution Française* et *Droits de l'homme* ; sur l'urne : *Vox Populi.*

39
Les Grands Hommes de la Révolution devant le tribunal de la postérité

Huile sur toile.
H. 0,74 ; L. 1,78.

Esquisses retenues en 1884 au 1er degré du concours pour la décoration de la salle des mariages de la mairie du XXe arrondissement. Versées dans les collections municipales ; *Inventaire général* n° 557 pour les deux ; transférées au musée du Petit Palais en 1986, P.P.P. 4024-4025.
Décor commandé en 1884.

DIDIER Jules
Paris, 1831 - Paris, 1914

40 repr. p. 76
Scènes révolutionnaires

Huile sur toile.
H. 0,72 ; L. 1,80.
En bas à g. : *Jules Didier XXe ARRT.*
Esquisse présentée en 1884 au 1er degré du concours pour la décoration de la salle des mariages de la mairie du XXe arrondissement. Acquise par le musée du Petit Palais en 1987, P.P.P. 4811.

LEVY Henri-Léopold
Nancy, 1840 - Paris, 1904

41 repr. p. 74
Le travail sous l'égide de la République amène l'abondance et la prospérité

Huile et encre sur toile.
H. 1,00 ; L. 0,81.
En bas à g. : *Henri Levy* et *Le travail sous l'égide de la République amène l'abondance et la prospérité* ; dans le tableau : *R.F.*
Esquisse retenue en 1886 au 1er degré du concours pour le plafond de l'escalier d'honneur de la mairie de Pantin. Versée dans les collections municipales ; *Inventaire général* n° 588 ; transférée au musée du Petit Palais en 1986, P.P.P. 4087.

42 repr. p. 76
Egalité, Liberté, Fraternité

Huile sur papier collé sur toile.
H. 1,00 ; L. 2,56.
En bas à g. : *Henri Lévy.*
Sous les médaillons, à g. : *Egalité/l'Egalité sous l'égide de la Loi, préside à l'exercice des droits et à l'accomplissement des devoirs de tous les citoyens* ; au milieu : *Liberté/La Ville de Paris offre à la Liberté triomphante le sacrifice de ses enfants tués en combattant pour elle* ; à d. : *Fraternité/La Fraternité éteind les haines qui armaient les unes contre les autres les nations ennemies et ramène parmi les hommes la concorde et l'union* ; dans le médaillon de g. : *Droits* [de] *l'homme* et *Vote.*
Esquisse retenue en 1887 au 1er degré du concours pour la décoration de la salle des fêtes de la mairie du VIe arrondissement. Versée dans les collections municipales ; *Inventaire général* n° 611 ; transférée au musée du Petit Palais en 1986, P.P.P. 4090.
Décor commandé en 1888.

BOURGEOIS Léon-Pierre-Urbain
Nevers, 1842 - Mort en 1911

43
Allégories de la Liberté

Huile sur toile.
H. 0,85 ; L. 2,92.
En bas à d. : *Urbain Bourgeois 1887.*
Autour des médaillons : *La Liberté victorieuse fait triompher l'égalité et la fraternité/ Assure le règne de la Paix protectrice de la famille et du travail/Leur union indissoluble/Donne l'essor à la libre pensée qui éclaire la science et inspire les lettres et les arts.*
Esquisse retenue en 1887 au 1er degré du concours pour la décoration de la salle des fêtes de la mairie du VIe arrondissement. Versée dans les collections municipales ; *Inventaire général* n° 612 ; transférée au musée du Petit Palais en 1986, P.P.P. 3904.

FERRIER Gabriel-Joseph-Marie-Augustin
Nîmes, 1847 - Paris, 1914

44
La Liberté

Fusain sur papier.
Diam. à vue : 0,55.
Cachet d'atelier en haut à d. : *Gabriel Ferrier.*
En haut sur le drapeau : *La Liberté.*

45
L'Egalité

Fusain sur papier.
Diam. à vue : 0,55.
Cachet d'atelier à d. : *Gabriel Ferrier.*
Sur le côté à g. : *Tirage au sort,* au centre : *Egali*[té] et sur le livre : *Droits de l'homme/Code.*
Esquisses présentées en 1887 au 1er degré du concours pour la décoration de la salle des mariages de la mairie du VIe arrondissement.
Acquises par le musée du Petit Palais en 1986, P. Dut. 1557-1558.

CATALOGUE

Paris

Le monument de la Défense de Paris

L'*année terrible*... Victor Hugo a longuement mûri le titre du long poème consacré pour l'essentiel au siège qu'a subi Paris pendant la guerre franco-allemande de 1870 et dédié à la *Capitale des peuples*. Le mythe hugolien d'un Paris accablé dans l'épreuve, mais toujours héroïque, hante encore la mémoire des conseillers du département de la Seine lorsqu'ils décident en 1879 d'ériger à Courbevoie un monument sculpté, symbole de la tragédie. Si l'œuvre doit rappeler le patriotisme des Parisiens, elle veut également apparaître comme la métaphore politique d'un Paris, symbole éternel de la République.

L'initiative du monument revient à un élu du canton de Courbevoie. Le conseiller Blanche propose, en février 1878, de faire édifier dans sa ville, au rond-point de la Demi-Lune, un groupe allégorique commémorant la *sortie* de Buzenval, dernière bataille du siège (19 janvier 1871). L'œuvre serait élevée sur le socle de la statue de Napoléon Ier déposée après la chute du Second Empire[1]. La volonté de donner à la commémoration d'une guerre nationale un caractère strictement parisien apparaît d'autant plus nettement que l'on voit à la même époque certains élus municipaux tenter de s'opposer à l'érection dans Paris d'une réplique du *Lion* de Belfort de Bartholdi : *Que viendrait faire à Paris une œuvre conçue pour Belfort?* interroge un conseiller qui met en cause à la fois la prétention de l'administration d'imposer au Conseil ses préférences et son désir implicite de voir la capitale rendre un hommage d'un ordre plus général au passé[2].

Dès 1872, on avait songé à ériger, probablement sur les lieux mêmes des opérations, de grandes pierres commémoratives destinées à rappeler le souvenir des combats qui s'étaient déroulés pendant l'automne et l'hiver 1870-1871 autour de la capitale (FIG. 62). A peine la guerre terminée, l'Académie des Beaux-Arts avait également proposé aux jeunes architectes de réfléchir sur la création d'un monument commémoratif de la défense de Paris, rappelant le sacrifice de l'ensemble des combattants[3] (FIG. 63). En 1878[4], le désir implicite du Conseil général est de donner à la commémoration un caractère plus politique en évoquant le seul dévouement des gardes nationaux engagés tardivement à Buzenval. A la même époque, la Ville de Paris fait d'ailleurs élever à leur mémoire, au cimetière du Père-Lachaise, un monument qui prend place symboliquement à côté du mausolée commandé par l'Etat pour regrouper les corps de tous les soldats morts pendant le siège (FIG. 64 et 65). Le fait de distinguer ainsi dans la reconnaissance publique l'abnégation de la garde nationale, qui est l'émanation de la population parisienne, du sacrifice des autres combattants montre une volonté de souligner le patriotisme de la capitale et de mettre en relief sa détermination à défendre la République. Le monument de la Défense de Paris, œuvre du sculpteur Barrias, couronnée au concours en 1880, et remise récemment en place, pourrait ainsi avoir été, dans l'esprit de ses commanditaires, le pendant très symbolique du monument à la gloire de la République que l'on projette, à la même époque, d'élever à Paris.

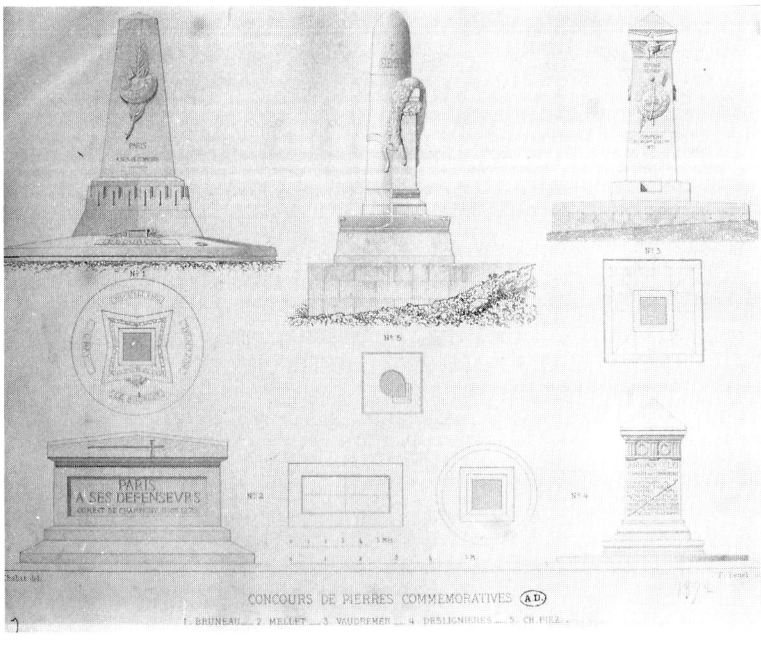

FIG. 62

FIG. 62
(Paris, bibliothèque des Arts décoratifs, coll. Maciet).

FIG. 63
Alfred VAUDOYER
Monument funéraire commémoratif de la défense de Paris,
projet pour le concours
Achille Leclère de 1871
Paris, musée d'Orsay.

FIG. 64
Paris, cimetière du Père-Lachaise.

FIG. 65
Paris, cimetière du Père-Lachaise.

FIG. 63

FIG. 64

FIG. 65

Le changement intervenu à la tête de l'administration parisienne en janvier 1879, à la suite de l'arrivée au gouvernement des républicains de progrès, joue à l'égard du projet du monument de la Défense le même rôle favorable que pour la mise sur pied, la même année, du concours organisé pour la création d'une statue de République à Paris[5]. Le mémoire remis par le préfet au Conseil général reprend en effet l'ensemble des dispositions du projet, arrêtées l'année précédente[6]. Le choix de l'emplacement — le rond-point de Courbevoie situé au sommet de l'avenue de Neuilly, juste dans la perspective de l'Arc de triomphe, lieu de regroupement des gardes nationaux —, l'installation de la sculpture pour des raisons à la fois symboliques et d'économie financière sur l'ancien piédestal de la statue de Napoléon Ier et la mise au concours sont acceptés. La nouvelle administration reconnaît désormais la prérogative des conseillers en matière de commande d'art. Le règlement de l'épreuve adopté sans difficulté par le Conseil[7] porte bien la marque générale du nouvel état d'esprit que les élus veulent désormais faire prévaloir. Le jury aura ainsi l'obligation de motiver son jugement dans un rapport rendu public afin, comme le dit un conseiller, d'être *lui-même jugé*[8]. D'autre part, trois sculpteurs élus par les concurrents (Chapu, Thomas et Schœnewerk) défendront les artistes lors du jugement, trois conseillers (Blanche, Collin et Jobbé-Duval) représentant, eux, l'intérêt général face aux deux personnalités nommées par le préfet (Alphand, directeur des Travaux de Paris, et le sculpteur Guillaume)[9].

Ouverte à la fin du mois de novembre 1879, une exposition regroupe dans la salle Melpomène à l'Ecole des Beaux-Arts l'ensemble des projets soumis par les artistes au concours. La création d'un groupe symbolisant la Défense de Paris a davantage séduit les sculpteurs que l'invention d'une figure de République, objet d'une épreuve précédente. La presse souligne l'importance d'une participation que justifie le traumatisme engendré par les événements. Parce qu'il associe création et intensité du sentiment, un critique explique : *Si pour produire une œuvre émouvante, l'artiste doit être ému lui-même, en quelles circonstances pourrait-il l'être avec plus de sincérité et plus profondément que* [...] *dans l'exécution d'un projet comme celui-ci*[10]. De

nombreux sculpteurs ont participé en personne à la défense de Paris : Barrias est volontairement rentré de Rome, où il était pensionnaire à la Villa Médicis, pour s'engager dans un corps de mobiles venus défendre la capitale ; Falguière, qui participe lui aussi au concours, a exécuté en 1870 sur les remparts de Paris lorsqu'il était garde national une statue colossale en neige représentant la *Résistance*. Son bataillon regroupait un grand nombre de peintres et de sculpteurs[11]. Mais l'homme qui, à lui seul, symbolise cet engagement volontaire des artistes dans la défense est le peintre Henri Régnault tué à Buzenval. Sa mort est devenue légendaire sans doute parce qu'elle incarne à la perfection le mythe romantique du créateur

faisant à la patrie le sacrifice de sa gloire. Le vœu du conseiller Blanche faisait allusion à son héroïsme et l'on retrouve ses traits dans certaines des esquisses présentées, celles de Gustave Doré et de Taluet par exemple. Le lien intime qui unissait un grand nombre d'artistes à leur projet tend à faire du concours pour le monument de la Défense de Paris une épreuve à part, où les œuvres révèlent plus de conviction personnelle que dans d'autres créations appelées par la commande publique.

Cent sculpteurs exactement ont déposé chacun une ou plusieurs esquisses. Si les artistes les plus connus de l'époque se sont abstenus — certains d'entre eux siègent d'ailleurs au jury —, d'autres comme Barrias, Carrier-Belleuse, Gustave Doré, Bartholdi, Falguière et même Rodin, qui participe également à l'épreuve, jouissent d'une réputation plus ou moins récente. Parmi les autres concurrents, on relève la présence de statuaires comme Chatrousse, Croisy et Frédéric Bogino qui se sont déjà fait connaître pour avoir créé, dès le lendemain de la défaite, des œuvres à caractère commémoratif.

Chacun de ces sculpteurs a porté sur l'événement un regard très différent, donnant ainsi à chacune de leurs créations un caractère spécifique qui n'a pas manqué d'influencer les esquisses du concours. Chatrousse, dont le projet aujourd'hui disparu montrait la Ville de Paris serrant farouchement le drapeau français et protégée par un marin (FIG. 66), avait exposé au Salon de 1874 les *Crimes de la guerre*, vision civile de l'événement, d'une horreur maîtrisée donnant au groupe son caractère pathétique (FIG. 67). Cette sculpture a pu imposer aux œuvres à venir certains motifs d'origine romantique comme l'enfant égorgé et la mère au désespoir. Le sculpteur Croisy a présenté la même année le modèle de l'*Invasion*, groupe au regard plus historique et d'une facture réaliste, commandé à l'artiste par la ville de Charleville pour perpétuer le souvenir des soldats ardennais tués dans les combats de 1870 (FIG. 68). Cette mémoire historique de l'événement fait place chez Frédéric Bogino à une vision quasi religieuse. Dans le monument qu'il réalise pour la commune de Mars-la-Tour en Meurthe-et-Moselle, hommage est rendu au sacrifice d'un *Soldat inconnu* que la France couronne de lauriers (FIG. 69). L'allégorie offre une vision sublimée de la guerre qui, dans l'esprit, s'inspire du *Gloria Victis* de Mercié, sculpture célèbre dès le Salon de 1873 et dont le bronze est conservé aujourd'hui au musée du Petit Palais (FIG. 70). Cette œuvre, par sa beauté plastique mais aussi parce qu'elle transcendait l'idée même de défaite, a exercé une grande influence sur toute la sculpture commémorative. On en retrouve l'effet au moment du concours.

L'image apaisante du vaincu emporté par la gloire au temple de l'immortalité qu'offre le groupe de Mercié était bien apte à refermer les plaies ; elle ne pouvait que séduire les autorités. Distinguée immédiatement, la sculpture est achetée par l'administration parisienne ; le bronze sera placé ultérieurement dans la cour d'honneur de l'Hôtel de Ville reconstruit après l'incendie de la Commune. D'autres exemplaires seront commandés par certaines villes de province — Bordeaux, Châlons-sur-Marne et Cholet — comme monument aux morts de la guerre. Quelques esquisses du concours ont retenu de l'œuvre son jeu de métaphores qui efface le deuil pour donner à l'événement une portée avant tout spirituelle. Dans celle de Damé, aujourd'hui disparue, la gloire faisait place à une figure de renommée[12]. Moreau-Vauthier qui réalisera plus tard à Chalon-sur-Saône un monument de la Défense d'un style et d'une iconographie purement réalistes expose, lui, un projet (également perdu) montrant la Capitale s'appuyant sur la République tandis qu'à ses côtés le génie de la Résistance s'élève dans les airs[13]. Si ces deux projets conservent encore la présence d'une allégorie symbolisant la Ville de Paris, ce fil est rompu chez Rodin : au-dessus du soldat mort s'envole une divinité républicaine appelant à la poursuite du combat. Tout a été dit, ou presque, sur ce chef-d'œuvre de véhémence

FIG. 66

FIG. 67

FIG. 66
Emile CHATROUSSE
La Défense de Paris
esquisse, 1879 gravure ancienne.

FIG. 67
Emile CHATROUSSE
Les crimes de la guerre
ou *Vae Victis*,
1874 Sedan, musée municipal.

FIG. 68
(coll. France Debuisson).

FIG. 69
Frédéric BOGINO
La France soutenant un soldat blessé,
1875 Mars-la-Tour
(coll. part.).

FIG. 70
Antonin MERCIE
Gloria Victis, 1875 Paris,
musée du Petit Palais.

FIG. 68

FIG. 69

FIG. 70

RF

FIG. 71

CAT. 46

CAT. 49

FIG. 72

CAT. 51

installant un esprit de revanche qui deviendra d'actualité après 1900 (CAT. 51). Certains critiques de l'époque[14], plutôt que d'évoquer au sujet de l'œuvre le souvenir évident de Rude, rattachent subtilement sa verve au dynamisme triomphant de certains groupes de Carpeaux. La puissance du modelé se souvient également de l'art de Mercié et le sculpteur avoue sa dette envers l'*Esclave mourant* de Michel-Ange dont le souvenir transparaît dans la figure nue du vaincu que le génie, jaillissant du groupe, exhorte encore à la guerre. On sait que le projet a connu une réalisation tardive, la Hollande faisant don à la ville de Verdun en 1920 d'une fonte en bronze pour commémorer le souvenir de la grande bataille de la Première Guerre mondiale (FIG. 71).

Ni les esquisses de Damé et de Moreau-Vauthier, ni celle de Rodin n'ont été retenues. Les jurés semblent leur avoir préféré des œuvres d'un caractère plus réaliste qui, tout en ayant recours au langage de l'allégorie — selon la tradition académique, la ville est personnifiée par une figure drapée — ont donné du siège une vision presque historique. De tels projets formaient, semble-t-il, si l'on en croit les œuvres conservées et celles, aujourd'hui disparues mais connues par des descriptions, la majorité des esquisses présentées. C'est parmi leurs auteurs que le jury choisit les sculpteurs appelés à participer en 1880 au deuxième degré de l'épreuve — Barrias (CAT. 46), Lequien (CAT. 49) et Mathurin Moreau (FIG. 72) — et ceux qui, à l'unanimité, se voient distingués d'une mention — Aubé, Chaplain associé à Louis-Noël, Falguière (CAT. 50) et Steiner[15]. Presque toutes associent dans leur composition une allégorie de la Ville de Paris et la représentation d'un combattant, garde national, mobile ou marin. D'autres projets, bien qu'écartés au fil des sélections, réunissaient ces mêmes figures selon un schéma iconographique qui semble donc avoir largement prévalu. Le groupe d'Allouard, aujourd'hui disparu, montrait la Ville debout, l'étendard au poing et désignant l'ennemi tandis qu'à ses pieds un soldat, genou à terre, s'apprête à faire feu[16], disposition d'ensemble reprise par le sculpteur une vingtaine d'années plus tard pour son monument des Enfants d'Eure-et-Loire érigé à Chartres (FIG. 73). Carrier-Belleuse, auteur de deux projets dont l'un décrivait Paris appelant à la résistance un soldat épuisé de fatigue[17], propose en même temps au jury, dans un souci d'éclectisme qui montre sa longue pratique de la commande publique, une version beaucoup plus équilibrée et moins dramatique du sujet (FIG. 74).

FIG. 73

FIG. 74

CAT. 50

CAT. 46
Ernest BARRIAS
La Défense de Paris, esquisse, 1879.

CAT. 49
Alexandre LEQUIEN
La Défense de Paris, esquisse, 1879.

CAT. 50
Alexandre FALGUIERE
La Défense de Paris, esquisse, 1879.

CAT. 51
Auguste RODIN
La Défense de Paris, esquisse, 1879
Paris, dépôt des œuvres d'art.

FIG. 71
(coll. part.)

FIG. 72
Mathurin MOREAU
La Défense de Paris, esquisse, 1879
Paris, dépôt des œuvres d'art.

FIG. 73
Henri ALLOUARD
Monument aux Enfants d'Eure-et-Loir
(coll. part.)

FIG. 74
Albert CARRIER-BELLEUSE
La Défense de Paris, esquisse, 1879 Paris, musée Carnavalet.

FIG. 75

FIG. 76

FIG. 77

FIG. 75
Gustave DORÉ
La Défense de Paris esquisse, 1879
Le Monde illustré, 6 décembre 1879.

FIG. 76
(coll. Debuisson).

FIG. 77
Auguste BARTHOLDI
Paris 1870, 1879?
Colmar, musée Bartholdi.

Le caractère similaire de ces œuvres n'en fait pas pour autant un ensemble homogène. Certains sculpteurs, comme Chaplain[18] et Falguière, n'ont pas retenu la figure du soldat et l'on perçoit sans peine la différence qui existe entre l'esquisse de Falguière d'un caractère tragique et la puissance tranquille du groupe de Gustave Doré, si différent du sentiment de violence fantasmagorique de ses nombreuses évocations du siège de Paris exécutées au moment des événements (FIG. 75). Alors que chez Doré la blessure semble s'être cicatrisée avec le temps, les années, chez Falguière, ne paraissent pas avoir altéré l'émotion. L'écriture est presque abstraite, tant l'événement est stylisé mais le souvenir reste intact : à la grandeur souveraine de l'allégorie s'oppose ainsi, dans un contraste lyrique, la torsion douloureuse des victimes innocentes. Le groupe trouve l'essentiel de son approche dans une vision morale du siège, largement partagée à l'époque et dont une lettre de Nadar adressée par ballon au journal *Times* en septembre 1870 donne un autre écho : *je voudrais*, écrit le photographe, *que vous puissiez assister ici, Monsieur, au spectacle de la subite et inespérée transformation de ce Paris régénéré par lui-même et seul devant le suprême danger. La ville des plaisirs, du bruit est devenue grave et silencieuse*[19]. Une même dignité émouvante caractérisait, semble-t-il, le projet de Chaplain et Louis-Noël qui montrait la Ville de Paris drapée dans une capote de soldat, veillant seule, l'arme au pied[20]. L'esquisse séduit d'ailleurs suffisamment le jury pour qu'en mai 1880 ses membres en souhaitent l'exécution alors même qu'ils viennent de couronner finalement la maquette présentée par Barrias.

Plus anecdotique, mais à première vue seulement, l'esquisse de Bartholdi, qui ne comportait pas moins de sept figures, se rattache à ce groupe d'œuvres que leur lyrisme écarte du seul souvenir historique. L'évocation des aérostats, qui permirent un temps de maintenir les communications entre la ville assiégée et l'extérieur, fournit au sculpteur l'idée principale de son groupe et sera à l'origine d'une de ses réalisations ultérieures, le monument des Aéronautes érigé à Paris, place de la Porte des Ternes, en 1906 (FIG. 76). L'ébauche en plâtre conservée au musée Bartholdi à Colmar (FIG. 77) est très proche du projet du concours qui fut critiqué à l'époque à cause de son style disparate. Le *Petit Journal*, résumant le sentiment général écrit ainsi : *Le ballon n'est pas une forme artistique ; de plus c'est un engin moderne ; or tous les personnages représentés ont des attributs antiques... à tant faire que d'être moderne, il fallait l'être tout à fait et modeler un vrai marin, un vrai troupier, etc*[21].

De Bartholdi à Falguière, un certain nombre de projets ont donc continué d'envisager le drame sans changement, avec un regard toujours lucide. Dans d'autres créations, comme chez Barrias, Lequien ou Mathu-

rin Moreau par exemple — c'était les plus nombreuses — le temps a changé l'événement en un miroir plus lointain et n'en conserve, le plus souvent, qu'une leçon de patriotisme. Quatre ans avant le concours, Henry James remarquait déjà ce qu'il appelle, de façon imagée, *la confondante élasticité de la France*. Séjournant dans la capitale, l'écrivain américain s'étonne alors que, *battu et humilié à une échelle sans précédent, dépouillé, deshonoré, financièrement saigné à blanc, Paris soit aujourd'hui aussi brillant, prospère, plein de son génie propre que si son ciel n'avait connu aucun nuage*[22]. Le désir d'oublier la cruauté du siège, alors qu'il s'agit d'en commémorer le souvenir, peut-il expliquer à lui seul la faveur du jury pour des projets qui ne distillent plus de l'événement qu'une mémoire idéalisée ? C'est, en tout cas, ce paradoxe qui permet de comprendre qu'à propos d'une même œuvre, la critique ait pu émettre des opinions exactement contraires. Devant l'esquisse de Falguière, le journal *La France* regrette que le projet ne paraisse pas exprimer l'idée de la Défense de Paris alors que pour *Le Voltaire* elle représente à la perfection ce que l'événement a eu de grand et de douloureux[23]. N'oublions pas cependant que le jugement a eu sans doute d'autres raisons, le jury déclarant s'intéresser autant à l'agencement monumental des lignes qu'à la compréhension du sujet par l'artiste[24].

Deux des trois projets primés en novembre 1879 sont très voisins. Dans l'esquisse de Lequien comme dans celle de Mathurin Moreau, un soldat marche devant, un fusil à la main ; l'homme protège la Ville qui tient et défend le drapeau républicain. L'iconographie développe pour seul hommage celui que la République doit au dévouement héroïque des siens. Le groupe de Barrias, également primé et qui conserve, en la modifiant légèrement, la présence d'une allégorie de la Ville de Paris associée à une figure de combattant — ici, un marin — cerne le programme de plus près : Paris joue le rôle principal et la fillette, pieds nus et endormie par le froid, à l'arrière de l'œuvre, symbolise toute la rigueur du siège. Le procès-verbal, établi à la suite de la délibération du jury, montre cependant qu'une majorité de ses membres ont préféré l'esquisse de Mathurin Moreau à celle de Barrias[25]. Avant toute autre considération, le jury, essentiellement composé d'artistes, a, semble-t-il, privilégié l'œuvre qui, à ce stade de la création, démontre le savoir classique d'un sculpteur trouvant le juste équilibre entre une composition soigneusement organisée autour de quelques lignes essentielles et le réalisme nécessaire de l'évocation. Le projet de Barrias est alors encore assez éloigné de la majesté qui caractérise sa maquette (CAT. 47) alors que l'esquisse de Mathurin Moreau plus que celle de Lequien atteint, dès le premier jet, unité et puissance dramatique.

Six mois plus tard, le jury couronne le beau travail de Barrias qui reçoit à l'unanimité la commande du monument[26]. Le jugement s'est renversé. L'artiste, très influencé dans sa réalisation par le groupe du sculpteur Doublemard commémorant la *Défense de la barrière de Clichy en 1815*, érigé à Paris au début des années 1870, a créé une œuvre aux lignes puissantes bien intégrée au site autrefois dominant. Le balancement symétrique des figures revêt également un sens symbolique qui a pu séduire le jury : tournées vers l'ouest, les deux principales regarderont vers Buzenval tandis que, placée à l'arrière du socle, la fillette endormie fera face à l'Arc de triomphe qui marque, au delà de Neuilly, l'entrée monumentale de la Capitale. Il est probable également que les jurés ont été sensibles à l'art mesuré du sculpteur. Nombreux sont les critiques de l'époque, qui, tout en déplorant, même pour le portrait historique, le recours de la sculpture au costume moderne, marque en même temps une répugnance grandissante pour le style allégorique. De son art du compromis, le groupe de Barrias tire l'essentiel de sa force et de son pouvoir de séduction. Il est visible que si le caractère allégorique de la figure féminine apparaît encore dans la couronne de muraille qui coiffe ses longues mèches élégantes et le péplos qui l'habille discrètement, la capote militaire qui la drape avec un grand luxe de détails apporte

CAT. 47
Ernest BARRIAS
La Défense de Paris modèle au tiers, 1880 vue de face.
La Défense de Paris modèle au tiers, 1880 vue de dos.

CAT. 47

CAT. 47

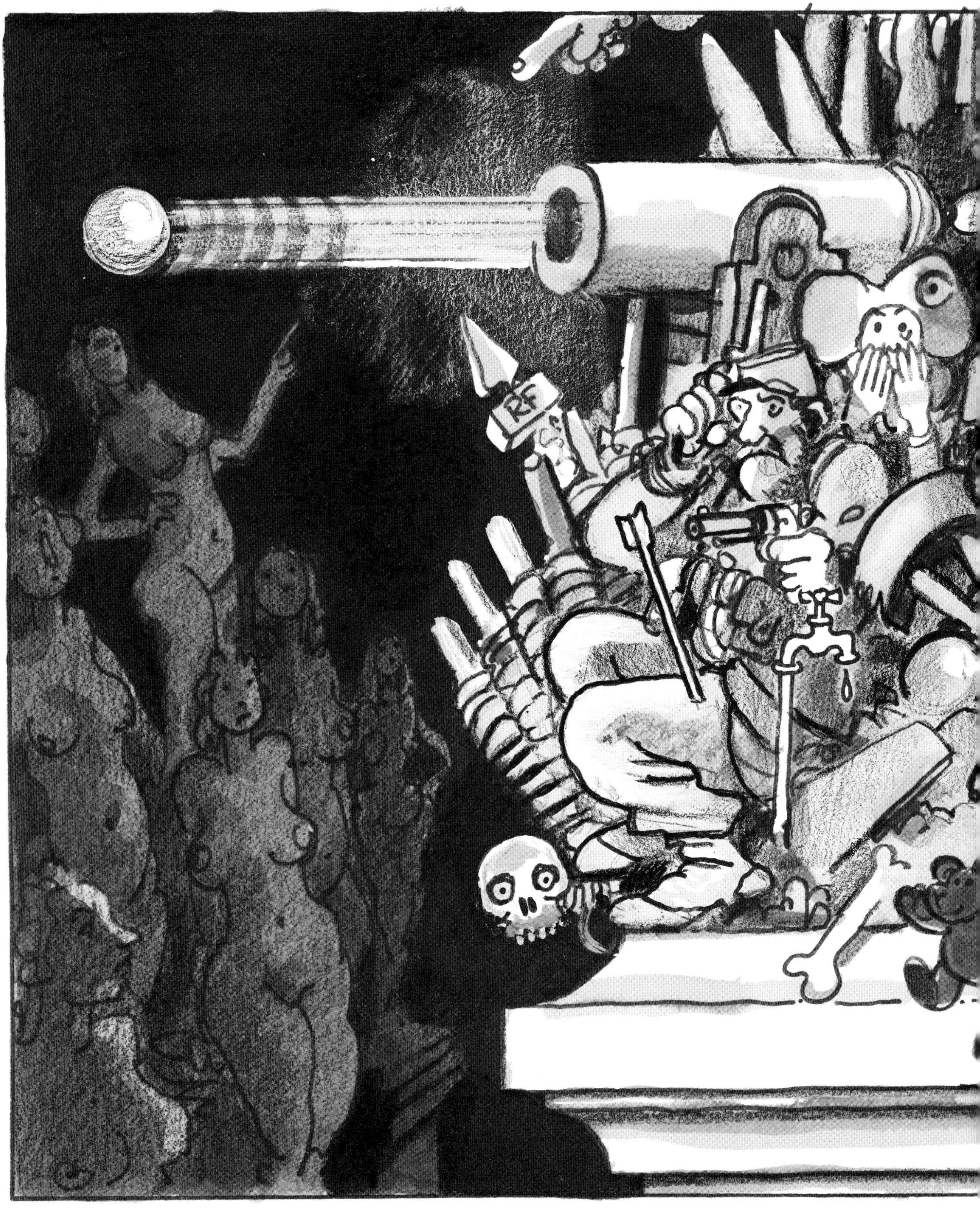
RF

à la silhouette l'indispensable note moderne voulue par l'évocation historique. De même, le sculpteur déchausse-t-il habilement la figure du garde national dont il laisse le pied simplement habillé de bandelettes. Pour montrer le prix que l'époque attachait à la maîtrise de ce genre de détail, il faut citer un commentaire du critique René Ménard : *Par cet artifice*, écrit-il en 1881 à la vue du modèle définitif exposé au Salon, *le sculpteur a évité de montrer le godillot dont la forme anti-sculpturale aurait fait mauvais effet*[27]. Habile à la synthèse des langages contraires, Barrias était appelé à devenir, grâce au succès d'une formule qu'illustre encore son monument de la Défense de Saint-Quentin directement inspiré de celui de Courbevoie (FIG. 78), un des sculpteurs préférés de la commande monumentale.

Fondu par la maison Thiébaut frères, le groupe de la Défense de Paris est inauguré le 12 août 1883 devant près de cent mille personnes et en présence de membres du Conseil général de la Seine et de quelques représentants du gouvernement (comme lors de l'inauguration du monument de la place de la République, le président de la République et le président du Conseil se sont abstenus). Avant le défilé des troupes et celui des sociétés d'anciens combattants et des corporations républicaines qui ont été associées à la manifestation, le conseiller Forest reprend dans son discours les grandes lignes du vœu émis cinq ans plus tôt : il évoque ainsi le souvenir des bataillons parisiens *qui allaient tenter à Buzenval un dernier et suprême effort contre les lignes des assiégeants* et célèbre la gloire de Paris *qu'une pareille défaite honore plus qu'une victoire*[28]. Mais il ajoute que *la France qui est décidée à tous les efforts pour assurer sa défense et son indépendance, ne compte désormais que sur la paix et le travail pour les conquêtes de l'avenir*. La guerre n'est plus qu'un souvenir ; l'heure n'est pas encore à l'esprit de revanche : le monument de Barrias incarne, semble-t-il, un moment d'équilibre illusoire que manifeste également son style. Le sculpteur est un des artistes de ce *juste milieu* dont parle Léon Rosenthal. Le grand historien d'art les définissait ainsi : *Ils ne furent point des doctrinaires subordonnant leurs œuvres à des formules souveraines et ils n'ont pas connu, non plus, les fortes passions qui impriment à tout ce qu'elles touchent un caractère indélébile. Le premier trait de leur physionomie est peut-être cette absence de caractère* [...] *il nous appartient, au reste*, précisait-il, *non d'instruire leur procès mais de définir ce qu'ils ont été*[29]. Il nous faut remercier ceux qui ont choisi de remettre en place le monument au cœur du nouveau quartier de La Défense, cent ans après son inauguration[30], d'autoriser ainsi la contemplation d'une œuvre indispensable à la survie de notre mémoire (FIG. 79 et 80).

FIG. 78

FIG. 79

FIG. 80

FIG. 78
Ernest BARRIAS
Monument commémoratif de la défense de Saint-Quentin
L'Art, 1881.

FIG. 79
Ernest BARRIAS
Monument de la défense de Paris
Courbevoie, vue ancienne
(coll. Debuisson).

FIG. 80
Ernest BARRIAS
Monument de la défense de Paris
Courbevoie, parvis de la Défense.

L'image d'Etienne Marcel

76. PARIS — Statue d'Etienne Marcel C. L. C.

Si en 1879, les conseillers parisiens, devenus libres juges de l'opportunité des commandes d'art dans la capitale, ont voulu ériger devant l'Hôtel de Ville une statue d'Etienne Marcel, c'est qu'ils obéissaient à la logique commémorative d'une époque qui voit peu à peu les villes de France honorer chacun de leurs grands hommes d'un monument. On va transformer ainsi, à partir de 1880, les cent huit niches de façade du palais municipal en panthéon sculpté des gloires parisiennes[31]. Mais le projet révèle également une autre intention, politique celle-là : faire de la statuaire l'arme pédagogique d'une persuasion.

Le personnage d'Etienne Marcel, curieusement négligé par la Révolution française, a été remis en lumière par les historiens du XIXe siècle qui, comme Augustin Thierry et Jules Michelet, ont brassé l'histoire pour y trouver les signes avant-coureurs de la nation moderne. *Cet échevin du XIVe siècle*, écrit Augustin Thierry dans son *Histoire du Tiers Etat* publiée en 1853, *a, par une anticipation étrange, voulu et tenté certaines choses qui n'appartiennent qu'aux révolutions modernes* [...]. *Sa courte et orageuse carrière fut comme un essai prématuré des grands desseins de la providence*[32]. Michelet disait de la grande ordonnance de 1357, dont le prévôt des marchands fut l'un des instigateurs, qu'elle avait substitué d'un coup la république à la monarchie[33]. Etienne Marcel, républicain *et* parisien, avant de déclencher la première des révolutions menées contre le pouvoir royal, s'était montré le défenseur vigoureux d'un pouvoir municipal fondé sur la liberté des communes face aux abus de la royauté : par là, il incarne aux yeux des radicaux parisiens l'exemple même du précurseur dont l'effigie s'impose dès lors qu'il s'agit de souligner le rôle exemplaire de Paris dans la naissance des nouvelles institutions. Il est significatif que le jour même où le Conseil municipal discute du projet de cette statue, il s'interroge également sur les conditions d'érection d'un monument à la gloire de la République[34]. Dix ans plus tard d'ailleurs, lors des discussions relatives à la décoration intérieure de l'Hôtel de Ville, certains conseillers caresseront encore l'idée d'unir symboliquement sur les murs du salon Lobau l'image du prévôt et une représentation allégorique de la République. Dernier signe, plus marginal peut-être mais tout aussi démonstratif de cette passion municipale pour la figure symbolique d'Etienne Marcel : une commande de gravures au cours des années 1880 pour illustrer un ouvrage consacré à l'aventure politique du *premier maire* de la capitale.

Les gravures d'Auguste Laguillermie

En 1881, le Conseil municipal accueille avec faveur une *pétition* du peintre Auguste Laguillermie qui demande à être chargé de l'illustration d'une étude de l'historien Perrens consacrée à la carrière du prévôt[35]. Le caractère élogieux de la publication lui a valu d'être rééditée en 1874 pour prendre place dans la monumentale *Histoire de Paris* publiée sous les auspices de la municipalité[36]. Cette commande illustre l'intérêt d'une minorité de conseillers pour un emploi dialectique de l'image s'appuyant sur la multiplication des symboles figurés du nouveau pouvoir. Elle confirme ce que montre à la même époque le projet d'ériger à Paris non pas *une* mais *trois* statues de la République : une République *symbolique*, création du sculpteur Soitoux en 1848, une République *classique*, celle des frères Morice issue du concours organisé en 1879 et une République *romantique*, œuvre de Jules Dalou commandée l'année suivante pour la place de la Nation. Elle révèle également la découverte du rôle nouveau de l'illustration dans le récit à caractère pédagogique puisque les gravures sont conçues non comme un simple élément d'accompagnement visuel mais comme un découpage de séquences destiné à orchestrer le symbole. En ce sens, cette commande pourrait se rattacher au problème général et mal connu du rôle spécifique joué par l'iconographie dans les manuels scolaires des débuts de la Troisième République.

Pour illustrer l'ouvrage, Laguillermie demandait de graver une dizaine d'images. Cinq seulement lui sont commandées : les deux premières — *Etienne Marcel organisant la défense de Paris* (CAT. 56) et *les Bourgeois de Paris refusant de siéger en présence du clergé et de la noblesse* (CAT. 57) — au milieu des années 1880 ; les trois autres — la *Promulgation de la grande ordonnance* (CAT. 58), *Etienne Marcel protégeant le dauphin* (CAT. 59) et la *Mort d'Etienne Marcel* (CAT. 60) — en 1889, quelques jours seulement avant l'inauguration de la statue équestre[37]. L'illustration, resserrée autour de quelques images symboliques, élève jusqu'au mythe le destin du prévôt des marchands. Comme pour les bas-reliefs du monument de la place de la République, les sujets semblent avoir été choisis autant pour la réalité contemporaine qu'ils suggèrent que pour ce qu'ils montrent de l'histoire passée. Les conseillers municipaux, membres de la commission administrative des Beaux-Arts, ont orienté ce choix. Ils remplacent certains des épisodes proposés par d'autres dont l'écho

CAT. 56

CAT. 57

CAT. 58

CAT. 59

CAT. 60

CAT. 56
Auguste LAGUILLERMIE
Etienne Marcel organisant la défense de Paris

CAT. 57
Auguste LAGUILLERMIE
Les bourgeois de Paris refusant de délibérer en présence de la noblesse et du clergé.

CAT. 58
Auguste LAGUILLERMIE
La proclamation de la grande ordonnance.

CAT. 59
Auguste LAGUILLERMIE
Etienne Marcel protège le dauphin.

CAT. 60
Auguste LAGUILLERMIE
Mort d'Etienne Marcel.

moderne permet d'unir dans un même hommage le passé et le présent. Le conseiller Cernesson écarte ainsi l'évocation des *Horreurs de la guerre*, lui préférant celle de la *Promulgation de la grande ordonnance* parce que cette charte arrachée au pouvoir royal lui semble être à l'origine de la « constitution » de 1789[38]. D'autres épisodes insistent sur l'énergie et l'audace révolutionnaire des Parisiens, prémices de leur comportement futur dans l'établissement et la défense de la République. *Etienne Marcel organisant la défense de Paris* fait ainsi penser aux événements du siège de Paris en 1870. Quant au dessin représentant le *Prévôt des marchands protégeant le dauphin*, il met l'accent sur la portée symbolique de l'événement : à l'image du souverain coiffé du chaperon aux couleurs municipales répond dans l'imaginaire collectif le souvenir de Louis XVI recevant devant l'Hôtel de Ville de Paris la cocarde bleu et rouge, rappel pour tous de l'origine parisienne du drapeau national. Quand à la *Mort d'Etienne Marcel* qui clôt le cycle, sa représentation apparaît comme un évident plaidoyer *pro domo* : dans ces premières années de république, la vigilance s'impose, à Paris, face aux possibles trahisons.

L'illustration voulait tendre aux événements un miroir où l'image de Paris se serait mêlée à celle de Marianne. Que l'enthousiasme retombe et sa nécessité tend à s'estomper. Peut-être est-ce là une des raisons de l'abandon ultérieur du projet : Laguillermie ayant achevé tardivement ses gravures — la dernière date de 1898 — l'ouvrage de Perrens ne sera pas réédité.

La statue équestre

Qu'il s'agisse de définir la silhouette de l'œuvre — statue *équestre* selon le vœu de Viollet-le-Duc ou simple figure *debout* — ou même de déterminer son lieu d'érection — côté place devant la façade principale de l'Hôtel de Ville ou côté jardin, au sud — les débats qui, en 1879 puis en 1882, accompagnent le projet de sa création confirment le désir d'une majorité de conseillers d'associer le symbole au combat politique du moment : revendiquer pour la capitale cette autonomie de gestion que lui interdit la loi et le droit d'élire un maire dont Etienne Marcel reste l'archétype. Aux partisans d'un

groupe *équestre* qui risquerait de donner à la représentation un caractère royal et militaire, s'opposent sans succès ceux qui veulent donner à l'image du prévôt des marchands une position purement civique et civile. *C'est la statue d'un tribun et non celle d'un soldat qui doit être érigée*, souligne l'un d'eux qui précise : *le tribun qui a revendiqué avec tant de vigueur et d'activité les franchises de la cité parisienne*[39]. A l'extérieur du Conseil, un journal comme *L'Art* défend lui aussi le principe d'une figure *pédestre*[40]. Ceux-là semblent avoir eu présent à l'esprit, comme un modèle nécessaire, la statue du flamand Jacques Van Artevelde érigée à Gand en 1863 sur le Vrijdagmarkt. Dix ans avant la révolution parisienne de 1358, Van Artevelde, un riche marchand drapier, s'était battu pour contraindre un roi à respecter les droits et l'indépendance des cités flamandes (FIG. 81).

Prévu à l'origine pour se dérouler en février 1880, le concours est repoussé de deux ans. L'explication est sans doute financière : l'administration doit déjà faire face à un programme ambitieux de travaux d'art lancé par le Conseil, sculptures et décors peints dans les mairies et les écoles. En 1882, le principe d'un groupe équestre ayant été adopté, on ne discute plus que de son emplacement[41]. A l'honneur insigne de l'esplanade devant l'Hôtel de Ville à laquelle songent, pour une raison évidente de prestige, quelques conseillers, d'autres élus, ralliant à eux la majorité, proposent l'ancien point de vue de Viollet-le-Duc : l'architecte, désireux de trouver un emplacement plus resserré, mieux adapté aux dimensions de la statue, avait proposé de l'ériger dans le jardin bordant le bâtiment côté Seine, là où il se trouve encore aujourd'hui (FIG. 82). Il faisait également observer qu'installée à cet emplacement la sculpture s'offrirait de profil au regard, ce qui ne pourrait qu'en valoriser la perception[42].

Comme tous les concours organisés à Paris à l'époque, l'épreuve se déroule à deux degrés. Réuni une première fois en décembre 1882 pour départager les soixante-quatorze projets présentés, le jury, où siègent en nombre égal les représentants du Conseil municipal et les sculpteurs élus par les concurrents — Paul Dubois, Chapu et Schœnewerk —, sélectionne les esquisses d'Emmanuel Frémiet, Laurent Marqueste et

FIG. 81
Pierre DE VIGNE-QUYO
Jacques van Artevelde, 1863 Anvers, Vridjdagmarkt.

FIG. 82
Antoine IDRAC et **Laurent MARQUESTE**
Etienne Marcel, 1888 Paris, Hôtel de Ville.

FIG. 81

FIG. 82

FIG. 83

FIG. 84

CAT. 53

Jean-Antoine Idrac. Les trois artistes sont invités, selon le règlement, à préparer pour l'année suivante une maquette de leur œuvre au tiers de la dimension finale[43]. Ils sont des habitués de la commande parisienne : Frémiet, spécialiste des statues équestres, dont la première version de la *Jeanne d'Arc* érigée place des Pyramides à Paris en 1874 (FIG. 83 pour la version définitive), vient d'exposer au Salon le modèle en plâtre du *Porte-falot* à cheval, bronze commandé par la Ville de Paris et destiné au décor intérieur de l'Hôtel de Ville (FIG. 84). Idrac et Marqueste ont, eux, déjà obtenu plusieurs commandes pour le programme de façade du bâtiment[44]. En juin 1883, le jury se réunit de nouveau et couronne le projet d'Idrac, Frémiet obtenant le deuxième prix et Marqueste le troisième.

Un sort particulier a été réservé à l'esquisse présentée par le sculpteur Perrin. Bien que comportant deux figures supplémentaires, ce qui aurait dû entraîner son élimination de la compétition, l'œuvre a été vigoureusement défendue par le directeur des Travaux de Paris, Alphand et le sculpteur Delhomme, membre du Conseil municipal[45] (CAT. 55). Retenue par le jury, elle sera achetée par la municipalité après le concours. L'esquisse attire l'attention par le pittoresque d'une mise en scène largement déployée où se fait sentir l'influence du *Charlemagne* de Louis Rochet érigé en 1879, bien après son achèvement sur le parvis de Notre-Dame[46]. Statue de l'instantané aux poses éloquentes et symboliques, l'œuvre relève d'un goût tardif pour le romantisme troubadour qui avait haussé l'histoire nationale à la dignité de la sculpture.

Les projets primés ont eu des fortunes diverses. L'esquisse en cire de Marqueste (CAT. 54), celle présentée par Idrac connue par l'édition en bronze de quelques exemplaires commandée par l'administration parisienne après la Première Guerre mondiale (CAT. 53) et le modèle au tiers correspondant (CAT. 52) ont échappé à des destructions irrémédiables. Le premier projet de Frémiet a été conservé par l'intermédiaire d'un surmoulage en plâtre polychrome donné par le sculpteur au musée des Arts décoratifs en 1905 (FIG. 85). L'original en cire

CAT. 54

FIG. 83
Emmanuel FREMIET
Jeanne d'Arc Paris,
place des Pyramides.

FIG. 84
Emmanuel FREMIET
Porte-falot à cheval Paris,
Hôtel de Ville.

CAT. 53
Antoine IDRAC
Etienne Marcel esquisse bronze,
vers 1920.

CAT. 54
Laurent MARQUESTE
Etienne Marcel esquisse, 1882.

CAT. 55
Jacques PERRIN
Etienne Marcel esquisse, 1882.

proposé au concours — quelques sculpteurs avaient préféré ce matériau pour leur modelage[47] — l'esquisse et le modèle au tiers de la statue exposé à la Centennale de l'Art français en 1900[48] ont, eux, disparu ou ont été détruits.

Ces œuvres procèdent d'une démarche commune qui explique sans doute la préférence du jury. On y observe en effet un même équilibre de proportions entre le cheval et son cavalier dont les pieds prennent appui sur les étriers plus bas que le ventre de l'animal. La monture est saisie dans la noblesse d'un mouvement de parade : les courbes bombées de son poitrail et de son encolure créent, par la soumission de leur mou-

CAT. 55

CAT. 52
Antoine IDRAC
Etienne Marcel modèle au tiers, 1883.

FIG. 85
Emmanuel FREMIET
Etienne Marcel esquisse, 1882 Paris, musée des Arts décoratifs.

FIG. 86
Théodore BALLU
Monument à Etienne Marcel, projet de piédestal Paris, archives de la Direction des affaires culturelles.

FIG. 87
Inauguration de la statue d'Etienne Marcel le 15 juillet 1888 (Paris, Bibliothèque nationale).

CAT. 52

FIG. 85

FIG. 86

vement à la ligne maîtresse dessinée par le cavalier, cette dépendance des formes qui donne aux deux figures et à chaque groupe unité et puissance d'expression. Les trois esquisses se plient à une règle de construction renouvelée de l'antique à l'aube de la Renaissance par le *Gattamelata* de Donatello qui avait imposé à la statue équestre et la vérité naturelle et la force spirituelle. Elles y ajoutent une volonté de reconstitution archéologique et un réalisme presque sévère dont on sait qu'ils correspondent au goût de l'époque et auxquels, dans une certaine mesure, le pittoresque de Frémiet semble vouloir échapper.

Le décès d'Idrac, un an et demi après la commande définitive de la statue[49], oblige l'administration à confier l'achèvement de l'œuvre à l'un des concurrents malheureux du concours, Marqueste. On ignore à quel degré d'achèvement était parvenu Idrac et

FIG. 87

l'on ne mesure pas, en conséquence, le rôle joué par son successeur dans les quelques modifications mineures que présente l'œuvre finale par rapport à la maquette couronnée. Le travail de Marqueste paraît s'être essentiellement limité à surveiller les opérations de fonte confiées en 1886 à Thiébaut frères. A l'exception des parties les plus saillantes, le fondeur s'était engagé à fondre la pièce d'un seul jet[50]; sans doute avait-on voulu rivaliser avec l'exploit d'avoir coulé d'un seul tenant la statue équestre de Louis XV au XVIIIe siècle. N'ayant pas respecté le contrat, Thiébaut fut contraint par la commission des Beaux-Arts de recommencer l'opération quelques mois avant l'inauguration[51].

Ballu, l'architecte de l'Hôtel de Ville, s'était vu confier par Idrac la réalisation du piédestal. Un projet signé de sa main (FIG. 86) montre qu'il souhaitait faire décorer le socle de deux bas-reliefs : l'idée en est reprise par Marqueste qui propose comme sujets la *Proclamation de la grande ordonnance* et *Etienne Marcel protégeant le dauphin*[52]. En fait il n'y eut pas de suite et le groupe, mis en place sur un socle nu, fut inauguré le 15 juillet 1888 en présence d'un grand nombre de maires de France reçus solennellement à l'Hôtel de Ville et conviés symboliquement à la cérémonie (FIG. 87).

Le président du Conseil municipal, Darlot, saisit le prétexte de l'inauguration pour défendre, une nouvelle fois, un idéal de démocratie qui constitue, rappelons-le, l'arrière-plan politique du monument depuis 1879. Au pied de cette statue qui montre à tous le prévôt des marchands présentant le parchemin de la grande ordonnance, Paris célèbre l'homme dont l'action annonce et justifie les combats présents : *Il fallait montrer*, dit le conseiller, *la grande image de celui qui fut le vrai maire de Paris, idéal que le Conseil municipal veut réaliser pour la grandeur et la prospérité de la cité, persuadé que les franchises communales assureront l'unité de la nation et le salut de la République*[53]. Tous les discours, cette fois-ci unanimes, font

l'éloge du précurseur des idées révolutionnaires qu'incarne, aux yeux des républicains de l'époque et à quelques mois du premier centenaire de la Révolution française, la figure du prévôt des marchands. D'autres mettent en évidence le chemin parcouru ; Poubelle, préfet de la Seine,

déclare ainsi : *Tout ce qu'entrevoyait à peine Etienne Marcel nous l'avons réalisé et au-delà*[54]. La nature de l'hommage préfigure alors ce que sera en 1889 l'esprit même du centenaire et qu'aurait symbolisé à elle seule cette somme monumentale que l'on projetait d'ériger à la gloire de la Révolution française à l'emplacement de l'ancien palais des Tuileries[55] : faire de la commémoration le socle de l'avenir et transformer les images de mémoire en éclats du futur.

Le décor du salon Lobau

Rappelons pour mémoire que de longs débats, vifs et souvent contradictoires, ont précédé la création du décor intérieur de l'Hôtel de Ville[56]. Pour la décoration du salon Lobau, malgré quelques discussions préalables (certains conseillers auraient volontiers substitué au programme prévu un décor composé de seules scènes modernes[57]), Jean-Paul Laurens a reçu en 1889 la commande de six grandes peintures d'histoire célébrant la conquête et la défense des libertés municipales. Avec la représentation de l'épisode de l'invasion de la chambre du dauphin par le prévôt des marchands entouré des Parisiens (FIG. 88), Etienne Marcel trouve donc dans le palais municipal une place attendue entre un panneau représentant *Louis VI octroyant aux Parisiens leurs premières chartes* et un autre montrant la *Répression de la révolte des Maillotins* (CAT. 61 pour l'esquisse de l'ensemble).

Primitivement, la commission de décoration souhaitait installer là un haut-relief de Dalou, image-symbole de la République et médaille d'honneur du Salon de 1883. Allégorie de la Fraternité, l'œuvre renouvelle l'iconographie du thème : deux personnages debout et nus échangent une accolade, promesse d'un nouvel âge d'or sous les auspices de la République ; trois allégories féminines des vertus républicaines, survolent un peuple joyeux d'hommes, de femmes et d'enfants. Le style fouillé du sculpteur et son travail nerveux de la forme bousculent les conventions du genre et trouvent leurs plus beaux débordements dans l'esquisse où la matière, parfois simplement griffée, témoigne du pouvoir expressionniste de l'artiste (CAT. 64).

Si le projet d'apposer cette sculpture sur l'un des murs est rapidement abandonné — Dalou préfère la voir installer à l'extérieur dans un jardin public[58] —, l'idée d'unir au reste du décor l'image symbolique des nouvelles institutions ne disparaît pas pour autant. En 1892, Jean-Paul Laurens propose ainsi à la commission de peindre entre les fenêtres donnant sur le quai deux grandes figures allégoriques, l'une représentant la *Ville de Paris* et l'autre la *République* (CAT. 62). Le projet tourne court une nouvelle fois et définitivement. On abandonnera

FIG. 88

CAT. 61

FIG. 88
MAURON,
d'après **Jean-Paul LAURENS**
Etienne Marcel protégeant le dauphin Paris, musée Carnavalet.

CAT. 61
Jean-Paul LAURENS
Louis VI octroie aux Parisiens leurs premières chartres.
Etienne Marcel protège le dauphin.
Répression de la révolte des Maillotins
esquisse, 1889.

CAT. 62

CAT. 63

CAT. 62
Jean-Paul LAURENS
La République esquisse.

CAT. 63
Jean-Paul LAURENS
Jean-Jacques Rousseau esquisse.

CAT. 64
Jules DALOU
La Fraternité Paris, musée du Petit Palais.

CAT. 64

de même certains des portraits historiques d'esprit *républicain* qui devaient accompagner les grands panneaux peints. Seule la figure de Turgot sera conservée ; celle de Rousseau d'abord (CAT. 63) puis celle de Pache, maire de Paris sous la Révolution, sont écartées au profit d'une représentation de La Reynie,'magistrat parisien, qui avait contribué à réorganiser la police de la capitale au XVIIe siècle. Quinze ans après, on est revenu à l'esprit qui avait présidé à l'établissement du programme sculpté de façade : consacrer l'Hôtel de Ville à toutes les gloires parisiennes, sans exclusive[59].

De ces modifications, sans doute faut-il trouver la raison dans le changement d'orientation qui marque la commande parisienne à partir du milieu des années 1890. A une politique de l'image fondée sur le culte multiforme et presque exclusif de l'idée républicaine succède en effet, après plus de dix ans d'une intense activité mémorielle, une période de création beaucoup moins doctrinaire. On sait que ce changement a nettement marqué ses effets sur les programmes décoratifs mis en œuvre à partir de cette époque dans les mairies. L'abandon dans le salon Lobau d'une partie du projet de décoration en est un autre exemple très caractéristique.

Le monument de la Défense de Paris

1 Conseil général du département de la Seine, *Procès-verbaux*, 5 février 1878.
2 Conseil municipal, *Procès-verbaux*, 1er juillet 1879, lecture par Ulysse Parent du rapport de la 5e commission sur l'acquisition et la reproduction en cuivre repoussé du modèle du *Lion* de Bartholdi.
3 Daly C., « Concours Achille Leclère pour un monument commémoratif de la défense de Paris », *Revue générale de l'architecture et des travaux publics*, XXVIIIe vol., année 1870, coll. 249-254.
4 Conseil général du département de la Seine, *Procès-verbaux*, 12 février 1878.
5 *Cf.* cat. « Paris et la République : les enjeux d'une statue ».
6 Hérold F., « Erection au rond-point de Courbevoie d'un monument commémoratif du siège de Paris », *Mémoire* no 20 adressé au Conseil général.
7 Conseil général du département de la Seine, *Procès-verbaux*, 29 avril 1879.
8 *Ibid.*, 25 novembre 1879; Ulysse Parent spécifie que le jury du concours devra motiver son jugement par un rapport écrit, rendu public.
9 Sur les trois conseillers élus le 25 novembre 1875, deux — Collin et Jobbé-Duval — sont des artistes.
10 Vachon, 27 novembre 1879.
11 Gautier Th., *Tableaux de siège*; cité dans « A-Falguière, sculpteur et peintre », *La Plume*, 1898.
12 Havard, 29 novembre 1879.
13 *Ibid.*
14 Vachon, 27 novembre 1879 et Havard, 26 novembre 1879.
15 Havard, 26 novembre 1879 ; *Paris superbe jusque dans la défaite soutient un fantassin qui s'affaisse.* L'esquisse de Steiner est mentionnée par Lami (XIXe, t. IV, p. 274).
16 Havard, 26 novembre 1879.
17 *Ibid.*
18 Vachon, 27 novembre 1879 ; *M. Chaplain qui a travaillé en collaboration avec M. Noël s'est contenté d'une seule figure représentant la Ville de Paris debout, l'arme sur les bras, interrogeant l'horizon d'un regard perçant et plein de calme résolution.*
19 Prinet J. et Dilasser A., *Nadar*, Paris, 1966; cité p. 179.
20 Voir note 18.
21 Grimm Th., « le Monument de la Défense de Paris », *Le Petit Journal*, 28 novembre 1879.
22 James H., *Esquisses parisiennes*, Paris, 1988, p. 54.
23 Vachon, 27 novembre 1879 et Goetchy G., « la Défense de Paris », *Le Voltaire*, 29 novembre 1879.
24 Thomas, 1879.
25 « Concours pour l'érection du monument allégorique de la Défense de Paris en 1870 », Archives de Paris, VR 161.
26 *Arrêté* du 8 juin 1880.
27 Ménard R., « le Salon de 1881 », *L'Art*, 1881, t. 26, p. 54.
28 Anézo M., « Inauguration du monument de la Défense de Paris », *La France*, 4 août 1883; l'auteur reproduit le discours du président du Conseil général.
29 Rosenthal L., *Du romantisme au réalisme*, Paris, nouv. éd. 1987, p. 202.
30 A l'occasion de la remise en place du monument, une exposition sur la perspective de la Défense dans l'art et l'histoire a été organisée par les archives départementales des Hauts-de-Seine en 1983 ; dans le catalogue de la manifestation, Denis Lavalle, le premier, a étudié le concours de 1879 et la création du monument de Barrias.

L'image d'Etienne Marcel

31 Agulhon M., « le langage des façades » et Pingeot A., « la statuaire du nouvel Hôtel de Ville » in *Exposition du centenaire de la reconstruction de l'Hôtel de Ville*, Paris, 1982, pp. 51-56 et 59-67.
32 Thierry A., *Essai sur l'histoire de la formation et des progrès du Tiers Etat*, nouv. éd. 1880, pp. 52 et 54.
33 Michelet J., *Abrégé d'Histoire de France - Moyen Age*, nouv. éd., 1881, p. 225.
34 Conseil municipal, *Procès-verbaux*, 27 février 1879.
35 *Ibid.*, 3 mars 1881.
36 Perrens F.P., *Etienne Marcel, prévôt des marchands (1354-1358)*, Paris, 1874.
37 Conseil municipal, *Procès-verbaux*, 8 juillet 1889. La date exacte de la première commande nous échappe ; la planche gravée représentant *Etienne Marcel organisant la défense de Paris* est approuvée par la commission administrative des Beaux-Arts le 26 mai 1887. « Procès-verbaux et correspondance (1881-1890) », Archives de Paris, VR2.
38 Commission administrative des Beaux-Arts, *Procès-verbaux*, 18 décembre 1884 (*ibid*).
39 Conseil municipal, *Procès-verbaux*, 27 février 1879.
40 « Chroniques françaises », *L'Art*, 1879, t. I.
41 Conseil municipal, *Procès-verbaux*, 7 juillet 1882.
42 *Ibid.*
43 *Concours pour l'érection, square de l'Hôtel de Ville, d'une statue équestre d'Etienne Marcel. Rapport général sur les opérations du jury.* M. Paul Dubois, Rapporteur. Paris, 1885.
44 Fabre-Rousseau L. et Thévenot J., « Inventaire général des œuvres sculptées de l'Hôtel de Ville de Paris », in *Exposition du centenaire de la reconstruction de l'Hôtel de Ville*, Paris, 1982, pp. 148 et 151.
45 Voir note 43.
46 Rochet A., *Louis Rochet*, 1978, pp. 252-254.
47 Gustave-Alexandre Garnier expose au Salon de 1885 (no 3723) une esquisse en cire présentée au concours (Lami, XIXe, t. III, p. 5).
48 No 1656 exposé par la Ville de Paris (Lami, XIXe, t. II, p. 412).
49 *Arrêté* de commande, 13 juillet 1883. Idrac meurt à Paris le 28 décembre 1884 (Lami, XIXe, t. III, p. 178).
50 Thiébaut frères, *Soumission*, 30 avril 1886. « Concours pour la statue d'Etienne Marcel », Archives de Paris, VR 161 : [l'œuvre] *devra être fondue d'une seule pièce, sauf l'un des bras du cavalier et la queue du cheval ainsi que les petits accessoires tels que brides, éperons, etc.*
51 Marqueste soulève le problème auprès de la commission administrative des Beaux-Arts en décembre 1886. A la suite de deux visites de la sous-commission de sculpture dans les ateliers Thiébaut (28 décembre 1886 et 24 janvier 1887), le fondeur s'engage à refaire la fonte de l'œuvre. Archives de Paris, VR 2 et VR 161.
52 Commission administrative des Beaux-Arts, *Procès-verbaux*, 15 mars 1888. Archives de Paris, VR 2.
53 *Bulletin municipal officiel*, 15-16 juillet 1888.
54 *Le Matin*, 16 juillet 1888.
55 Conseil municipal, *Procès-verbaux*, 14 mars 1887; le conseiller Depasse rend compte des travaux de la commission extra-parlementaire chargée d'élaborer un projet de concours pour la création d'un monument de la Révolution française : [le monument pourrait] *contenir des salles dans lesquelles seraient placés des statues et des bas-reliefs représentant les hommes et les actes de la Révolution.*
56 Imbert D., « L'Hôtel de Ville de Paris : genèse républicaine d'un grand décor », in cat. *le Triomphe des mairies*, Paris, 1986-1987, pp. 62-71.
57 Commission de décoration de l'Hôtel de Ville, *Procès-verbaux*, 19 décembre 1887. Archives de la Direction des affaires culturelles de la Ville de Paris.
58 Commission de décoration de l'Hôtel de Ville, *Procès-verbaux*, 18 juillet 1887.
59 Cat. *le Triomphe des mairies*, Paris, musée du Petit Palais, 1986-1987, pp. 342-343.

Barrias Louis-Ernest
Paris, 1841 - Paris, 1905

46 repr. p. 94
La Défense de Paris

Plâtre.
H. 1,00 ; L. 0,45 ; P. 0,56.
Esquisse retenue en 1879 au 1er degré du concours pour le monument de la Défense de Paris. Versée dans les collections municipales ; *Inventaire général* no 361. Dépôt des œuvres d'art de la Ville de Paris.

47 repr. p. 99
La Défense de Paris

Plâtre patiné.
H. 2,52 ; L. 1,26 ; P. 1,25.
Maquette présentée en 1880 au second degré du concours pour le monument de la Défense de Paris. Prix d'exécution. Versée dans les collections municipales ; *Inventaire général* no 362. Dépôt des œuvres d'art de la Ville de Paris. Monument commandé en 1880.

Moreau Mathurin
Dijon, 1822 - Paris, 1912

48
La Défense de Paris

Plâtre.
H. 2,06 ; L. 1,20 ; P. 1,14.
Maquette présentée en 1880 au second degré du concours pour le monument de la Défense de Paris. Deuxième prix. Versée dans les collections municipales ; *Inventaire général* no 366. Dépôt des œuvres d'art de la Ville de Paris.

Lequien Alexandre-Victor
Paris, 1822 - mort en 1905

49 repr. p. 94
La Défense de Paris

Plâtre.
H. 1,10 ; H. 0,54 ; H. 0,54.
Esquisse retenue en 1879 au 1er degré du concours pour le monument de la Défense de Paris. Versée dans les collections municipales ; *Inventaire général* no 367. Dépôt des œuvres d'art de la Ville de Paris.

Falguière Jean-Alexandre-Joseph
Toulouse, 1831 - Paris, 1900

50 repr. p. 95
La Défense de Paris

Plâtre et cire.
H. 1,03 ; L. 0,55 ; P. 0,55.
Sur la plinthe devant : *IV XVI 40.*
Esquisse mentionnée en 1879 au 1er degré du concours pour le monument de la Défense de Paris. Don Gustave Sins en 1950. Musée d'Orsay, R.F. 2683.

Rodin René-François-Auguste
Paris, 1840 - Meudon, 1917

51 repr. p. 94
La Défense de Paris

Bronze.
H. 1,12 ; L. 0,58 ; P. 0,50.
Signé en bas à droite.
Tirage de l'esquisse en plâtre présentée au 1er degré du concours pour le monument de la Défense de Paris. Don Rudier en 1951. Musée Rodin, S. 469.

Idrac Jean-Antoine-Marie
Toulouse, 1849 - Paris, 1884

52 repr. p. 110
Etienne Marcel

Plâtre.
H. 1,54 ; L. 1,40 ; P. 0,60.
Modèle au tiers de l'exécution totale, présenté en 1883 au 2e degré du concours pour la statue équestre d'Etienne Marcel. 1er prix. Versé dans les collections municipales ; *Inventaire général* no 433. Dépôt des œuvres d'art de la Ville de Paris.
Statue commandée en 1882. Modèle définitif achevé par Laurent Marqueste.

53 repr. p. 108
Etienne Marcel

Bronze à cire perdue.
H. 0,52 ; L. 0,45 ; l. 0,23.
Sur la terrasse à gauche : *Idrac.*
Tirage de l'esquisse en plâtre, retenue en 1882 au 1er degré du concours pour la statue équestre d'Etienne Marcel. Commande de la Ville de Paris vers 1920 ; *Inventaire général* no 3643. Entré au musée du Petit Palais en 1981, P.P.S. 3378.

Marqueste Laurent-Honoré
Toulouse, 1848 - Paris, 1920

54 repr. p. 109
Etienne Marcel

Cire.
H. 0,50 ;
Socle : L. 0,34 ; L. 0,13.
Sur la terrasse à droite : *Marqueste.*
Esquisse retenue en 1882 au 1er degré du concours pour la statue équestre d'Etienne Marcel. Versée dans les collections municipales ; *Inventaire général* no 436. Entrée au musée Carnavalet en 1923, S. 169.

Perrin Jacques
Lyon, 1847 - Paris, 1915

55 repr. p. 109
Etienne Marcel

Plâtre.
H. 1,10 ; L. 0,50 ; L. 0,39.
Moulage de l'esquisse en cire présentée en 1882 au 1er degré du concours pour la statue équestre d'Etienne Marcel. Achat de la Ville de Paris pour les collections municipales en 1884 ; *Inventaire général* n° 440. Dépôt des œuvres d'art de la Ville de Paris.

Laguillermie Frédéric-Auguste
Paris, 1841 - lieu et date de mort inconnus

56 repr. p. 105
Etienne Marcel organisant la défense de Paris

Fusain, mine de plomb, encre, aquarelle et rehauts de gouache.
Montage : H. 0,53 ; L. 0,40.
En bas à droite : *Laguillermie 1881.*
Dessin pour la gravure présenté à la commission administrative des Beaux-Arts en 1881. Gravé en 1887. Versé dans les collections municipales. Entré au musée du Petit Palais en 1979, P.P.D. 3574.

57 repr. p. 105
Les bourgeois de Paris refusant de délibérer en présence de la noblesse et du clergé

Mine de plomb, encre et rehauts de gouache.
Montage : H. 0,53 ; L. 0,40.
En bas à gauche : *Laguillermie.*
Dessin pour la gravure présenté à la commission administrative des Beaux-Arts avant 1889. Versé dans les collections municipales ; *Inventaire général* n° 1118^{2}. Entré au musée du Petit Palais en 1975, P.P.D. 3456.

58 repr. p. 105
La proclamation de la grande ordonnance

Mine de plomb et estompe.
Montage : H. 0,53 ; L. 0,40.
En bas à droite : *Laguillermie 1898.*
Dessin pour la gravure commandé par la Ville de Paris en 1889. Versé dans les collections municipales ; *Inventaire général* n° 1117. Entré au musée du Petit Palais, en 1975, P.P.D. 3455.

59 repr. p. 105
Etienne Marcel protège le dauphin

Mine de plomb, encre, aquarelle et rehauts de gouache.
Montage : H. 0,53 ; L. 0,40.
Dessin pour la gravure commandé par la Ville de Paris en 1889. Gravé en 1894. Versé dans les collections municipales. Entré au musée du Petit Palais en 1979, P.P.D. 3573.

60 repr. p. 105
Mort d'Etienne Marcel

Mine de plomb, encre, aquarelle et rehauts de gouache.
Montage : H. 0,53 ; L. 0,40.
Dessin pour la gravure commandé pour la Ville de Paris en 1889. Versé dans les collections municipales ; *Inventaire général* n° 1118^{1}. Entré au musée du Petit Palais en 1975, P.P.D. 3454.

Laurens Jean-Paul
Fourquevaux (Haute-Garonne), 1838 - Paris, 1921

61 repr. p. 115
Etienne Marcel protège le dauphin. Répression de la révolte des Maillotins. Louis VI octroie aux Parisiens leurs premières chartes.

Encre et lavis d'encre de Chine sur toile.
H. 0,36 ; L. 1,00.
Commande de la Ville de Paris pour le décor du salon Lobau à l'Hôtel de Ville en 1889. Esquisse versée dans les collections municipales ; *Inventaire général* n° 1056. Entrée au musée du Petit Palais en 1986, P.P.D. 4049. Œuvre définitive en place.

62 repr. p. 116
La République

Encre et aquarelle.
H 0,34 ; L. 0,28.
Monogrammé en bas à droite : *JPL.*
Esquisse proposée en 1892 à la commission de décoration pour le décor du salon Lobau à l'Hôtel de Ville. Versée dans les collections municipales. Entrée au musée Carnavalet en 1951, D. 8110. Reversée au musée du Petit Palais en 1987, P.P.D. 4113.

63 repr. p. 116
Jean-Jacques Rousseau

Encre et lavis d'encre sur toile collée en plein sur bois.
H. 0,36 ; L. 0,16.
Inscription à l'encre au revers du panneau : *La volonté générale / C'est le droit / Et la raison / (Rousseau).*
Esquisse proposée en 1889 à la commission de décoration pour le décor du salon Lobau à l'Hôtel de Ville. Versée dans les collections municipales ; *Inventaire général* n° 1056. Entrée au musée du Petit Palais en 1986, P.P.D. 4051.

Dalou Aimé-Jules
Paris, 1836 - Paris, 1902

64 repr. p. 116
La Fraternité ou la République

Terre cuite.
H. 0,45 ; L. 0,28.
En bas à droite : *Dalou.*
Esquisse du haut-relief en plâtre de la Fraternité exposé au Salon de 1883 (n° 3518). Achat de la Ville de Paris pour les collections du musée du Petit Palais en 1905, P.P.S. 341.

65
Femme aux couronnes ou Vertu républicaine

Terre cuite.
H. 0,24 ; L. 0,27 ; l. 0,17.
Etude de nu pour le haut-relief de la *Fraternité.*
Achat de la Ville de Paris pour les collections du musée du Petit Palais en 1905, P.P.S. 177.

66
Femme aux drapeaux ou Vertu républicaine

Terre cuite.
H. 0,24 ; L. 0,35 ; l. 0,13.
Etude de nu pour le haut-relief de la *Fraternité.*
Achat de la Ville de Paris pour les collections du musée du Petit Palais en 1905 ; P.P.S. 178.

67
Femme se courbant

Terre cuite.
H. 0,25 ; L. 0,12 ; P. 0,17.
Etude de nu pour le haut-relief de la *Fraternité.*
Achat de la Ville de Paris pour les collections du musée du Petit Palais, 1905 ; P.P.S. 258.

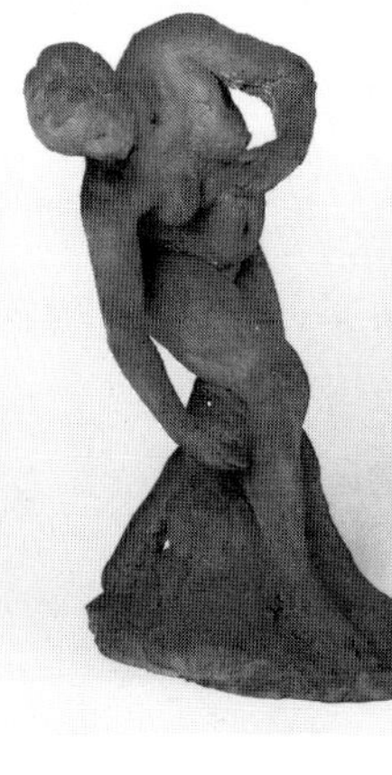

Les grands hommes

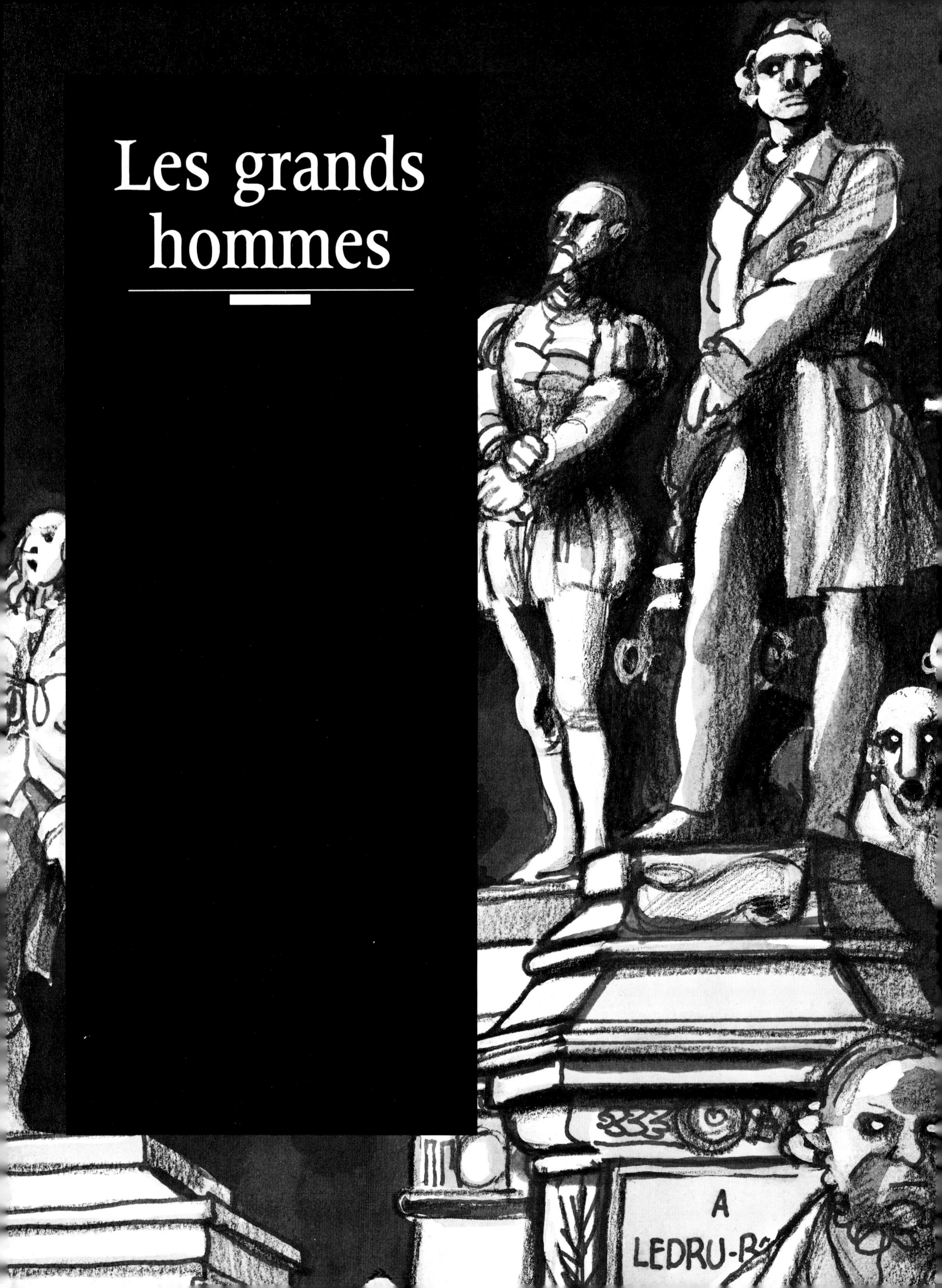

Paris et les grands hommes

Les morts gouvernent les vivants *a dit un grand philosophe (...). Pour tirer de ce capital intellectuel accumulé par eux le plus grand bien possible, il faut reprendre, développer toutes les idées qui furent justes, honnêtes, fécondes en résultat heureux et noter avec soin celles qui furent fausses, malhonnêtes, stériles ou funestes, afin d'éviter d'y retomber de nouveau*[1]. Le grand philosophe cité ici par le président du Conseil municipal de Paris, Levraud, c'est Auguste Comte dont les idées eurent — on le sait — une influence décisive sur la pensée républicaine. Dans les années 1880, la vague d'érection de monuments aux grands hommes se place dans ce nouveau rapport avec l'Histoire, où la construction du présent s'appuie sur l'enseignement que l'on tire du passé. Le régime républicain, enfin conforté dans son existence et dont les incarnations successives de 1792 à 1848 ont modelé l'image et la mémoire, en constitue alors le contexte privilégié.

FIG. 89

L'étude générale de ces statues commémoratives et du cadre idéologique, politique et artistique de leur conception, a été bien mise en lumière par June Hargrove[2] et Maurice Agulhon[3]. Notre propos se limite ici à traiter de quelques monuments dont la création a été aidée ou suscitée directement par la Ville de Paris dans la décennie qui précède le premier centenaire de la Révolution française. La majorité du Conseil municipal, de tendance radicale, voit dans cet anniversaire une occasion supplémentaire de démontrer son attachement aux grands principes de 1789. Les élus parisiens sont alors nettement soucieux de marquer le paysage de la capitale autrement que par de simples décorations passagères : en conséquence l'érection de monuments aux grandes figures qui, d'une manière ou d'une autre, ont contribué à fonder la République, permet, par la pédagogie de l'exemple, d'affirmer en image ces principes qui leur tiennent à cœur. A chacun des grands hommes est confiée, dans cet esprit, l'illustration d'une idée-clé : à Ledru-Rollin, le suffrage universel (FIG. 89) ; à Etienne Dolet, la libre pensée (FIG. 90) ; à Jean-Jacques Rousseau, la démocratie (FIG. 91), à Danton, la défense nationale (FIG. 92) ; à Condorcet, l'instruction publique (FIG. 93) — pour ne citer que les monuments évoqués dans l'exposition.

Notons le, après Maurice Agulhon, tout cela est très politique[4]. On constate notamment que, pour cette période, la liste des subventions accordées par la Ville de Paris pour l'érection de statues concerne pour une large majorité la célébration des philosophes, des hommes politiques ou des militaires (de la fin du XVIIIe ou du XIXe siècle) et, pour une moindre part, celle des artistes ou des hommes de science[5]. De plus, cette hiérarchie des rôles se double d'une hiérarchie des espaces dans la ville. Le 11 mars 1879, le Conseil municipal refuse par exemple de concéder un emplacement sur la voie publique pour l'érection de la statue de l'astronome Le Verrier, arguant de l'absence de celle de l'illustre François Arago, un des fondateurs du suffrage universel. Il est clair que des deux savants, celui qui s'est illustré, en plus, par son engagement politique a ici la préférence et doit avoir sa statue sur un espace public, alors que le seul scientifique mérite un lieu plus fermé : la cour de l'Observatoire[6].

FIG. 90

FIG. 91

FIG. 92

FIG. 93

FIG. 89
Léopold STEINER
Ledru-Rollin, 1885 anciennement Paris, place Voltaire
(coll. part.).

FIG. 90
Ernest GUILBERT
Etienne Dolet, 1889 anciennement Paris, place Maubert
(Paris, Bibliothèque nationale).

FIG. 91
Paul BERTHET
Rousseau, 1889 anciennement Paris, place du Panthéon
(coll. part.).

FIG. 92
Auguste PARIS
Danton, 1891 Paris, carrefour de l'Odéon.

FIG. 93
Jacques PERRIN
Condorcet, 1894 anciennement Paris, quai Conti
(Paris, Bibliothèque nationale).

LEDRU - ROLLIN
A
LEDRU-ROLLIN

ETIENNE DOLET

JEAN-JACQUES ROUSSEAU
ROUSSEAU

DANTON
DANTON

CONDORCET
CONDORCET

ARAGO
F ARAGO
1786-1853

VOLTAIRE
VOLTAIRE
1694-1778
DIDEROT
etc...
etc...
etc...
DIDEROT
1713-1784

La politisation des choix tient également au fait que l'initiative de l'érection des statues et l'organisation des souscriptions publiques — mode de financement le plus courant — relèvent souvent aussi de comités où figurent en bonne place, derrière des personnalités politiques ou littéraires, les sociétés républicaines, groupes positivistes, loges maçonniques, etc. La liste des sept cents signatures de la pétition pour l'érection d'une statue à Condorcet donne bien la mesure de cette mobilisation très large de l'opinion républicaine qui ne manque pas de réaffirmer son rôle, par la présence et par la parole, lors des cérémonies d'inauguration.

Mais s'il est aisé de comprendre les raisons historiques et politiques qui, durant cette période, font que l'on célèbre les grands révolutionnaires, les premiers républicains et, particulièrement, les philosophes des Lumières — Rousseau et Voltaire en 1878, Diderot en 1884 (FIG. 94), à l'occasion du centenaire de leur mort — force est de constater qu'à l'intérieur de ce panthéon les choix et les priorités ne se définissent pas sans difficultés ni violentes polémiques. Là est bien la véritable question. Et pour étayer le jugement définitif, la vie et l'œuvre de chacun des grands hommes sont examinées et discutées selon les nuances d'interprétation qu'en donnent les différents courants de pensée. Plusieurs tendances se dégagent ainsi au sein du Conseil municipal où le choix des grands hommes à statufier et la décision d'organiser — ou non — un concours entre les sculpteurs suscitent quelquefois des discussions animées. En dépit d'interventions souvent virulentes, l'ultra-gauche et la droite du Conseil restent un peu en marge de ce débat : la première rejette le principe même de l'érection des statues pour des raisons idéologiques (ne pas faire comme les rois) et sociales (soulager en priorité la misère), tandis que la seconde tente épisodiquement de faire passer ses propres grands hommes ; ainsi le conseiller Despres demande-t-il en vain, en 1888, l'élargissement du programme de statues aux *illustrations* de la Ville de Paris de manière à célébrer, sinon Talleyrand, du moins Richelieu[7]. Cependant même à l'intérieur du camp républicain, deux thèses s'affrontent ; l'une, qu'incarne notamment le conseiller Levraud, représente la pensée positiviste qui rejette Rousseau, mais défend énergiquement Voltaire, Condorcet ou Danton ; l'autre rassemble plus largement tous ceux qui, dépassant la contradiction évidente entre idéalisme révolutionnaire et positivisme, préconisent la réconciliation en plaidant la complémentarité — et non l'opposition — des philosophes des Lumières. A cette opinion se rallie d'ailleurs la tendance radicale du Conseil qui, parlant par la voix de l'historien Ernest Hamel, voudrait effacer les dissensions du passé pour honorer les précurseurs de la Révolution française et plus largement les grands ancêtres de la démocratie, comme Etienne Marcel et Jean-Jacques Rousseau. Cette vision *totalisante* du passé, telle que l'imaginait Victor Hugo, tente de rallier le plus grand nombre par la création

FIG. 94
Jean GAUTHERIN
Diderot, 1884-1886 Paris, aujourd'hui boulevard Saint-Germain (coll. part.).

FIG. 95
(Paris, Bibliothèque nationale).

d'un panthéon républicain de référence. Pour apaiser les violentes discussions que soulève au Conseil municipal le projet d'érection d'une statue à Rousseau, Delhomme en appelle ainsi à ce consensus républicain : *Je vous demande, Messieurs, s'il n'est pas de l'intérêt d'une démocratie, d'une République comme la nôtre, de perpétuer le souvenir des hommes dont nous avons réalisé les idées et qui ont contribué à la fondation de l'état de choses actuel.* Et, il poursuit par cette intéressante comparaison : *Vous ne voulez pas mettre Rousseau à côté de Voltaire, dites-vous ! Pourquoi ne pas suivre l'exemple des Anglais qui, dans le palais de Westminster Abbey, pour réaliser la synthèse de leur patrie, ont réuni tous leurs grands hommes, ne craignant pas de placer côte-à-côte Fox et Pitt, les deux grands orateurs et les deux grands adversaires*[8].

On sait qu'en France l'idée de donner une image synthétique de la patrie par la réunion en un lieu symbolique de statues aux grands hommes avait parcouru tout le siècle, depuis la commande des *Français illustres* du comte d'Angiviller (dès la fin du XVIIIe siècle) au musée à toutes les gloires de la France de Louis-Philippe et à la statuaire commémorative du *Grand Louvre* de Napoléon III. Nous ne pouvons ici en reprendre le détail. Signalons seulement un ensemble moins connu, car relevant du décor éphémère, qui avait orné les Champs-Elysées

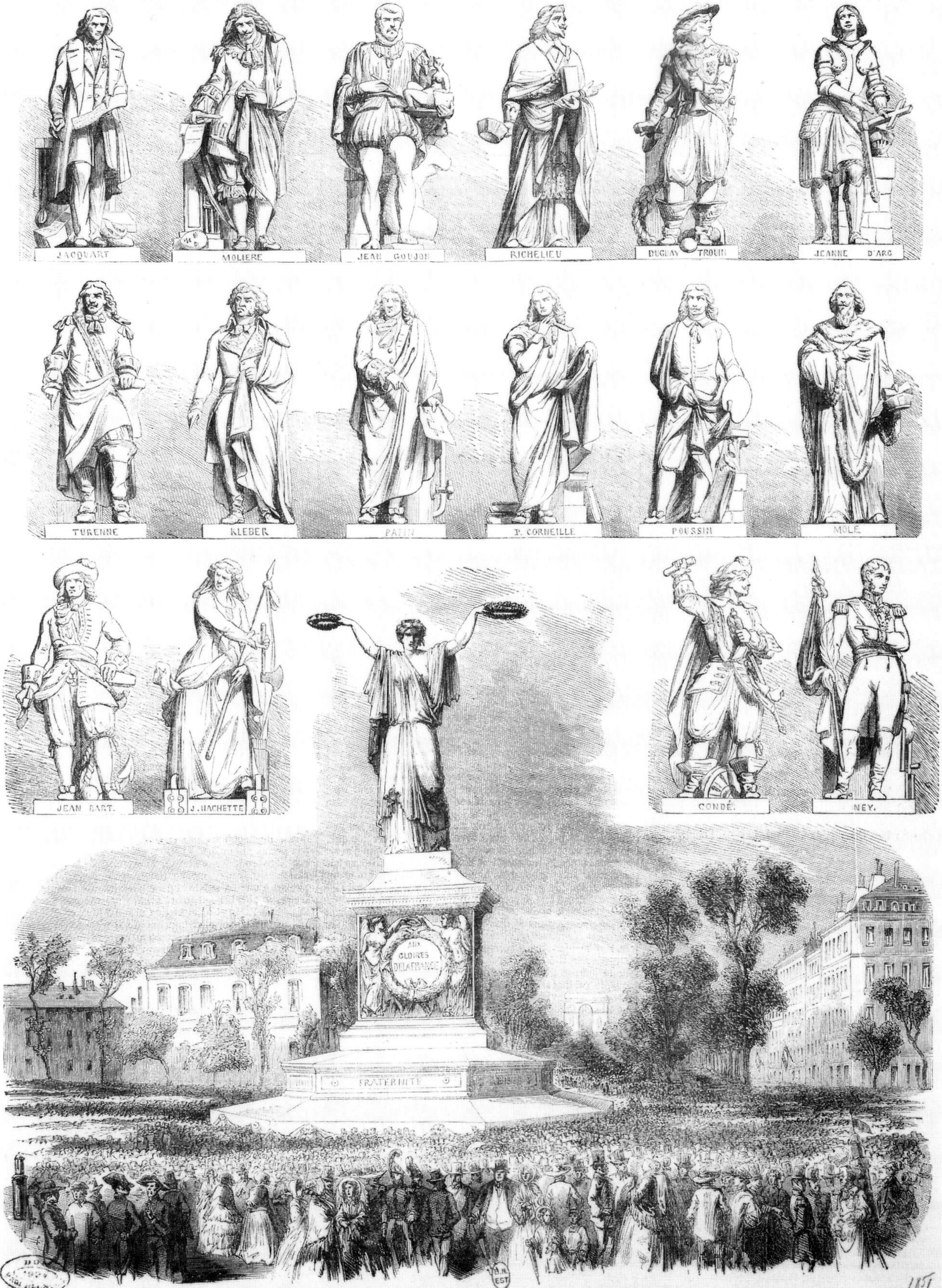

Fête du 4 mai 1851. — Décoration des Champs-Elysées au rond point. — Statues de la grande avenue.

FIG. 95

pour la célébration du troisième anniversaire de la proclamation de la République, le 4 mai 1851. Derrière une figure de la France, élevée au rond-point des Champs-Elysées, seize statues des illustrations nationales s'alignaient parallèlement de part et d'autre de l'avenue (FIG. 95). L'esprit de ces grands projets est encore présent dans le rapport général concernant les travaux artistiques que Viollet-le-Duc défend au Conseil municipal de Paris le 27 février 1879. Suivant un programme qui englobe, dans la tradition impériale, urbanisme, sculpture et décor, Viollet-le-Duc prévoit l'érection de monuments — dont celui à la République — et la décoration des mairies et des écoles ; surtout, il reprend l'idée de faire de l'avenue des Champs-Elysées une allée aux grands hommes : *Nous ne doutons pas que, dès à présent le projet présenté par David d'Angers en 1848, repris depuis par M. Jobbé-Duval, et qui entendait placer des deux côtés de l'avenue des Champs-Elysées les statues des personnages qui ont illustré la France, pourrait être repris et fournir l'occasion d'un grand développement d'œuvres d'art mises successivement au concours en raison des ressources naturelles*[9].

Avec Viollet-le-Duc, qui meurt quelques mois plus tard, s'éteint l'un des derniers théoriciens préoccupés d'une vision d'ensemble de l'aménagement urbain. Mais un vent d'utopie souffle encore, dans les années suivantes, sur quelques projets dont l'idéalisme n'est plus en rapport avec les nouvelles préoccupations de gestionnaires des édiles parisiens. Ainsi le 29 juin 1880, Ulysse Parent défend au Conseil municipal l'acquisition du groupe de Dalou, le *Triomphe de la République*, et son installation place de la Nation ; dans une disposition amplifiée, il imagine en outre d'inscrire le bronze au centre d'un ensemble monumental élevé à la gloire des grands hommes : *Peut-être pourra-t-on grouper autour du motif principal, les statues des précurseurs de la Révolution française et de ceux qui l'ont menée à bien*[10]. En 1883, lors du débat sur l'érection d'une statue à Jean-Jacques Rousseau, Abel Hovelaque développe une idée semblable dans un projet qu'il énonce lui-même comme un rêve : *Pour moi, je voudrais que deux monuments fussent élevés face à face : l'un à tous ces grands hommes qui ont été les préparateurs de la Révolution : Voltaire, Diderot, Rousseau, d'Alembert, Montesquieu, d'autres encore ; l'autre à ceux qui l'ont exécutée, depuis Vergniaud et Brissot, jusqu'à Hébert et Momoro, en passant par Danton, Robespierre et Marat*[11]. Cette vision globale et réconciliatrice de l'histoire révolutionnaire nous ramène à ce principe d'un panthéon idéal cher à certains conseillers. Cependant, plutôt que dans un chœur unique, cet ensemble se déploiera au fil des années en des hommages individuels à des grands hommes minutieusement choisis, dans un espace parisien perçu de façon moins hiérarchisé. Car si le goût du symbole l'emporte, le choix de l'emplacement des statues répond aussi, chez les élus parisiens, à un intérêt pratique, lié au problème de l'aménagement des voies publiques.

CAT. 83

Conciliant volonté politique et pragmatisme, plusieurs possibilités s'offrent alors dans la recherche du meilleur lieu. La solution de placer la statue du grand homme à proximité de la voie publique portant son nom, plusieurs fois suggérée, est rarement adoptée. Ainsi propose-t-on, sans suite, de placer *Rousseau*, *Voltaire*, ou *Beaumarchais* respectivement à l'angle de la rue Etienne-Marcel et de la rue J.-J.-Rousseau, place Voltaire ou boulevard Beaumarchais. Plus fréquemment le choix s'explique par une relation directe avec un élément biographique : pour Dolet, son supplice ; pour Danton, sa maison, où il fut arrêté. Dans une même logique, plusieurs membres du comité Rousseau avaient manifesté le souhait que la statue du philosophe soit érigée sur la place du Palais-Royal, voisine de la rue Platrière et du café de la Régence, où il se réunissait avec ses amis[12]. L'histoire même d'un quartier appelle quelquefois l'évocation de certains grands hommes. Ainsi l'érection place Voltaire de la statue de Ledru-Rollin, fondateur du suffrage universel, prend son véritable sens par la proximité des quartiers populaires du XIe arrondissement, où s'est maintenu le souvenir de l'insurrection. Le quartier des Ecoles est également un lieu de commémoration privilégié. Le sens nous en est en partie donné par le président du Conseil municipal, Chautemps, dans son discours d'inauguration de la statue d'Etienne Dolet, place Maubert : *A quelques pas du lieu où la patrie reconnaissante devait plus tard consacrer un temple à la mémoire*

CAT. 83
Léon LECOINTE
Diderot, 1884.

FIG. 96
Léon LECOINTE
Sedaine, 1880 Paris, dépôt des œuvres d'art.

FIG. 97
Paris, square d'Anvers (Roger-Viollet).

FIG. 96

FIG. 97

de ses grands hommes, et où Victor Hugo, après avoir répudié toute religion révélée, devait être conduit, comme à une sorte d'apothéose, par un million de citoyens ; non loin de l'endroit où on allait élever une statue à Jean-Jacques Rousseau et plus encore de celui où Voltaire devait s'asseoir un jour [...] *sur un piédestal de granit ; dans ce quartier où les sciences, les lettres et les arts sont aujourd'hui enseignés avec tant de liberté*[13]. Voué en lui-même au culte des grands hommes, le Panthéon semble cristalliser dans sa proximité les projets d'érection de statues. Cela concerne principalement les philosophes des Lumières, puisqu'en remplacement du couple *Voltaire-Rousseau*, trop polémique, d'autres combinaisons incluant d'Alembert et Diderot sont proposées. Notons que la place de la Sorbonne, plusieurs fois citée pour y placer une statue de Voltaire, n'accueillera que beaucoup plus tard, en 1902, un monument à Auguste Comte. Enfin, sans atteindre l'ampleur des grands programmes dont on avait pu rêver, certains regroupements de statues permettent de constituer des ensembles particulièrement riches de sens. Ainsi devant l'Institut, la disposition de part et d'autre d'une statue de la République, de celles de Condorcet et de Voltaire, composait, en un panthéon réduit, un bel hommage à la liberté d'esprit et à l'éducation, fondements du régime républicain. L'aménagement du square d'Anvers (IXe arrondissement) en fournit un autre exemple. La statue de Diderot (CAT. 83), achetée au Salon de 1884, et la statue de l'auteur dramatique Sedaine (FIG. 96), provenant du square Parmentier, toutes deux dues au sculpteur Lecointe, furent regroupées là de manière à constituer un ensemble célébrant les hommes de lettres du XVIIIe siècle[14]. La statue de la *Paix armée*, victorieuse et pacifique, fut commandée au sculpteur Jules Coutan, en 1886, pour achever ce programme qui renouvelle le principe d'unir la figure de la République à celle des grands hommes (FIG. 97).

La gestion du concret et les divergences politiques ont eu raison des utopies et le monument idéal aux *illustrations* républicaines ne vit pas davantage le jour, à Paris, que le monument à la Révolution française un temps prévu pour les Tuileries. Pourtant l'organisation des fêtes publiques offre à l'époque l'occasion, éphémère, de réunir les grands hommes dans un culte bien vivant. Pour la fête commémorative du premier centenaire de la République, en 1892, le conseiller Albert Pétrot propose ainsi *de décorer, illuminer et rendre plus imposantes, à l'occasion du 22 septembre, les statues des patriotes, orateurs, soldats, philosophes qui ont coopéré à la Révolution ou l'ont préparée, tels que Voltaire, Diderot, Rousseau, Danton, Hoche, Marceau, Kléber (au pavillon de Rohan), Louis Blanc, Ledru-Rollin et de tous les hommes dont le souvenir peut se trouver associé à celui de la Révolution française*[15]. Panthéon de lumière démultiplié entre toutes les statues de Paris... ce beau projet n'oubliait ni l'ambition démocratique ni la magie du rêve.

Le monument à Ledru-Rollin

283 — PARIS — LA STATUE DE LEDRU-ROLLIN — P. P. C. — Paris

L'importance accordée à la figure de Ledru-Rollin à la fin des années 1870 montre l'attachement des républicains — mais aussi d'une grande partie de la population parisienne — à celui qui incarne, plus que tout autre grand homme, l'un des fondements essentiels des institutions démocratiques : le suffrage universel. En témoigne la précocité du projet d'érection, à Paris, d'un monument à sa mémoire. Dès le 27 février 1879 est donné lecture, au Conseil municipal d'une proposition signée de soixante et un conseillers qui *renouvelle le vœu que le nom de Ledru-Rollin soit donné à l'une des voies du XIe arrondissement* et *demande qu'un emplacement soit réservé sur une des places publiques de Paris pour la statue qu'un comité se prépare à lui faire ériger par voie de souscription nationale*. Ce même jour, on discute au Conseil le rapport présenté par Viollet-le-Duc, qui définit les grandes orientations d'un programme de travaux artistiques où figure, entre autres, le projet d'un concours pour l'érection d'un monument à la République. On le sait, le début de cette année 1879 marque un tournant décisif dans la politique municipale. Mais la coïncidence des projets mentionnés illustre bien la volonté des élus parisiens d'affirmer leurs convictions en images symboliques ; ainsi la mise en place d'un monument principal, qui embrasse dans un langage allégorique l'ensemble des valeurs républicaines, n'est pas séparée de l'honneur rendu aux grandes figures de l'histoire qui ont particulièrement combattu pour ces valeurs.

A travers Ledru-Rollin, c'est à l'histoire de la Seconde République et à ses conquêtes — aussi décisives que celles de 1789 — que l'on rend hommage. Lorsqu'en mars 1848, le gouvernement provisoire de la République accorde le droit de vote à tous les citoyens, il réalise un projet que la Révolution française n'avait pu faire aboutir et qui constitue l'un des fondements de la Troisième République. Comme le précise l'historien Ernest Hamel : *C'était un retour à la Constitution de 1793 ; mais comme cette Constitution était restée à l'état de lettre morte, le suffrage universel n'avait jamais été appliqué dans sa vérité absolue, et c'est l'honneur du gouvernement provisoire, et de M. Ledru-Rollin en particulier, de l'avoir tiré de l'oubli et d'en avoir fait la pierre angulaire de notre société moderne*[16]. En tant que ministre de l'Intérieur lui incombe en effet, en mars 1848, la lourde tâche d'organiser, en vue de l'élection d'une assemblée constituante, ce suffrage universel qu'il a lui-même défendu comme l'une des conditions essentielles de l'émancipation populaire.

Au-delà de la célébration de l'événement fondateur, il faut aussi comprendre la vénération dont se trouve entourée cette génération des *quarante-huitards*, riches d'expériences souvent douloureuses, qui, aux côtés d'hommes plus jeunes, ont souvent pris part à l'établissement de la Troisième République. Or, au tournant des années 1870-1880 s'éteint peu à peu cette génération : Ledru-Rollin disparaît en 1874, Raspail et Garnier-Pagès en 1878, Louis Blanc en 1882... et l'hommage rendu à ces hommes, par l'érection d'une statue, prolonge bien souvent un élan populaire qu'avaient déjà ranimé les obsèques nationales qui leur avaient été accordées. Ainsi la proposition de statue à Ledru-Rollin rappelle, au préalable, que le *peuple de Paris lui a témoigné sa reconnaissance par des funérailles dignes de lui*[17]. En 1878, quatre ans après ces funérailles, le monument du tombeau de Ledru-Rollin, surmonté d'un buste de Robert David d'Angers (FIG. 98), est inauguré au cimetière du Père-Lachaise, à la date symbolique du 24 février.

La faveur populaire se manifeste également à l'occasion du premier 14 Juillet officiel, en 1880. Parmi les nombreux décors éphémères (arcs de triomphe, bustes de Marianne, mâts de verdure...) qui se dressent aux quatre coins du Paris en fête, on compte plusieurs monuments provisoires représentant Ledru-Rollin. Dans le Xe arrondissement, le maire fait installer, sous la porte Saint-Denis, une statue haute de trois mètres, sur un piédestal de plus de deux mètres. Le même jour, on inaugure un autre modèle place Voltaire (non loin de l'emplacement où s'élèvera plus tard la statue définitive). Et, lorsque le projet de monument revient au Conseil municipal, le 3 août 1880, le conseiller Cadet ne manque pas de l'évoquer: *Les habitants du XIe arrondissement* [...] *ont inauguré la fête du 14 Juillet en acclamant le nom de Ledru-Rollin, et en élevant une statue de ce grand citoyen sur la place de la mairie de l'arrondissement et à l'entrée de l'avenue Ledru-Rollin.* A cette date, un comité d'exécution, composé de sénateurs, de députés et de conseillers municipaux, a pris l'initiative d'une souscription publique et demande au Conseil municipal de voter une somme de deux mille francs pour y associer la Ville de Paris. Cette proposition, signée de quarante-sept conseillers, est adoptée. Mais un appel beaucoup plus large permet au comité de réunir, en avril 1882, la somme de douze mille francs. Le préfet de la Seine, chargé alors d'être son interprète auprès du gouvernement demande, le 22 mai 1882, un décret autorisant le comité à élever la statue sur une place de Paris et suggère à cet effet la place Voltaire. Le 9 juin 1882, le gouvernement autorise l'érection de la statue, mais l'emplacement prévu — également proposé pour y placer un *Voltaire* — suscite une ultime discussion du Conseil municipal, le 31 juillet 1882.

Les statues qui se sont succédé sur cette place ainsi que les épisodes de l'histoire parisienne dont elle fut le théâtre éclairent l'importance symbolique du lieu. Ce carrefour (intersection du boulevard Voltaire, de la rue de la Roquette et de l'avenue Parmentier) était, avant 1870, décoré d'une statue en bronze, représentant le prince Eugène (FIG. 99). Durant le siège de Paris, celle-ci fut remplacée — sur le même socle — par une réplique en bronze du *Voltaire* de Houdon, dont la fonte, terminée

FIG. 98

FIG. 99

FIG. 98
Robert DAVID D'ANGERS
Ledru-Rollin, 1878 Paris, cimetière du Père-Lachaise.

FIG. 99
Augustin DUMONT
Le prince Eugène, 1864 Paris, anciennement place du Prince-Eugène, devenue place Léon-Blum.

FIG. 100
Destruction de la guillotine au pied de la statue de Voltaire pendant la Commune (Paris, Bibliothèque nationale).

FIG. 101
Eugène LAURENT
Ledru-Rollin maquette, 1883 Paris, dépôt des œuvres d'art.

CAT. 68
Léopold STEINER
Ledru-Rollin esquisse, 1882.

CAT. 69
Charles CAPELLARO
Ledru-Rollin esquisse, 1882.

FIG. 100

peu avant la chute de l'Empire, avait été réalisée grâce à une souscription nationale lancée en 1867 par le journal *Le Siècle*. Mais, hauts lieux de l'histoire de la Commune, le boulevard et la place Voltaire portent en eux la mémoire d'épisodes où le drame succède aux actes symboliques. Si, le 6 avril 1871, c'est au pied de la statue de Voltaire que l'on brûle la guillotine (FIG. 100), la mairie du XIe arrondissement devient, pendant la semaine sanglante, l'ultime refuge de nombreux insurgés. S'y déroulent de violents combats au cours desquels la statue de Voltaire est endommagée. Enlevée et restaurée sans hâte par le gouvernement de l'Ordre moral, elle n'est réinstallée qu'en 1877, mais cette fois-ci au square Monge.

Six ans après les douloureux événements de la Commune, l'ancien piédestal de la statue du prince Eugène est donc toujours vacant. Ainsi, lorsqu'en juillet 1882, le Conseil municipal examine la possibilité d'utiliser ce socle pour y élever une statue, trois solutions s'offrent à lui. Il doit en premier lieu décider de l'emplacement du *Voltaire* du sculpteur Caillé, issu du concours ouvert par le comité du centenaire et offert à cette date à la Ville de Paris à condition d'être érigé sur une place publique. De son côté, le Conseil municipal a lui-même fixé, au terme de sa délibération du 9 août 1879, les conditions d'un concours à ouvrir pour l'érection d'une

statue à Voltaire, place Voltaire, en utilisant le piédestal de la statue du prince Eugène. Or, en 1882, ce concours n'existe encore qu'à l'état de projet. Enfin, sur ces entrefaites, l'administration parisienne a été saisie, par le comité *Ledru-Rollin*, du projet d'érection, sur ce même piédestal, de la statue du célèbre avocat. Dans sa séance du 31 juillet 1882, le conseil tente donc d'éclaircir la situation par une triple décision : l'acceptation de la statue de Voltaire de Caillé, qui sera fondue en bronze, réservant la question de son emplacement ; l'annulation de la délibération du 9 août 1879 ouvrant un concours pour l'érection place Voltaire d'une statue à Voltaire ; la désaffection du piédestal de la statue du prince Eugène et son affectation à l'érection d'une statue de Ledru-Rollin. Ainsi, le projet Ledru-Rollin triomphait de deux autres projets qui avaient pour eux la logique de replacer place Voltaire la statue disparue du philosophe. Il est vrai qu'à cette date, certains conseillers nourrissent encore le projet de rassembler *Voltaire* et *Rousseau* devant le Panthéon ou, du moins, l'imaginent davantage sur l'une des places de la rive gauche. Pour comprendre également ce choix, il faut penser à la forte influence qu'avait vraisemblablement un comité, soutenu par le préfet lui-même, comptant d'importantes personnalités politiques et ayant su s'adjoindre l'appui naturel de la population, très républicaine, du XIe arrondissement. Mais, il est nécessaire de prendre en compte également le *sens politique complexe que pouvait avoir la statue d'un Ledru-Rollin vers 1880*[18]. Comme le rappelle en effet Maurice Agulhon : *Le message démocratique de Ledru-Rollin est en premier lieu dirigé contre la droite monarchiste, conservatrice ou césarienne. Toutefois, le dresser dans le XIe arrondissement, au seuil même du Paris communard, c'était aussi, probablement rappeler aux familiers ou aux nostalgiques de l'insurrection que le suffrage universel devrait être le seul recours*[19]. Démocrate convaincu et généreux, mais soucieux de légalisme, Ledru-Rollin reste sans doute le seul personnage, encore proche dans les mémoires, capable d'*absorber* la force émotionnelle laissée en ces lieux par le souvenir de la Commune.

Le jury chargé du classement des esquisses du concours se réunit, sous la présidence du conseiller municipal Hattat, le 18 décembre 1882. A l'issue de ce premier degré, les trois sculpteurs Laurent, Steiner et Capellaro sont invités à produire conformément à leur esquisse un modèle, au tiers de l'exécution totale, avant le 20 juin 1883.

Du projet d'Eugène Laurent n'est conservé aujourd'hui que le modèle (FIG. 101). Dans un geste oratoire, l'homme politique lève le bras droit et appuie l'autre main sur une sorte d'autel, décoré de faisceaux d'armes, où sont posés des feuillets portant l'inscription : *suffrage universel*. L'attitude énergique mais un peu conventionnelle, l'écharpe nouée autour de la taille en plis fins et serrés et le manteau qui, par l'effet du geste, tombe à l'arrière en un long drapé compliqué, rappellent les schémas romantiques et donnent du personnage l'image d'un orateur révolutionnaire.

L'esquisse de Capellaro (CAT. 69) montre Ledru-Rollin dans une même attitude d'appel au peuple, vêtu cette fois-ci d'un long manteau contemporain et portant obliquement l'écharpe d'élu de la nation. Le matériel iconographique y est plus complexe : l'orateur pose ici sa main sur une urne marquée : *VOX POPULI*, sur laquelle s'appuie le triangle égalitaire. Cette urne repose elle-même sur un édicule décoré d'une couronne de lauriers, qui cerne les lettres *RF* et le faisceau d'armes surmonté du bonnet phrygien, ensemble qui désigne le peuple souverain et glorieux. A l'arrière, un livre porte l'inscription : *1848/DECRETS*. Par cette dialectique, purement symbolique mais complète, le monument célèbre ainsi autant l'idée politique — le suffrage universel fondement de la démocratie — que son grand défenseur.

L'esquisse de Steiner (CAT. 68) abandonne les conventions de l'attitude oratoire pour un double geste en direction de l'urne : une main y introduit un bulletin tandis que l'autre, dans un mouvement convergent, la désigne du doigt. La simplicité et la rigueur du vêtement (une redingote fermée, avec l'écharpe nouée à la taille) donnent l'image énergique d'un contemporain,

FIG. 101

CAT. 68

CAT. 69

dont le visage est un fin portrait. L'urne, entourée de l'inscription : *VOX POPULI* et de chaînes brisées, repose sur un empilement de livres — dont un, ouvert, porte l'inscription : *DROITS DE L'HOMME* — et de feuilles de chêne, symbole des vertus civiques. A l'avant de la terrasse se lit l'inscription : *le suffrage universel, c'est la REPUBLIQUE*. La mise en valeur de l'attribut (l'urne) et le renforcement du geste en sa direction aident à la compréhension d'une idée, traduite visuellement par un acte concret (le dépôt du bulletin de vote). Ce projet présente ainsi le double avantage de mêler avec beaucoup de persuasion le portrait réaliste et la représentation symbolique. Cette recherche d'expression, propre au travail de Steiner, caractérisait déjà, par l'éloquence du geste, la statue de Rouget de L'Isle, érigée quelques mois auparavant à Choisy-le-Roi (FIG. 102). Ces qualités plastiques et pédagogiques contribuent sans doute au succès du modèle de Steiner, chargé, à l'issue du second degré du concours, de l'exécution définitive de la statue, Laurent et Capellaro recevant respectivement la première et la seconde prime.

Peu de temps après ce jugement, le 11 juillet 1883, Maillard, pour le comité, demande au Conseil de *vouloir bien, au nom de la Ville de Paris, contribuer pour une somme de quatre mille francs à l'achat du bronze nécessaire à l'érection de la statue* [...] *en face de la mairie du XIe arrondissement*. Par une délibération du 28 juillet 1883, le Conseil municipal adopte cette proposition. La réalisation du plâtre à grandeur et de la fonte se déroule apparemment sans difficulté. Par rapport à l'esquisse, Steiner modifie dans la statue définitive le dessin de l'urne, qui prend la forme plus simple et plus lisible d'un grand vase à l'antique. L'ancien socle du *Prince Eugène* ne conserve lui, de son état primitif, qu'un décor d'encadrement formé de longues palmettes sur les angles rabattus et d'un tore de feuilles de laurier à la partie supérieure. Sur le devant du piédestal a été gravée l'inscription : *A/ LEDRU-ROLLIN/ MEMBRE/ DU GOUVERNEMENT PROVISOIRE/ DE 1848/ MINISTRE DE L'INTERIEUR/ ORGANISATEUR/ DU SUFFRAGE UNIVERSEL* (FIG. 103). Sous cette forme, le monument est inauguré, place Voltaire, le 24 février 1885. Dans le discours qu'il prononce à cette occasion, le président du Conseil municipal, Boué, rappelle que cette statue est *le témoignage de la fidélité aux principes républicains et de la foi dans la toute puissance du suffrage universel*[20]. Mais sa reconnaissance va aussi à la *vaillante et généreuse population de Paris, se pressant pour rendre hommage à un de ses plus glorieux enfants*[21]. Des funérailles à l'installation d'images provisoires et enfin à l'inauguration de la statue définitive, le peuple de Paris n'a donc pas cessé d'honorer par sa présence enthousiaste la mémoire du grand tribun.

Comme tant d'autres effigies de bronze, la statue de Ledru-Rollin a été fondue pendant la dernière guerre. La place, rebaptisée en 1957 du nom de Léon Blum, aurait dû logiquement accueillir la statue de ce grand homme politique. Celle-ci, refusée par la Ville de Paris, a finalement été installée dans le jardin des Tuileries... Là s'achève — sans doute provisoirement — l'histoire hésitante et contradictoire des monuments ou simples projets, qui se sont succédé en ce lieu chargé de mémoire et où la statue de Ledru-Rollin avait trouvé, pour plus de cinquante ans, son juste paysage.

FIG. 102

FIG. 102
Léopold STEINER
Rouget de l'Isle, 1882
(coll. part.).

FIG. 103
Léopold STEINER
Ledru-Rollin, 1885
(Roger-Viollet).

A
LEDRU-ROLLIN
MEMBRE
DU GOUVERNEMENT PROVISOIRE
DE 1848
MINISTRE DE L'INTERIEUR
ORGANISATEUR
DU SUFFRAGE UNIVERSEL
GRAND BAL

FIG. 103

Le monument à Etienne Dolet

Chaque soir, après mon travail, je passe sur la place Maubert en compagnie d'un ancien ami qui me guide et me conseille. C'est ici, lui dis-je un jour, en montrant la petite fontaine où les ménagères du quartier puisent de l'eau, c'est ici qu'Etienne Dolet fut brûlé vif. Après le bûcher, la fontaine, et voilà probablement deux ou trois maisons, témoins de son malheur[22]. En ces termes, le citoyen F. Steckle raconte comment prit naissance chez lui l'idée de proposer à la Ville de Paris d'ériger un monument qui célébrât le *souvenir d'un acte aussi mémorable*. Le 25 septembre 1881, le préfet Hérold, reçoit ainsi de ce simple électeur du Ve arrondissement la lettre suivante :

Monsieur le Préfet,

J'ignore ce que la Ville a décidé ou décidera relativement à l'ancienne place Maubert. Mais sur le lieu même où fut un corps de garde, ne pourrait-on pas élever un monument quelconque à la mémoire d'Etienne Dolet, savant humaniste, imprimeur, poète et grammairien, et que l'on brûla vif, si je ne me trompe, place Maubert, le 3 août 1546, à 37 ans ? [...], je prends la liberté de vous soumettre mon idée pour ce qu'elle vaut ; si elle est réellement pratique, vous serez le premier à la proposer à qui de droit, car je connais l'intérêt tout particulier que vous portez aux victimes de l'arbitraire et aux gloires de la Patrie française [...][23].

Cette initiative rencontre effectivement l'accueil bienveillant de l'administration parisienne et motive, moins de deux mois plus tard, un mémoire du préfet dans lequel celui-ci demande aux membres du Conseil d'apprécier l'opportunité de cet hommage public et propose, en cas d'avis favorable, de mettre au concours l'exécution de la statue.

Ces propositions justifient un rapport très documenté présenté par Delhomme au Conseil municipal qui, par délibération du 9 avril 1884, décide l'ouverture du concours pour l'érection d'une statue à Etienne Dolet, place Maubert. Si la procédure a été assez longue, le projet bénéficie dès son origine de circonstances tout à fait favorables. D'abord, le fait que la proposition émane d'un simple citoyen, qui se définit lui-même comme un ouvrier autodidacte, satisfait la fibre démocratique des édiles parisiens toujours soucieux de se soumettre aux vœux populaires.

Une autre particularité de l'histoire du monument Dolet tient au rôle joué par le lieu lui-même. Si, pour d'autres statues, l'idée et l'exécution précèdent bien souvent la recherche d'une implantation dans Paris, ici c'est l'emplacement même qui appelle le monument. Or on sait que des monuments provisoires avaient été dressés en diverses occasions, place Maubert, pour commémorer ce supplice. Ainsi la *Nouvelle Presse* du 16 juillet 1884 rapporte, parmi les comptes rendus des manifestations de la fête nationale, la description suivante : *Au centre de la place Maubert, sur un immense bûcher fait de solives et de gradins de chêne, se dresse la statue d'Etienne Dolet. L'image est colossale, coulée en plâtre et d'une exécution remarquable. Au-dessus du poteau où le martyr est lié de cordes, on lit : Athée-Apostat.* Les sociétés de libre pensée dressaient également ce genre de bûcher, chaque année, le jour de l'anniversaire de l'exécution de Dolet (FIG. 104). Par leur puissance d'évocation, d'un réalisme très macabre, de telles constructions éphémères ont dû évidemment frapper les imaginations.

Enfin, le culte rendu à un personnage tel qu'Etienne Dolet ne peut se comprendre que dans le contexte du combat pour la laïcité mené par les républicains au début des années 1880. Rappelons à ce titre, selon la définition de Claude Nicolet, qu'*être laïque pour les positivistes et pour la plupart des républicains français, si c'est, bien entendu, rejeter tout cléricalisme, c'est-à-dire toute prétention d'une Eglise à s'immiscer dans la société civile, ce n'est ni « nier » Dieu, ni attaquer la « religion »*[24]. Or, si Dolet est condamné au supplice pour hérésie et athéisme, la réalité de ses convictions est d'un autre ordre. Humaniste, nourri des auteurs anciens, il puise son idéal de pensée dans la culture antique, refusant de mêler l'Evangile à la philosophie. Sans rejeter l'existence de Dieu, il souhaite une religion qui, *satisfaite d'une adhésion de principe, laisserait chacun agir et penser et parler même à sa guise*[25]. Cette indifférence et cette liberté d'esprit le rapprochent de Voltaire qui partage avec lui une certaine vision déiste du monde. De même, lorsqu'il célèbre le renouveau de l'esprit humain par la connaissance, il préfigure la philosophie des Lumières : *Tous les arts s'épanouissent et grâce à la culture littéraire tous les hommes sont comme portés vers la recherche de la vérité et de la justice*[26]. Quatre siècles avant les débats sur la séparation de l'Eglise et de l'Etat, Etienne Dolet démontre donc par l'exemple de ses idées et de sa vie cette nécessité de la tolérance et de ce que les positivistes appellent la séparation intériorisée.

Le 15 octobre 1884, soixante et onze artistes déposent leurs projets au pavillon de la Ville de Paris, aux Champs-Elysées. Le programme du concours stipulait que les concurrents devaient produire une esquisse au sixième de la statue et que la réalisation du piédestal serait confiée aux soins d'un architecte désigné par l'artiste remportant le concours. Or, près de la moitié des sculpteurs présentent en plus du projet de statue, un ou plusieurs projets de socle sous la forme d'une esquisse sculptée, d'un dessin ou d'un plan. Sept artistes proposent plusieurs esquisses de la statue et deux présentent des projets de bas-reliefs[27]. On constate ainsi la volonté de certains sculpteurs de prendre en compte dans leur travail formel les différents aspects symboliques du monument prévu. De par son principe — célébrer une idée au travers d'un destin exemplaire — ce projet réclamait en effet une certaine pédagogie, que ne prévoyait pas le programme du concours. Cette difficulté entraîne une discussion entre les membres du jury du concours à la suite de la séance de vote qui désigne les trois sculpteurs : Paul Berthet, Ernest Guilbert et Jean-Baptiste Germain, pour produire un modèle au tiers de la statue. Le conseiller municipal Paul Viguier, appuyé en ce sens par le sculpteur Guillaume, s'interroge alors sur la nécessité de fournir aux trois artistes

FIG. 104
Monument provisoire autrefois érigé place Maubert le jour de l'anniversaire de l'exécution d'Etienne Dolet (Roger-Viollet).

CAT. 70
Ernest GUILBERT
Etienne Dolet esquisse, 1884.

FIG. 105
Ernest BARRIAS
Jeanne d'Arc, 1892 plateau des Aigles, près de Rouen.

CAT. 73
Jean-Baptiste GERMAIN
Etienne Dolet esquisse, 1884.

CAT. 74
Paul BERTHET
Etienne Dolet maquette, 1885.

FIG. 105

classés des indications destinées à leur permettre de compléter leurs œuvres, notamment par un décor de bas-reliefs sur le piédestal. Ce point de vue, contraire aux stipulations du programme, n'est pas adopté et, à cet égard, le jury prend soin de rappeler aux artistes retenus pour le second degré du concours qu'ils n'ont nullement à se préoccuper du piédestal.

Réuni le 8 mai 1885 pour l'examen des modèles, le jury choisit finalement de confier à Guilbert l'exécution définitive de la statue d'Etienne Dolet. Particulièrement satisfait de la qualité des œuvres présentées, le jury manifeste, à l'unanimité, l'intention de récompenser les deux artistes primés par d'autres commandes de sculptures, par exemple à l'Hôtel de Ville, pour les travaux d'achèvement de la décoration extérieure. Le préfet suggère également de mettre à la disposition de la municipalité d'Orléans, ville natale de Dolet, l'un des modèles, afin de lui permettre, si elle le désire, d'obtenir une statue à moindres frais. Enfin la question du piédestal, à nouveau soulevée, est finalement renvoyée à l'appréciation du Conseil municipal. Quelques jours plus tard, celui-ci est donc saisi d'un projet de résolution de Paul Viguier, ainsi formulé : *Il y a lieu d'exprimer sur le piédestal de la statue d'Etienne Dolet au moyen d'une figure de ronde-bosse et de bas-reliefs la revanche des idées modernes contre le fanatisme.* Au

CAT. 70

CAT. 74

CAT. 73

préalable, il rappelle que les travaux du jury ont démontré qu'*une figure unique, traduisant le caractère du héros de la libre pensée peut bien rappeler son souvenir mais ne saurait à elle seule constituer un monument qui soit la commémoration du martyr* et, conscient de la nécessité d'une pédagogie, il ajoute : *Un tel monument doit parler aux yeux de la foule et aux sens des ignorants comme au souvenir de ceux, plus heureux, qui savent l'histoire de leur pays*[28]. Dans sa séance du 13 décembre 1886, le Conseil municipal adopte définitivement cette proposition et, soucieux de retrouver ses idées clairement exprimées, fixe précisément l'organisation du décor et l'iconographie du piédestal : *Sur la face, en haut-relief, la Ville de Paris relevant la libre pensée ; sur les deux faces latérales, en bas-reliefs, l'arrestation et le bûcher ; sur la face arrière une inscription commémorative.*

L'esquisse présentée par Guilbert (CAT. 70) montre l'humaniste debout, très droit, les deux mains croisées à l'avant et liées par des cordes. Son pourpoint, resserré sur le buste, s'évase à partir de la taille et s'orne de plusieurs rangs de *crevés* sur les manches. Des cheveux courts et une barbe en pointe entourent un visage creusé et sévère. De légères inflexions animent la verticalité de la silhouette ; la jambe gauche portée en avant et un léger déhanchement créent de faibles ondulations permettant le développement de la figure dans l'espace. Le visage, très légèrement tourné, semble se raidir par la force tout intérieure d'un courage qui se mesure à l'intensité du regard. L'efficacité d'une telle figure tient précisément à cette économie de moyens : la simplicité de l'attitude amène le regard à se poser sur les deux points forts que sont les mains liées, au centre de la composition, et le visage, qui confère au portrait sa dimension morale. Ainsi retient-on d'Etienne Dolet la noblesse d'une attitude exemplaire qui tient presque du défi — attitude qui dans sa rigueur se retrouvera dans la *Jeanne d'Arc* de Barrias, présentée au Salon de 1892 (FIG. 105).

Du projet de Berthet n'est plus conservé aujourd'hui que la maquette (CAT. 74). L'attitude générale du corps d'Etienne Dolet (une jambe en avant, mains croisées, visage légèrement tourné) ressemble à celle de l'esquisse de Guilbert. Pourtant le volume généreux des vêtements, la recherche des attributs et une certaine douceur du visage lui confère une tout autre expression. Le pourpoint court est ici remplacé par une sorte de tunique longue. Mais surtout une cape à rabat, très ample, tombe de l'épaule gauche et enveloppe tout l'arrière de la figure, dessinant de gros plis arrondis. Cet effet de drapé, d'une recherche décorative un peu forcée, tente, par l'importance de son volume, d'accroître la gravité immobile de la figure. Le jeu des attributs, s'il évoque discrètement

ROTISSERIE

FIG. 106
Jean BAFFIER
Michel Servet, 1900 Paris, place Ferdinand-Brunot.

FIG. 107
Armand BLOCH
Le chevalier de la Barre, 1906 anciennement Paris, parvis du Sacré-cœur.

CAT. 71
Ernest GUILBERT
Arrestation d'Etienne Dolet modèle, 1887.

CAT. 72
Ernest GUILBERT
Etienne Dolet sur le bûcher modèle, 1887.

FIG. 106

FIG. 107

le martyre, par la corde passée au cou et les mains liées, met plus nettement en valeur l'écrivain et l'imprimeur : à l'arrière de la terrasse, une plume est posée sur les pages d'un livre ouvert, lui-même appuyé sur une grosse vis de presse à imprimer. Mais la tension de l'esquisse de Guilbert est ici remplacée par l'expression d'une grande sérénité qui se lit dans la calme résignation du visage et dans cette sorte de dignité immobile de l'ensemble de la figure.

L'esquisse (CAT. 73) et le modèle de Germain, tous deux conservés, s'écartent encore davantage du projet de Guilbert puisque, abandonnant complètement la représentation du martyr, ils multiplient les allusions philosophiques et littéraires. Ainsi dans le modèle, Dolet tient d'une part, dans la main droite, un livre de Platon ; il appuie d'autre part la main gauche sur un feuillet, portant l'inscription : *TRADUCTION / DE/ PLATON/ APRÉS LA MORT/TU NE SERAS/RIEN DU TOUT/SOCRATE [...]*, lui-même posé sur une presse d'imprimerie. Enfin, sur le coin avant-droit de la terrasse, un livre ouvert cite Ciceron. Portant un large manteau à col de fourrure et une bourse suspendue à la ceinture, Dolet est ici représenté dans l'état de sa profession d'imprimeur. Seule l'expression grave et tendue du visage suggère la force dramatique du personnage.

En dépit de ces différences, chacun des projets obéit à un même principe qui combine les variations du costume Renaissance aux jeux d'expression du visage dont la gravité préfigure le destin tragique. Mais si le jury du concours se satisfait nettement de cet *historicisme* de convention, d'autres contestent les qualités de portrait d'une telle figure. Ainsi, le 15 juin 1886, lorsque la commission administrative des Beaux-Arts examine au Salon le modèle à grandeur d'exécution de la statue de Guilbert, plusieurs de ses membres émettent de vives critiques. Par rapport à l'esquisse, Guilbert a précisé le costume, qui semble gagner en vérité historique, et a ajouté derrière les jambes de Dolet un fragment du bûcher. Mais si Falguière reproche *l'effet disgracieux produit par l'arrangement des bras et des mains*, Dalou va plus loin et *se prononce d'une façon générale contre les statues faites « de chic » et qui ne sont pas l'interprétation exacte d'un personnage.* Pour lui, ce genre de statue ne peut présenter de véritable intérêt historique et, en l'absence de documents, il lui semble préférable de concevoir un monument commémoratif strictement architectural. On comprend là les réticences d'un artiste qui, empruntant à l'intérieur du réalisme une tout autre voie, s'attache, par une connaissance parfaite de son modèle, à en traduire la vérité psychologique, comme analysée de l'intérieur.

CAT. 71

CAT. 72

L'examen des projets permet également de mieux comprendre les interrogations de certains membres du jury et leur souhait de voir compléter le programme. Peut-être, davantage que pour d'autres monuments, la célébration de l'idée prime ici sur celle du seul grand homme. Et, au-delà du débat sur le portrait historique, la seule statue de Dolet ne peut totalement rendre compte de cette idée. Or, comme l'a souligné Paul Viguier, c'est bien en tant que victime de l'intolérance que le personnage d'Etienne Dolet devient révélateur du chemin parcouru. Le rappel du martyre, nécessaire à la pédagogie du monument, est certes présent dans le projet de Guilbert, mais avec discrétion et retenue. De même, l'expression de défi, sorte de pressentiment d'une victoire future de l'intelligence sur la superstition, fait presque oublier l'horreur de la mort violente. On est loin ici des suppliciés des monuments *Michel Servet*, de Baffier (FIG. 106) ou du *Chevalier de la Barre*, de Bloch (FIG. 107), érigés quelques années plus tard à Paris. Ceux-ci rendent également hommage à des hommes qui, par le passé, ont été des victimes de l'intolérance religieuse, mais n'en tirent pas directement une leçon contemporaine. En plus de l'évolution stylistique, qui mènera à un réalisme beaucoup plus brutal, ces différences révèlent bien que l'intention avait été de faire du monument *Dolet* une image exemplaire de la victoire de la raison sur l'obscurantisme. Ainsi s'explique le besoin d'une rhétorique plus complexe qui, pour compléter le seul portrait, emprunte la double voie de la narration historique et de l'allégorie : la première s'attardant sur les instants dramatiques (arrestation, bûcher) de la vie de l'humaniste ; la seconde exprimant par des figures symboliques l'idée-clé que défend le Conseil : la libre pensée protégée par la Ville de Paris.

Dès le début de l'année 1887, Guilbert travaille à ces reliefs annexes et, essuyant de nombreuses critiques, il doit présenter à la commission des Beaux-Arts plusieurs séries d'esquisses ; de son côté, l'architecte Blondel propose différents croquis pour le piédestal. Dans un premier temps, la commission demande au sculpteur de changer *l'arrangement des figures dans les deux bas-reliefs en donnant plus d'ampleur et une silhouette plus franche à la figure haut-relief de la libre pensée et en étudiant son mouvement d'après le modèle*[29]. Après modification, les deux bas-reliefs sont acceptés par la commission des Beaux-Arts le 26 mai 1887, mais le haut-relief et notamment la figure de la libre pensée, jugée *trop effacée et trop humble*, suscitent encore de nombreuses discussions qui obligent Guilbert à fournir pour cette partie, une troisième esquisse[30]. Plusieurs membres de la commission s'étant émus de cette amplification des conditions initiales, le projet est alors accepté. Ces premières études ayant disparu, il nous est difficile d'apprécier aujourd'hui ces différentes étapes du travail de Guilbert. Seuls sont conservés les deux bas-reliefs en plâtre, à grandeur d'exécution (CAT. 71 et 72), qui témoignent, en phase ultime, de

FIG. 108
(Paris, Bibliothèque nationale).

FIG. 109
Invitation à l'inauguration du monument
à Etienne Dolet
(Paris, Bibliothèque nationale).

CAT. 75
Henri ROUSSEAU (dit **Le Douanier**),
Les représentants des puissances étrangères venant saluer la République en signe de paix,
1907.

FIG. 110
Les travailleurs du livre
déposant une gerbe au pied du socle
demeuré vide de la statue
d'Etienne Dolet, 1945.
(Paris, Bibliothèque nationale).

FIG. 108

réelles qualités expressives. Comme deux tableaux d'un drame théâtral, chacune des scènes s'inscrit à l'intérieur d'un espace fermé et s'enlève sur un fond aux lignes perspectives nettement marquées. Le raccourci narratif et le pittoresque des détails confèrent à chacun des épisodes son maximum d'efficacité pédagogique. Ainsi l'arrestation de Dolet en présence de sa famille, historiquement peu probable, permet de planter le décor de l'imprimerie. Le juge y montre du doigt un livre posé à terre, portant une phrase de l'*Axiochus* de Socrate : *après la mort tu ne seras plus rien ;* une traduction exagérant le sens original de cette phrase fut reprochée à Dolet et aurait servi d'argument définitif à la sentence de mort. La scène du bûcher montre les représentants des pouvoirs régulier et séculier, accompagnés d'un soldat et de pénitents à cagoule, qui assistent à la mise à feu du bûcher. La violence du geste inquisiteur du religieux, la composition très resserrée et les disproportions d'échelle par rapport au fond d'architecture accentuent la tension dramatique de la scène. D'une tout autre écriture, les deux allégories féminines du haut-relief (la Ville de Paris et la libre pensée), non dépourvues de finesse, se répondaient dans un jeu d'attitudes assez conventionnelles. Ce groupe ne nous est plus connu aujourd'hui que dans sa version définitive en bronze, visible sur les photographies anciennes du monument (FIG. 108).

Le dessin de ce haut-relief, traduisant si éloquemment la pensée du Conseil municipal, illustre d'ailleurs le carton d'invitation à l'inauguration du monument, fixée le 19 mai 1889 (FIG. 109). Celle-ci se déroule en présence de délégués des sociétés de libre pensée et de la franc-maçonnerie et de groupes d'ouvriers. Dans son discours, le président du Conseil municipal, Chautemps, évoque à ce titre la dimension sociale de l'événement rappelant que Dolet n'hésita pas *à prendre hautement la défense des ouvriers typographes injustement opprimés*[31]. Le député de la Seine, Bourneville, qui prend également la parole, s'attache à mettre en perspective cet *avant* et cet *après* radicalement distincts qui, nous l'avons vu, nourrissent la dialectique du monument : *Il y a deux dates* [...] *: la première : 3 avril 1546, l'époque non seulement du supplice de Dolet, mais encore des persécutions les plus barbares, les plus sauvages* [...] *; la deuxième date, c'est le 19 mai 1889, l'époque non seulement de la tolérance, mais de la liberté religieuse et politique la plus complète,* et il achève dans un bel enthousiasme : *Gloire à la République qui nous a donné, qui seule, peut nous assurer, avec toutes les libertés, la liberté de pensée*[32]. En cette année du premier centenaire de la Révolution française, une telle célébration prend un relief supplémentaire et ce contexte concourt certainement au succès de l'œuvre de Guilbert, qui obtient la médaille d'or à l'Exposition universelle, conjointement avec le sculpteur Auguste Paris pour son *1789 !*. Mais la résonance politique, philosophique ou sociale d'un tel monument se prolonge bien au-delà de la vague des commémorations révolutionnaires. Lorsqu'il peint en 1907, son tableau, *les Représentants des puissances étrangères venant saluer la République en signe de Paix* (CAT. 75), le douanier Rousseau ne choisit-

RÉPUBLIQUE FRANÇAISE

LIBERTÉ — ÉGALITÉ — FRATERNITÉ

LA MUNICIPALITÉ DE PARIS

a l'honneur de vous prier d'assister à l'inauguration du Monument élevé par la VILLE DE PARIS à la Mémoire d'ÉTIENNE DOLET et en Glorification de la LIBRE PENSÉE.

Cette inauguration aura lieu sur la place Maubert

le Dimanche 19 Mai 1889,

à deux heures précises de l'après-midi.

FIG. 109

CAT. 75

il pas, pour son hommage au régime républicain, le cadre de la place Maubert avec la statue d'Etienne Dolet. A peine deux ans après la loi de séparation de l'Eglise et de l'Etat, le monument n'a alors certes pas perdu de son actualité.

La statue et les reliefs ont été fondus pendant l'occupation, mais le souvenir de leur présence et de leur message profond reste attaché à ce lieu et se perpétue plusieurs années après leur disparition, puisqu'en 1945 les travailleurs du livre viennent encore déposer une gerbe devant le socle demeuré vide[33] (FIG. 110). Le monument *Etienne Dolet* connut ainsi le destin assez rare d'avoir eu, de par la force de l'idée qu'il devait illustrer, son existence à la fois anticipée, par des constructions éphémères, et prolongée, par un culte longtemps vivant, dans la mémoire des Parisiens.

FIG. 110

Le monument à Jean-Jacques Rousseau

Je vous demande, Messieurs, s'il n'est pas de l'intérêt d'une démocratie, d'une République comme la nôtre, de perpétuer le souvenir des hommes dont nous avons réalisé les idées et qui ont contribué à la fondation de l'état de choses actuel. Certes, il y a eu des nuages dans l'œuvre de Rousseau, comme il y en a eu dans sa vie ; mais tout a été estompé par le temps[34]. Par ces quelques mots, d'un bel enthousiasme, le conseiller municipal Delhomme tente en fait de calmer des débats mouvementés et difficiles, suscités par le projet d'érection, dans les années 1880, d'une statue au philosophe et l'on mesure ainsi le véritable enjeu politique d'une telle entreprise.

L'histoire du monument à Rousseau naît parallèlement à celle d'un monument à Voltaire, en 1878, à l'occasion du centenaire de la mort des deux philosophes. L'idée de cette célébration était apparue au Conseil municipal dès 1876, lorsque la plupart de ses membres s'étaient constitués en *comités d'initiatives* pour ce double centenaire. Deux ans plus tard, des difficultés d'ordre politique empêchent la réunion des deux figures-symboles dans une célébration officielle. Une large partie de l'opinion républicaine, dont le combat s'est nettement teinté d'anticléricalisme, s'approprie alors la figure de Voltaire et, par le biais d'un comité national, organise les manifestations du 30 mai 1878, date-anniversaire de la mort du philosophe. Ce comité, où l'on rencontre plusieurs conseillers municipaux tels que Viollet-le-Duc ou Jobbé-Duval, organise un concours pour l'érection d'une statue et peut, à la date voulue, présenter une version en plâtre du modèle primé dû au sculpteur Joseph Michel Caillé.

Le jumelage des deux hommages n'ayant pu aboutir, un comité pour le centenaire du seul Rousseau se constitue donc sous la présidence de Louis Blanc et trouve en l'historien et conseiller municipal Ernest Hamel, un fervent défenseur. Lors de la séance du Conseil municipal du 18 juin 1878, celui-ci propose d'accorder au comité un crédit de dix mille francs, égal à celui qui a été concédé au comité *Voltaire* ; il émet en même temps un vœu de principe en faveur de l'érection d'une statue au philosophe. Une ambition plus large lui fait associer la double commémoration au combat présent ; ainsi souligne-t-il qu'*il est plus nécessaire que jamais de rendre hommage à la mémoire de ces deux grands hommes, à l'heure où les ennemis de la libre pensée et de la démocratie redoublent d'acharnement et livrent un suprême assaut aux principes de la Révolution française...* à Voltaire la libre pensée, à Rousseau la démocratie : c'est à l'intérieur de cette subtile complémentarité que l'historien défendra son projet. La proposition de subvention, adoptée par le Conseil municipal le 27 juin, se réduit finalement à une somme bien moindre, trois mille francs, considérée comme suffisante *pour que le comité du centenaire puisse accomplir ses projets*. Il n'est alors pas question d'ériger une statue pour la célébration, fixée symboliquement le 14 Juillet (préféré au 2 juillet, date de la mort de Rousseau). Discours, concert et banquet mobilisent pour la circonstance une grande partie de la gauche radicale mais sans le retentissement qu'avait eu l'hommage à Voltaire. Il est vrai qu'en cet anniversaire de la prise de la Bastille, une autre fête républicaine se tient parallèlement aux Tuileries.

Mais avec l'année des centenaires ne s'achèvent pas les débats qui se sont élevés à propos du couple Voltaire-Rousseau. Ceux-ci se poursuivent dans les années suivantes au sein du Conseil municipal, lorsque réapparaît le projet d'élever un monument au genevois. Et c'est à nouveau Ernest Hamel, appuyé par plusieurs autres conseillers, qui revient à la charge, saisissant à deux reprises le Conseil de propositions en faveur de l'érection d'une statue de Jean-Jacques Rousseau sur une place publique de Paris : en 1879 d'abord, puis en 1881, date à laquelle il suggère également un emplacement, l'intersection des rues Jean-Jacques-Rousseau et Etienne-Marcel. Ces différents travaux justifient un rapport détaillé, présenté au Conseil municipal par Delhomme à la fin de l'année 1882. Parallèlement, un comité pour l'érection d'un monument national à Jean-Jacques Rousseau, patronné par Louis Blanc et par les sénateurs Berthelot, Carnot et Charton et présidé par Henri Martin, travaille à un projet semblable et dépose auprès du Conseil municipal, le 20 novembre 1882, une pétition tendant à l'allocation d'une subvention pour l'érection du monument. La coïncidence de ces propositions, soumises à quelques jours de décalage au Conseil, fin novembre 1882, révèle sans doute une certaine concurrence entre les deux initiatives, privée et municipale.

Les débats qui en découlent, en 1883 et 1884, ne manquent pas d'agiter à nouveau ces trois questions : doit-on élever un monument à Rousseau ? le Conseil municipal doit-il en prendre l'initiative? doit-on associer Voltaire et Rousseau ?... et, au cœur de la polémique, le personnage Rousseau est exalté ou malmené au gré des interprétations contradictoires de son œuvre. Une large partie du Conseil tente de défendre l'idée d'un concours municipal, sans intransigeance toutefois. Pour beaucoup, l'important est avant tout l'hommage rendu au grand homme et l'érection, à Paris, d'un monument à sa mémoire. A l'égard du comité, les problèmes résultent donc moins d'une opposition de principe que d'un souci d'efficacité; et, lorsqu'il s'agira de voter en février 1883 une subvention afin d'aider le comité, la majorité du Conseil se ralliera finalement à ce soutien. Mais le principal souci chez les radicaux est de ne pas isoler la figure de Rousseau, comme cela avait pu se produire en 1878. A cette fin, une double stratégie tente à la fois de convaincre de l'importance du projet et d'atténuer les interprétations excessives des idées rousseauistes. Ainsi on en appelle d'abord aux intentions de principe qui président à l'érection des monuments : la première proposition Hamel rappelle en préalable qu'*il est du devoir de la République et des communes françaises d'honorer dignement la mémoire des précurseurs de la Révolution et des grands hommes qui ont travaillé à fonder la liberté en France*[35]. Au nombre de ces fondateurs de la liberté figure Etienne Marcel, habilement associé à Rousseau. Tous deux comptent en effet parmi ces grands ancêtres de la démocratie que l'historien tente de réhabiliter. Or, envers Etienne Marcel, la Ville de Paris s'est acquittée de sa dette en votant la mise au concours d'une statue. Ensuite, chacune des propositions en faveur d'un monument à Rousseau rappelle sa fidélité aux programmes révolutionnaires. Successivement des régimes aussi différents que l'Assemblée constituante, la Convention nationale ou le Directoire ont souhaité élever ce monument à Jean-Jacques Rousseau. Ainsi à la légitimité que confère la continuité de ces projets s'ajoute l'exemplarité du consensus passé, rappelé par Ernest Hamel : *S'il est un nom sur lequel l'union se soit faite au cours de la Révolution, c'est bien celui de l'auteur d'*Emile *et du* Contrat social*; tous les républicains d'alors ont été d'accord pour lui voter une statue. Il appartient au Conseil municipal de Paris de réaliser les décrets de la Convention nationale*[36]. Mais la filiation révolutionnaire emprunte une autre voie sous la plume du conseiller Delhomme, qui reprend à son compte, dans son rapport, l'intégralité du discours prononcé par Cambacérès lors de la cérémonie de *panthéonisation* de Rousseau, en 1794. Avec un lyrisme quasi-religieux, commandé par les circonstances, le conventionnel rendait un hommage éclatant au moraliste, au philosophe visionnaire, à l'homme idéalisé, paré de toutes les qualités qu'il avait lui-même prônées : vertu, courage, bonté. Ramené de cette façon sur le terrain d'un humanisme généreux, ce type d'éloge offre encore, un siècle plus tard, l'avantage de masquer l'enjeu politique d'une célébration de Rousseau ; terrain cependant risqué, puisqu'il paraîtra facile de rejeter les théories du philosophe au vu des contradictions de l'homme et de sa conduite. Certains conseillers proposent ainsi d'accorder à l'Assistance publique l'argent prévu pour le monument *Rousseau*, considérant sa *manière de se débarrasser des enfants*[37] !

Mais les débats les plus animés sont encore suscités par la question du parallèle avec Voltaire, question qui, comme en 1878, cristallise à gauche comme à droite la véritable opposition à Rousseau. Or leur réunion, par monuments interposés, reste toujours possible à la date où le Conseil municipal examine le problème du concours *Rousseau* (1883-1884), puisque le *Voltaire* de Caillé, donné à la Ville de Paris, n'a pas encore été mis en place dans le paysage urbain. L'association des deux statues avait été clairement exprimée dans le projet de délibération, annexé au rapport Delhomme : *Art. 2 : la statue de Voltaire, provenant du concours du centenaire sera élevée aussi place du Panthéon, faisant pendant à celle de Jean-Jacques Rousseau. Les deux statues* [...] *seront placées : l'une dans l'axe de la mairie du Ve arrondissement et l'autre dans l'axe de l'Ecole de droit vers le Panthéon*[38]. Ainsi se réunissent habilement intérêt pratique et fidélité historique puisque, là encore, la Révolution française avait ouvert la voie, liant le sort des deux philosophes au Panthéon, dans la reconnaissance d'abord, puis dans la proscription. Mais le rapprochement Voltaire-Rousseau, issu de la Révolution, cultivé par la mémoire républicaine qui traverse le siècle (on se souvient du refrain chanté par Gavroche dans *les Misérables*), ne peut encore rallier tous les républicains des années 1880. D'un côté, les anticléricaux reprochent à Rousseau son déisme. En témoigne l'intervention du conseiller municipal Levraud qui rejette les emplacements proposés, ajoutant : *Le premier* [Rousseau], *qui a été jusqu'à dire que*

CAT. 76
Paul BERTHET
Rousseau esquisse, 1885.

CAT. 77
Raoul LARCHE
Rousseau esquisse, 1885.

CAT. 78
Léopold STEINER
Rousseau esquisse, 1885.

CAT. 76

quiconque ne croyait pas en Dieu devrait être frappé de mort, a été l'apôtre de l'intolérance, le second [Voltaire], *au contraire, a toujours défendu la cause de la tolérance*[39]. Mais rapidement le débat glisse vers le terrain politique où se déroule un autre procès : celui du couple Rousseau-Robespierre. Levraud poursuit ainsi son intervention protestant *au nom du mal qu'il* [Rousseau] *a fait à la Révolution*[40]. De l'autre côté, ces attaques sont relayées par celles des membres de l'extrême gauche du Conseil qui voient dans les théories de Rousseau la source de toutes les dictatures. Ainsi Jules Joffrin, qui a pour principe de rejeter toute statue, exprime avec beaucoup d'insistance son opposition au projet Rousseau : *On ne doit pas élever de statue à un homme qui a produit Robespierre et au nom duquel celui-ci a fait guillotiner la Commune de Paris* [...]. *N'oubliez pas que Rousseau a fait Robespierre et Robespierre a fait Bonaparte*[41]. A chacune de ces accusations, l'historien Ernest Hamel tente de répondre. Au Rousseau plus croyant que Voltaire, il oppose le Voltaire moins pédagogue et démocrate que Rousseau, qui *a soutenu, lui, qu'on devait instruire tout le monde, parce que les citoyens* [sont] *égaux*[42]. En biographe de Robespierre, il réfute également l'opposition supposée de la Commune (*tombée le jour où est tombé Robespierre*) à la pensée de Rousseau, *précurseur de la démocratie moderne*[43]. Mais, de ce jeu des renvois, il saisit les dangers et prône, avec d'autres, la réconciliation. Ainsi, au nom du consensus républicain, Songeon met en garde le Conseil : *Si nous reprenons aujourd'hui cette théorie des orthodoxies funestes, si nous nous mettons, comme jadis dans Byzance, à maudire et à renier les grands hommes de la pensée moderne pour des nuances ou des diversités de caractère, nous ne fonderons rien de grand et nous périrons à notre tour* [...] *il est bon de glorifier les deux génies*[44].

Si, en 1884, une majorité de conseillers approuve l'érection d'une statue à Jean-Jacques Rousseau, le véritable problème est alors celui de la confiance envers le comité qui s'est déjà vu accorder dix mille francs de subvention, mais dont l'efficacité est par certains contestée. Les décès successifs de Louis Blanc, puis d'Henri Martin, son président, ont vraisemblablement ralenti des travaux que plusieurs membres du Conseil voudraient reprendre pour les achever. Cependant, au nom du contrat moral qui le lie au comité (où figurent d'importantes personnalités et de nombreux élus parisiens), le Conseil ne peut totalement se substituer à celui-ci. Dans la séance du 28 mars 1884, il se contente alors d'ajourner la question Rousseau, au profit de celle de l'emplacement du *Voltaire, afin que l'inauguration put coïncider avec la fête nationale*. Après une courte discussion, les membres du Conseil se prononcent en faveur du quai Malaquais pour l'érection de la statue de Voltaire. Le comité trouve ainsi son intérêt dans ces deux décisions. D'une part, l'ajournement de la question Rousseau lui permet de gagner du temps afin de faire aboutir son propre projet ; d'autre part, la seule proposition d'emplacement qu'il rejette, à savoir l'érection, en pendants, de *Voltaire* et de *Rousseau* sur la place du Panthéon, devient alors caduque. La suite des opérations semble d'ailleurs témoigner d'une

CAT. 77

CAT. 78

réelle entente entre la Ville de Paris et le comité qui, le 27 mars 1885, ouvre un concours entre tous les artistes français pour l'érection d'une statue à Jean-Jacques Rousseau.

Le 10 août 1885, soixante-quatre esquisses sont déposées par les artistes et exposées publiquement dans la salle Saint-Jean à l'Hôtel de Ville. Réuni pour le jugement du premier degré, le jury retient les esquisses des sculpteurs Paul Berthet, François-Raoul Larche et Clément-Léopold Steiner et les charge d'exécuter un modèle au tiers de l'exécution totale de la statue.

D'une conception assez sobre, le projet de Berthet (CAT. 76) nous montre le philosophe debout, maintenant sous son bras gauche son chapeau et sa canne, seuls indices d'une promenade en cours. Immobilisé dans sa réflexion, il garde un doigt entre les pages d'un livre entrouvert. La silhouette, assez droite, s'anime du jeu de lignes inversées de la jambe gauche, qui s'avance, et du bras droit, qui se lève, répondant ainsi à un schéma de composition assez conventionnel. Le visage, légèrement tourné vers la droite allie la finesse des traits et la gravité d'expression, s'inspirant par là assez précisément des portraits de Houdon.

Illustrant la même idée — le Rousseau *promeneur solitaire* — l'esquisse de Steiner (CAT. 78) en conserve également les gestes symboliques : le chapeau maintenu sous le bras et le doigt glissé dans le livre entrouvert; la main droite devait tenir une plume, aujourd'hui cassée. A l'angle arrière-droit de la terrasse s'ajoutent d'autres éléments; sur une sorte de souche d'arbre viennent s'appuyer, dans un curieux arrangement, des feuillets et des livres dont un porte le titre : *Contrat social*, attributs qui donnent au philosophe de la nature sa dimension d'homme politique et d'écrivain. Mais le véritable intérêt de l'esquisse de Steiner tient davantage à ses qualités plastiques. Par une subtile construction de courbes et de contrecourbes, la longue silhouette du corps conduit à un visage qui, sans oublier le portrait, ajoute à l'intensité d'une méditation tout intérieure, la douceur et l'humanité que laisse deviner un léger sourire. D'une exécution à la fois très fine dans le détail et très libre dans le jeu des matières et des formes, cette esquisse dépasse le simple portrait réaliste pour une véritable recherche d'expression. Prenant part à de nombreux concours, Steiner a vu ce réel talent de sculpteur récompensé deux ans auparavant par la commande du *Ledru-Rollin* de la place Voltaire; quelques années plus tard, son esquisse représentant Condorcet, d'une conception assez semblable au Rousseau, sera également primée.

L'esquisse de Larche (CAT. 77) est, elle, d'une conception différente. Au cours d'une promenade, le philosophe, absorbé dans ses pensées, s'est assis à demi sur un tronc d'arbre. Son visage est légèrement incliné; la pose est libre, presque relâchée, très éloignée des conventions de représentation, inspirées des modèles néo-classiques, qui marquent encore, en 1834, le *Rousseau* de Pradier (FIG. 111). Dans ce dernier, la position rigoureuse de la figure et le drapé qui l'idéalise cherchent à conférer au philosophe une sagesse antique, alors que Larche veut montrer un Rousseau romantique, en communion intime avec la nature.

Enfin, provenant vraisemblablement de ce concours, une esquisse du sculpteur Albert-Ernest Carrier-Belleuse (FIG. 112) est aujourd'hui conservée au musée de Nemours. Avec beaucoup de finesse et d'élégance dans l'attitude, elle montre le philosophe herborisant, fleur à la main. Cette esquisse a été reprise par son fils, Louis-Robert Carrier-Belleuse pour l'exécution de la statue, inaugurée à Montmorency, en 1907.

Ainsi, en dépit de différences de forme, ces esquisses développent finalement une même idée. Le choix, sans doute adopté par bon nombre d'artistes, de représenter le promeneur solitaire, l'homme de la nature, accompagné de ses attributs : canne, chapeau ou élément de végétation, est aussi le seul qui, répondant à la conception de l'époque du portrait historique, caractérise réellement Rousseau parmi les philosophes du XVIIIe siècle. Mais, cette veine *champêtre* plus ou moins accentuée selon les projets peut surprendre au vu du caractère très *politisé* du débat qui a précédé l'ouverture du concours. S'il s'agissait de rendre hommage au *véritable fondateur de la démocratie moderne*, le message parvient ici bien transformé. Souci de prudence ou recherche du fameux consensus souhaité par les républicains ? Il semble que la réponse des artistes se situe sur un autre plan, celui de la logique d'un mode de représentation dicté par les conventions d'un certain réalisme et appelé par les termes mêmes d'un programme qui, limité à une seule statue, exclut le recours aux figures annexes, à la narration ou à l'allégorie (comme ce sera le cas, quelques années plus tard, pour expliciter la figure de Danton). L'histoire des monuments à Rousseau[45] avait été riche en projets de ce genre, dont on peut citer, parmi les plus compliqués, celui du sculpteur François Masson, commandé en 1797 pour les Tuileries[46]. Privilégiant le Rousseau éducateur, comme la plupart des projets de l'époque révolutionnaire, il développait un programme complexe de cinq figures et de quatre bas-reliefs traités dans le style *à l'antique* comme autant de chapitres d'un discours bien articulé. Ainsi, quelque cent ans plus tard, un souci pédagogique apparemment semblable, aboutit, à cause de l'évolution du style et du contexte des idées, à des projets de conception radicalement opposée.

Les trois concurrents retenus déposent leur modèle au tiers le 16 décembre 1885. Au terme du jugement au second degré, Berthet est alors chargé de l'exécution définitive de la statue, Larche et Steiner recevant respectivement la première et la seconde prime. Pour comprendre ce choix, on peut supposer que le projet de Berthet a séduit le jury par une sorte d'évidence de lecture due à la précision du portrait et à une certaine simplicité d'attitude : autant de qualités que n'offraient pas celui de Larche, peu conventionnel dans son parti, ni celui de Steiner, séduisant dans ses recherches d'expression, mais plus compliqué dans sa forme. Cependant, au-delà des seules considérations esthétiques, il ne faut peut-être pas négliger un autre facteur. Quelques mois auparavant, Berthet avait apparemment manqué de peu la commande du monument *Etienne Dolet*. Arrivé en seconde position, derrière Guilbert, la qualité de son modèle, ainsi d'ailleurs que celle du modèle de Germain (arrivé en troisième position), avait été nettement soulignée par le jury. A l'unanimité, celui-ci avait alors émis le vœu de voir récompenser le talent des deux artistes primés par d'autres commandes de travaux artistiques. Il est donc possible que, moins d'un an plus tard, l'exécution du monument Rousseau lui ait été confiée à titre de compensation.

La réalisation du plâtre à grandeur d'exécution et les opérations de fonte s'échelonnent vraisemblablement tout au long de 1886 et du début de 1887. A la fin de cette année, le comité, qui a offert à la Ville la statue, saisit à nouveau l'administration parisienne pour la presser de choisir un emplacement et de payer la construction du socle, pour lequel l'architecte Formigé a dessiné un projet. Le Conseil municipal approuve l'exé-

FIG. 111
James PRADIER
Rousseau, 1834 Genève.

FIG. 112
Albert-Ernest CARRIER-BELLEUSE
Rousseau esquisse, 1885 Nemours, château-musée.

FIG. 111

FIG. 112

cution des travaux du piédestal en séance du 30 décembre 1887, mais le problème de l'emplacement suscite encore des débats. Le couple Voltaire-Rousseau est à nouveau mis sur la sellette puisque la Ville semble avoir repris le projet de réunir, en pendants, les deux statues, cette fois-ci de part et d'autre de l'Institut (le *Voltaire* de Caillé avait été inauguré sur le côté droit deux ans auparavant). Mais l'emplacement est, à cette date, convoité par d'autres ; en effet, les partisans d'un monument à Condorcet diffusent, fin 1887 et début 1888, une pétition qui propose clairement d'ériger la statue du grand homme *symétriquement à celle de Voltaire*[47]. En adressant une copie de la pétition au directeur des Travaux de Paris, le docteur Robinet, historien et biographe de Condorcet, joint d'ailleurs une lettre où il dénonce le choix de Rousseau et discute à nouveau les mérites et affinités de chacun des philosophes. Pour lui, tout milite en faveur de cette modification — Condorcet remplaçant Rousseau — et notamment *la présence de Voltaire dont Condorcet fut l'admirateur et l'ami, le biographe autorisé et dont Rousseau fut l'ennemi, en même temps que le contempteur égaré du grand mouvement scientifique, technique et artistique qui emportait son siècle et auquel il demeurait hostile*[48]. Cette proposition, apparemment peu contestée fut entérinée dès le 7 mai 1888 par une délibération du Conseil municipal décidant conjointement l'ouverture du concours et l'emplacement du refuge du quai Conti pour ériger une statue à Condorcet. Dès lors, il semble que l'on en revienne à l'idée initiale de placer le monument à Rousseau sur le côté droit du Panthéon, en face de la mairie du Ve arrondissement.

HARDY

FIG. 113
Paul BERTHET
Rousseau, 1889 anciennement Paris, place du Panthéon
(coll. part.).

FIG. 114
Inauguration de la statue à Jean-Jacques Rousseau, 3 février 1889
(Paris, Bibliothèque nationale).

FIG. 113

Le dimanche 3 février 1889, l'œuvre de Berthet est inaugurée à cet endroit (FIG. 113). *Le Monde Illustré* décrit à cette occasion l'ensemble du monument : *Le bronze représente Jean-Jacques debout, sa canne sous le bras, un livre à la main gauche, dans une attitude familière et d'une simplicité voulue. Le socle de marbre porte en lettres d'or :*

A JEAN-JACQUES ROUSSEAU

21 janvier 1712 - 28 juillet 1778

La statue de Jean-Jacques Rousseau sera élevée sur une de nos places publiques (Convention nationale, 18 brumaire an II.)

Il sera élevé à l'auteur d'Emile et du Contrat social une statue avec cette inscription : « La nation française libre à J.-J. Rousseau ». (Assemblée nationale, 30 décembre 1791)[49].

La fidélité aux décrets révolutionnaires est ainsi affirmée une ultime fois, concrètement et aux yeux de tous, comme pour rappeler en cette année du premier centenaire — la volonté des républicains de réussir là où la Révolution française avait échoué. Mais, au-delà du rappel des intentions, la citation des œuvres de Rousseau (*L'Emile* et *le Contrat social*) dans les inscriptions du socle ajoute une dimension supplémentaire à ce monument dont on a déjà noté la pédagogie assez succincte au regard de sa signification politique. Remarquons également le rajout, par rapport au modèle, d'une petite touffe de feuillage sur le coin arrière-droit de la terrasse de la statue. Sans doute l'artiste a-t-il voulu faciliter, par ce petit détail agreste, la compréhension de la figure évoquant un promeneur attentif à la nature.

La cérémonie officielle de l'inauguration de la statue se déroule sous la présidence d'Edouard Lockroy, ministre de l'Instruction publique et des Beaux-Arts, à l'intérieur du Panthéon, décoré de faisceaux de drapeaux, de tapisseries des Gobelins et de *quelques couronnes restées là depuis l'enterrement de Victor Hugo*[50]. Prennent la parole, entre autres, Jules Steeg, président du comité exécutif du monument national, Jules Simon, au nom de l'Académie française, et Ernest Hamel, au nom de la Société des gens de lettres... Darlot, président du Conseil municipal, accepte avec reconnaissance le don fait à la Ville de Paris par le comité national et prononce un discours où, citant *le Contrat social*, il fait l'éloge du Rousseau démocrate : *Je dis que la souveraineté n'étant que l'exercice de la volonté générale ne peut jamais s'aliéner et que le souverain qui n'est qu'un être collectif, ne peut être représenté que par lui-même*[51]. Puis il se livre à un rapprochement avec l'époque contemporaine où pointe la critique du boulangisme : *En pleine possession de la liberté la plus large, la plus absolue, le souverain semble subir des défaillances et vouloir cent ans après la Révolution française, aliéner sa liberté*[52]. Plusieurs hymnes inspirés d'œuvres de Rousseau et le chant de *La Marseillaise* closent une cérémonie dont la statue elle-même avait été absente : *au dehors, la foule de ceux qui n'avaient pu pénétrer dans l'enceinte du Panthéon entourait la statue. Ce fut le seul hommage qui ait été rendu au monument qu'on inaugurait*[53] (FIG. 114).

Ainsi, d'un centenaire à l'autre, plus de onze ans se sont écoulés avant que prenne place enfin, dans le paysage parisien, un monument à Jean-

FIG. 114

Jacques Rousseau. Les divisions du camp républicain ont secoué de soubresauts et d'hésitations l'histoire du projet et empêché la réunion des monuments de Voltaire et de Rousseau, symboles respectifs des *deux grands courants issus des Lumières : le libéralisme anticlérical (Voltaire) et le populisme socialisant (Rousseau)*[54]. Mais, en 1889, les célébrations révolutionnaires, le culte des gloires nationales ont favorisé l'intégration de Rousseau à l'héritage républicain. De cet usage du passé, Jaurès témoigne lorsque, prononçant en cette même année un discours consacré aux *Idées politiques et sociales de J.-J. Rousseau*, il déclare que *la France libre (...) fait entrer le passé mieux connu que jamais dans sa conscience agrandie*[55]. Ce contexte particulier contribue également à mettre en avant le philosophe, le moraliste, aux dépens de l'écrivain, même si les porte-parole du comité, qui compte de nombreux hommes de lettres, ne manquent pas de louer celui *dont les œuvres demeureront l'éternel honneur de la langue française et de la raison humaine*[56]. En 1906, un *Corneille* par Allouard prend finalement, dans une relation toute littéraire avec Rousseau, la place prévue un temps pour *Voltaire*, à gauche du Panthéon, face à l'Ecole de droit. Mais la reconnaissance de Rousseau au rang de grand écrivain national ne deviendra un thème majeur que lors de la célébration du bicentenaire de sa naissance, en 1912 ; à cette date, on inaugurera, à l'intérieur du Panthéon, le cénotaphe du philosophe dû au sculpteur Bartholomé[57]. Le *Rousseau* de Berthet, enlevé avec son socle pendant l'occupation, a été remplacé en 1952 par une statue, en pierre, du sculpteur Bizette-Lindet.

Le monument à Danton

Dès le début des années 1880, l'intérêt porté à Danton s'inscrit dans le grand mouvement d'historiographie révolutionnaire vivifié par l'échéance du centenaire. Mais le rôle privilégié accordé à l'illustre conventionnel, aux dépens d'autres protagonistes, ne peut se comprendre qu'en conséquence d'un travail de réflexion et d'interprétation, fortement nourri de philosophie positiviste, mené par les historiens républicains de l'époque. On ne pourra que rappeler les recherches menées par Antonin Dubost, Alphonse Aulard ou le docteur Robinet, bibliothécaire de la Ville de Paris qui, en 1889, publie un *Danton, homme d'état*. Comme le rappelle Claude Nicolet, à cette époque *la bataille autour de la figure de Danton perd tout caractère anecdotique : elle a un double aspect idéologique et politique ; elle affirme le caractère à la fois antireligieux, positiviste et « organisateur » de la République « opportuniste », dont les radicaux du temps d'Aulard sont les héritiers conscients*[58]. De plus, antimonarchiste et anticlérical, *Danton apparaît comme l'héritier politique du seul des « philosophes » que puissent vraiment revendiquer les républicains, Diderot*[59], idée qu'avait superbement résumée Michelet en ces termes : *De Diderot jaillit Danton*[60].

Particulièrement réceptive à ces idées, la majorité radicale du Conseil municipal de Paris se préoccupe dès 1880 de l'hommage qu'elle se doit de rendre au grand tribun. Ainsi, dans le rapport qu'il présente au Conseil pour demander l'acquisition du *Triomphe de la République* de Dalou, Ulysse Parent déplore par la même occasion *que dans Paris aucun monument n'ait encore été élevé à la gloire de la Révolution, ni à la gloire de ses grands hommes ;* et il ajoute : *si vous parcourez Paris* [...] *vous ne trouverez pas la statue de Danton.* Un an plus tard, le vote d'une subvention en faveur du comité pour l'érection d'une statue à Arcis-sur-Aube (FIG. 115), ville natale de Danton, permet au Conseil de rappeler son propre vœu. Le 14 mars 1884, on reparle de Danton lors de l'une des nombreuses discussions concernant les problèmes d'emplacement de statues. Au nom de la cinquième commission, Hattat émet alors un avis favorable à l'érection de la statue de l'anthropologue Paul Broca, objet d'une souscription publique, sur le terre-plein à l'angle du boulevard Saint-Germain et de la rue de l'Ecole de Médecine. Or cet emplacement, proposé à un moment pour la statue de Voltaire, conviendrait également à celle de Danton, dont la maison — celle-même où il fut arrêté — se trouvait tout près de là, dans la partie de la cour du Commerce démolie par le percement du boulevard Saint-Germain. A cela, Hattat répond que la statue de Danton n'a pas encore été faite et juge que de toute façon ce monument est digne d'un emplacement plus vaste. Un délai de plus de trois ans s'écoule encore avant que ne soit lue du Conseil, le 22 juillet 1887, une proposition de Jacques demandant l'érection d'une statue de Danton à Paris. Son texte rappelle le rôle joué par le conventionnel dans l'organisation de la défense nationale de 1792 et souligne surtout que Danton était magistrat municipal de Paris. On admire également en lui, pour sa tâche de précurseur, le promoteur des lois sur l'instruction publique : *il a par avance encouragé les efforts faits depuis 1871 en faveur de l'éducation populaire le jour ou il a prononcé à la Convention nationale ces paroles dignes de figurer au frontispice de nos écoles : « Quand vous semez dans le vaste champ de la République, vous ne devez pas compter le prix de la semence : après le pain, l'éducation est le premier besoin du peuple*[61]. » Cette proposition revient devant le Conseil quelques mois plus tard intégrée dans un autre projet dont le parti pris politique largement provocateur et la complexité juridique vont sans doute ralentir encore la mise en œuvre du monument. Ainsi au souhait souvent réaffirmé par certains conseillers de voir démolir la Chapelle expiatoire s'ajoute celui d'ériger la statue de Danton sur le même emplacement — proposition que le conseiller Stupuy justifie en un raccourci éloquent : *Louis XVI a appelé les armées étrangères sur le sol de la Patrie et Danton les a repoussées*[62]. Afin de gagner du temps, Emile Richard fait alors voter par le Conseil l'ouverture immédiate du concours pour l'exécution de la statue de Danton. Enfin, le 30 novembre 1887, l'inquiétude du retard pris l'emportant sans doute sur des spéculations bien aléatoires, de nouvelles discussions aboutissent à revenir au choix initial d'emplacement. Le Conseil prend alors cette double décision d'élever la statue de Danton sur le terre-plein de l'angle de la rue de l'Ecole de Médecine et du boulevard Saint-Germain et de déplacer la statue de Broca (FIG. 116), inaugurée là le 26 juillet 1887, afin de l'installer dans la cour de l'Ecole d'anthropologie. Ces hésitations et ces mouvements de statues ne manquent d'ailleurs pas d'alimenter l'ironie d'une certaine presse, hostile à la célébration de Danton, dont on signale qu'*il a bien des chances pour ne faire là qu'un séjour éphémère et pour se trouver exproprié un jour ou l'autre, comme il est sur le point d'exproprier le docteur Broca*[63].

Le programme du concours, approuvé par le Conseil municipal le 20 juillet 1888, précise qu'une somme de soixante mille francs sera mise à la disposition du lauréat pour l'exécution de son œuvre. L'importance de la somme indiquait *combien le Conseil tenait à ce que le monument projeté fût digne du nom et des souvenirs qu'il était appelé à consacrer*[64]. Mais la principale modification introduite dans ce programme concerne le jury qui se compose maintenant de quinze membres, dont huit nommés par le Conseil municipal. Celui-ci réalise donc le souhait, émis au moment du concours *Dolet*, de pouvoir influencer plus sûrement le choix des œuvres primées, afin, soulignait alors Levraud, que celles-ci ne soient pas *en contradiction absolue avec les tendances modernes*[65]. Notons également que les concurrents désignent pour les représenter les sculpteurs Mathurin Moreau, Chapu, Bartholdi et Barrias et qu'outre le préfet de la Seine, un seizième membre, le docteur Robinet, éminent biographe de Danton, sera appelé à siéger dans ce jury.

Le 15 octobre 1888, soixante-six projets sont déposés à l'Hôtel de Ville. Le programme du concours qui stipulait que les esquisses devaient correspondre au dixième de l'exécution totale, ne semble pas avoir été scrupuleusement respecté sur ce point. En effet, l'un des concurrents adresse à l'administration quelques

FIG. 115

FIG. 116

FIG. 115
Léon-Eugène LONGEPIED
Danton, 1888 Arcis-sur-Aube
(coll. France Debuisson).

FIG. 116
Jean-François CHOPPIN
Broca, 1887 anciennement Paris, carrefour de l'Odéon
(Paris, Bibliothèque nationale).

jours plus tard une lettre dans laquelle il se plaint que certains artistes aient fourni un projet beaucoup plus grand ; *plusieurs d'entre eux,* ajoute-t-il*, ont présenté la même maquette reproduite deux ou trois fois dans des proportions différentes*[66] anticipant ainsi sur le second degré du concours. Le jury, qui se refuse à exclure les artistes ayant présenté ce type de variantes, choisit les sculpteurs Desca, Levasseur, associé à Maistrasse, et Paris, pour fournir, dans un délai de six mois, un modèle au tiers de la statue. Un instant retenu, le projet de Falguière, connu aujourd'hui par un dessin (FIG. 117), montre bien la diversité des formules adoptées. A son sujet, le rapport des opérations du jury note : *Plusieurs jurés firent remarquer que l'artiste s'était écarté du programme en ne donnant qu'un buste de la figure principale et que rien dans la composition ne caractérisait Danton* [...] ; *mais en même temps on crut devoir rendre hommage au talent élégant et fin dont l'artiste avait fait preuve, et vous aviez été unanimes pour signaler l'œuvre comme pouvant fournir un monument exquis en l'honneur d'un homme de lettres ou d'un artiste*[67]. Le 20 mai 1889, le scrutin du second degré désigne alors, à une large majorité, le projet du sculpteur Auguste Paris, lauréat du concours — les première et seconde primes allant respectivement à Desca puis à Levasseur et Maistrasse. A l'issue du vote, le jury fait état de sa réelle satisfaction constatant *que les artistes avaient témoigné d'un talent sérieux* et justifie son choix : *Celui* [le modèle] *de M. Paris offrait néanmoins une harmonie décorative et une entente du sujet qui ne laissèrent pas d'hésitation dans l'esprit de la majorité*[68].

FIG. 117

Outre de véritables qualités esthétiques, les trois projets jouent sur une rhétorique qui, selon chaque cas, combine de manière différente les éléments (groupe, figure, relief, socle) dans un ensemble monumental complexe. Le projet d'Auguste Paris (CAT. 79) présente la solution la plus synthétique puisqu'il se compose — au-dessus d'un haut socle qui porte les inscriptions et une frise de reliefs emblématiques — d'un groupe qui allie force narrative et unité symbolique. Deux jeunes volontaires (celui au tambour et celui au fusil) se redressent progressivement et lèvent leurs regards vers la figure centrale de l'orateur qui appelle au courage et à la défense de la patrie. Les jambes raidies, l'index brandi et le visage crispé par le cri, confèrent à la figure de Danton une tension qui clôt cette montée dramatique. A ce talent de composition s'ajoute une justesse naturelle des gestes et des regards (FIG. 118) et un souci de précision réaliste dans le détail (paille dans les sabots, cordages du tambour, plis des vêtements...). De ce Danton déclamatoire et populaire, fidèle à sa légende, le sculpteur Bion dira : *il est du peuple qui grouille autour de sa glorification* et ému par cette page d'histoire qui réveille de récents souvenirs : *Ce Danton-ci c'est notre Danton à nous, celui de 1870, l'année de la guerre et du siège*[69]. Pour bien des républicains, il est vrai que Danton s'est en quelque sorte réincarné en la personne de Gambetta. Le monument au Conventionnel ranime donc quelques années après l'installation du groupe de Barrias à Courbevoie, le souvenir de la défense nationale.

Le même sujet se décompose chez Desca en trois parties : la statue de Danton, seule, surmonte un haut socle portant de part et d'autre deux très hauts-reliefs narratifs : *Danton harangant les femmes des Halles* et le *Départ des Volontaires* (CAT. 80 A-C). La figure isolée le saisit à nouveau dans la fièvre de l'action oratoire, mais dans

FIG. 117
Alexandre FALGUIERE
Projet de monument à Danton, 1888
La Plume, 1898.

CAT. 79
Auguste PARIS
Monument à Danton maquette, 1889.

FIG. 118
Auguste PARIS
Monument à Danton détail.

CAT. 80 A-C
Edmond DESCA
Monument à Danton maquette, 1889.

CAT. 79

FIG. 118

CAT. 80A-C

DANTON AVEC NOUS

A
DANTON
LA VILLE DE
CRS SS

CAT. 80 B
Edmond DESCA
Danton harangant les femmes des Halles, 1889
Monument à Danton

CAT. 80 C
Edmond DESCA
Le départ des Volontaires, 1889
Monument à Danton.

FIG. 119
François RUDE
Le départ des Volontaires en 1792
ou *La Marseillaise*, 1836
Paris,
arc de l'Etoile.

CAT. 80B

CAT. 80C

un mouvement plus véhément que le *Danton* de Paris. Ce dynamisme se retrouve dans la composition des hauts-reliefs. Dans *Danton harangant les femmes des Halles* (CAT. 80 B) celle-ci s'organise autour de l'axe central de la figure de Danton qui, dans un geste d'une force dramatique extrême, désigne du doigt un jeune enfant nu qui se cambre, debout, à ses pieds. De part et d'autre de cet axe, des femmes du peuple expriment leur désespoir en des gestes théâtraux. Le couple formé par Danton et l'enfant rappelle dans les attitudes (bras levé, jeune corps tendu) et dans l'idée, celui du chef guerrier entraînant l'éphèbe nu du *Départ des Volontaires en 1792* (ou *La Marseillaise*) de Rude (FIG. 119). Dans les deux cas, jeunesse et nudité disent la violence et l'ampleur du sacrifice nécessaire pour la défense de la liberté. Dans le *Départ des Volontaires* (CAT. 80 C), des soldats de tous les âges se regroupent sous le drapeau au son des battements du jeune tambour. Les lignes ascendantes, la composition resserrée, presque tournoyante, montrent bien que le courage et l'ardeur ont pris le pas sur la résignation douloureuse. Décomposant ainsi le sujet en plusieurs volets (une figure et deux scènes), Desca en augmente le déroulement dramatique. Mais ce sont surtout les qualités expressives des reliefs qui confèrent à l'ensemble sa véritable puissance émotionnelle. Ceux-ci furent d'ailleurs particulièrement remarqués par le jury du concours qui émit le vœu de les voir placer, éventuellement, dans un édifice municipal. Le projet de Desca sera cependant appelé à un autre avenir. Au début de ce siècle, la ville de Tarbes, aménageant une vaste place de la République, achètera le *Danton* de cet artiste du pays, originaire de Vic en Bigorre. Rebaptisé «*1792*», le monument sera inauguré, le 29 novembre 1903, devant la nouvelle mairie — emplacement où il se trouve toujours aujourd'hui (FIG. 120, 121 et 122).

Le modèle présenté par Levasseur et Maistrasse (CAT. 81 A-B) use davantage du symbole que de la narration. Dans un jeu de socle assez complexe, les divers éléments s'étagent en plusieurs registres. Comme dans le modèle de Desca, la statue de Danton (CAT. 81 A), seule, domine la composition. Mais les gestes du tribun sont ici beaucoup plus raides, le portrait plus indécis. En dessous, le fût cylindrique du piédestal qui supporte cette

FIG. 120
Edmond DESCA
Monument à Danton, 1903 Tarbes
(coll. part.).

FIG. 121
Edmond DESCA
Danton harangant les femmes des Halles, 1903 Tarbes
(coll. part.)

FIG. 122
Edmond DESCA
Le départ des Volontaires, 1903 Tarbes
(coll. part.).

FIG. 119

FIG. 120

FIG. 121

FIG. 122

CAT. 81 A
LEVASSEUR et MAISTRASSE
Danton, 1889 *Monument à Danton*.

CAT. 81 A-B
LEVASSEUR et MAISTRASSE
Monument à Danton maquette, 1889.

FIG. 123
Jean BAFFIER
Danton esquisse, 1888 Nevers, musée municipal.

CAT. 81A

CAT. 81A-B

figure repose lui-même sur un important socle quadrangulaire. Au niveau intermédiaire, deux autres figures viennent curieusement prendre place aux décrochements d'angle laissés entre ces deux volumes. A droite, une République, assise, appuie son bras gauche sur les tables des Droits de l'homme et devait tendre, de l'autre main, une épée (aujourd'hui disparue) sortie de son fourreau. Sur le côté gauche, un jeune patriote, le genou posé sur la terrasse du piédestal, approche, dans un geste grave, une main de l'épée tandis que l'autre, à l'arrière, saisit le drapeau. Les deux gestes convergents entourent symboliquement une inscription qui reprend les mots célèbres prononcés par Danton à l'Assemblée législative, le 2 septembre 1792 : *Le canon que vous entendez n'est point un signal d'alarme, c'est la charge contre les ennemis de la patrie, pour les vaincre. Il nous faut de l'audace, encore de l'audace, toujours de l'audace...* La passion et la violence sont ici remplacées par la calme résolution d'un geste qui vient s'inscrire au centre de la composition. Dépassant le récit historique de l'appel aux volontaires, le projet de Levasseur en affirme surtout le fondement politique par la présence d'une République, populaire et généreuse, qui remet symboliquement son sort entre les mains du jeune combattant.

Ainsi chacun de ces ensembles met en scène une même image de Danton, celle de l'énergique animateur de la défense nationale, dans un discours dont le ton diffère et dont les parties sont plus ou moins développées. Mais entre l'émotion (Desca) et la raison (Levasseur), le jury privilégie sans doute la clarté pédagogique du projet de Paris, dont l'unité visuelle présentait l'immense avantage d'une compréhension immédiate du sujet. Utilisant avec une même maîtrise — alors nettement saluée — les ressources d'un réalisme historique, précis et sensible, les artistes ne pouvaient être départagés qu'au vu de la capacité persuasive de l'ensemble monumental lui-même. Auteur de nombreux monuments parisiens, Auguste Paris voit d'ailleurs ce réel talent récompensé, la même année, par une médaille d'or à l'Exposition universelle pour une autre œuvre à sujet révolutionnaire : *1789!* (qui s'élevait autrefois parc Montsouris).

Notons enfin qu'appartient au même concours une esquisse de Jean Baffier (FIG. 123), aujourd'hui conservée au musée de Nevers. L'énergie de la figure y est rendue par le geste, poing brandi, et par l'expression du visage, qui a laissé l'éloquence pour une détermination terrible et muette.

Les opérations de fonte du groupe de Paris, confiées à la maison Thiébaut, semblent s'achever fin 1890. Mais une dernière modification d'emplacement, intervient avant l'érection définitive du monument, au lieu même où il subsiste encore aujourd'hui. La raison en fut-elle matérielle (la statue de Broca n'ayant pas été enlevée à temps) ou purement commémorative, se rapprochant ainsi de l'ancien emplacement de la maison de Danton ? Le fait que la demande émane de l'artiste lui-même pourrait en donner une justification esthétique : cette translation de quelques mètres permettait peut-être de donner au monument un plus juste espace, plus large et plus dynamique. La proximité des deux statues justifiera cependant, quelques mois après l'inauguration du *Danton*, une nouvelle proposition d'emplacement pour *Broca* : le square adossé à l'Académie de médecine, à l'angle de la rue des Saints-Pères et du boulevard Saint-Germain.

FIG. 123

Le 14 juillet 1891, l'inauguration du monument Danton constitue l'un des *clous* de la fête nationale. La cérémonie est honorée de la présence des présidents de la Chambre des députés et du Conseil municipal, Charles Floquet et Levraud, et d'un grand nombre de personnalités dont Mme Menuel-Danton, petite-fille du Conventionnel. Véritable *credo* de la pensée républicaine, le discours de Levraud s'attache à justifier la réhabilitation de Danton, rendue possible grâce aux récents travaux des historiens de la Révolution. Il remercie également l'artiste *qui a su si bien rendre dans sa belle composition la puissance du tribun, l'ardeur du patriote*[70]. Mais le destin exemplaire du révolutionnaire inspire à l'homme politique une réflexion plus générale dont il tire quelques leçons contemporaines. Ainsi, évoquant le boulangisme, il prêche l'union du camp républicain ; mettant l'histoire en perspective, il clame sa foi en l'avenir : *Cette réhabilitation solennelle réconforte, elle donne du courage pour persévérer dans la voie des réformes sociales en reprenant la tradition de nos grands ancêtres de la Révolution. Tout l'avenir était en eux et nous n'avons encore réalisé toutes les idées qu'ils ont semées. Cette cérémonie donne bien la notion de progrès continu*[71]. Pour Albert Petrot, qui prend ensuite la parole en tant que conseiller municipal du quartier de la Monnaie, il s'agit là du monument à la Révolution française que Paris se devait d'ériger : *Comment la capitale de la République eût-elle pu mieux symboliser la Révolution qu'en choisissant parmi ses héros celui qui avant tout autre en a été l'esprit et le tempérament*[72]. Mais pour Hippolyte Sardin c'est aussi le portrait de son grand-oncle ! Parlant en dernier, il lui reste à féliciter Auguste Paris *qui a si habilement reproduit les traits de Danton, et symbolisé le patriotisme dans une attitude énergique et fière*[73].

Epargné par la vague de destruction qui, sous l'occupation, priva Paris de la plupart de ses statues de bronze, le monument à Danton dresse encore au carrefour de l'Odéon son énergique silhouette. Et pour les passants d'aujourd'hui qui, ignorants de l'Histoire, lèveraient un regard curieux vers ce géant héroïque, en unique légende, cette phrase de Michelet en donnerait la clé :

> *Dans les crises suprêmes un cri de Danton traversait la France, arrachait les volontaires à leurs foyers et les précipitait à la frontière*[74].

Le monument à Condorcet

Pour la célébration du centenaire de la Révolution, qui, vous n'en doutez pas, devra s'accomplir à Paris et dans toute la France autrement que par de passagères décorations d'édifices et des réjouissances publiques, les soussignés, convaincus que nulle occasion ne saurait être plus propice pour rendre un hommage solennel aux magnanimes artisans du grand œuvre de régénération française, osent prendre sur eux de signaler à votre reconnaissance un homme qui a aussi hautement mérité de la patrie que Condorcet, comme philosophe et comme politique. Condorcet, l'ami de Voltaire et de Turgot, l'exécuteur testamentaire de d'Alembert, le collaborateur de Danton à la commune de Paris et à l'Assemblée nationale, le précurseur philosophique d'Auguste Comte[75]. Cette évocation enthousiaste ouvre le texte de la pétition, adressée au Conseil municipal de Paris au début de l'année 1888, demandant l'érection d'une statue à Condorcet. Ont signé ce document des sociétés positivistes, une loge maçonnique, le comité républicain radical du VIe arrondissement, la rédaction de la *Revue Socialiste*, des bibliothèques populaires d'arrondissement, des corporations d'ouvriers, des scientifiques, des littéraires ou des politiques... Pour l'opinion républicaine, nul mieux que Condorcet, ce savant et philosophe engagé dans la Révolution française, ne mérite, à l'approche du premier centenaire, la gloire d'un hommage public. Bien sûr, il s'agit d'honorer *le premier de tous les grands Français de ces temps héroïques qui aient osé se donner publiquement comme républicains*[76]. Ses convictions, Condorcet n'a pas craint de les défendre au cœur de la tourmente révolutionnaire ; ainsi devient-il l'image même de l'intellectuel engagé, du *philosophe sachant subordonner le penseur au citoyen*[77]. Le champ très vaste de son savoir et de ses réflexions en font aussi l'un des fondateurs des sciences de l'homme et un précurseur du positivisme. La pétition le précise : *Reliant indissolublement au nôtre, par cette attache subjective, le siècle de Voltaire et de Diderot, il put dire que les faits sociaux et politiques allaient désormais former une science nouvelle, distincte, la science sociale* [...]. *Condorcet préludait ainsi, par un éclair de génie, à l'immense construction philosophique à laquelle Auguste Comte a pu attacher son nom*[78]. De plus engagée comme elle l'est dans son œuvre d'éducation populaire, la IIIe République ne peut que revendiquer l'héritage de l'auteur des rapports sur l'instruction nationale (20-21 avril 1792). Pour Condorcet, seule celle-ci peut rendre réelle l'égalité politique reconnue par la loi ; elle est pour la puissance publique un devoir de justice.

On le constate, les débats intellectuels et politiques des années 1880 prolongent en bien des points les réflexions entreprises par Condorcet et fournissent le meilleur contexte à la compréhension de son œuvre. Le projet d'hommage public semble d'ailleurs bien accueilli par le Conseil municipal qui, dès le 7 mai 1888, décide, au terme d'une délibération, l'ouverture d'un concours pour l'érection d'une statue à Condorcet quai Conti. La possibilité d'une mise en scène symbolique, mêlée à des souvenirs biographiques, justifie dans la pétition ce choix d'emplacement. Ainsi entre l'Hôtel des monnaies, dont Condorcet fut directeur, et le palais de l'Institut, où se réunit l'Académie des sciences, dont il fut, en son temps, le secrétaire perpétuel, le monument prendrait place à droite de la statue de la République, symétriquement à celle de Voltaire. La disposition en pendant de Condorcet et Voltaire est revendiquée par le docteur Robinet (biographe de Comte, Danton et Condorcet) dans une lettre adressée à Alphand, directeur des Travaux de Paris, pour accompagner le texte de la pétition. Voulant s'opposer au projet, un temps nourri par le Conseil municipal, de réunir Rousseau et Voltaire devant l'Institut, l'historien positiviste rappelle, outre les grands mérites scientifiques de Condorcet, les liens intellectuels et amicaux qui l'avaient lié à Voltaire, rejetant ainsi Rousseau le *querelleur* et son esprit métaphysique. On sait que la réunion des statues de Voltaire et Rousseau, vieux rêve resurgissant çà et là au grand dam d'une partie de l'opinion républicaine, ne s'est finalement jamais réalisée sur une place publique de Paris[79]. Mais l'érection d'une statue de Condorcet quai Conti offre plus que l'opportunité d'occuper l'espace. Elle achève la cohérence intellectuelle d'un ensemble qui peu à peu prend forme : le 24 février 1880 avait été inauguré devant l'Institut la *République* de Soitoux (FIG. 124). Cette statue, qui a remporté le concours de 1848, vient alors d'être cédée par l'Etat à la Ville de Paris. La statue de Voltaire de Caillé, issue du concours du centenaire, est inaugurée, quant à elle, le 14 juillet 1885, sur le côté droit de l'Institut, quai Malaquais (FIG. 125). Ainsi, le rapprochement de la statue de l'un des premiers défenseurs de la République peut amplement se justifier près de l'image-mère et près d'un autre grand philosophe du XVIIIe siècle, qui mena le même combat pour la tolérance et la justice sociale ; les deux figures sont aussi complémentaires puisque leur rapport symétrique peut s'interpréter comme celui des sciences (Condorcet) et des lettres (Voltaire).

Le 28 août 1888, un décret du ministère de l'Intérieur autorise l'hommage public à Condorcet ainsi que l'érection de la statue sur le quai Conti. Mais en raison du déroulement simultané du concours pour le monument à Danton, l'ouverture du concours *Condorcet* est repoussée au 20 juillet 1889. Le programme fixe la hauteur de la statue à trois mètres. Cette dimension est étudiée dans un souci de proportions de manière à obtenir une échelle un peu réduite par rapport au *Voltaire*, légèrement plus élevé (3,55 mètres), mais jugé de l'avis général trop grand relativement aux constructions environnantes. Afin d'éviter les problèmes rencontrés lors du concours *Danton*, où certains artistes avaient fourni des projets de tailles différentes, le programme prévoit ici l'exclusion des esquisses dépassant 0,50 mètre, soit le sixième de l'exécution définitive. De même est également stipulé qu'aucun piédestal ne sera admis. Enfin, le jury un peu restreint par rapport au concours *Danton*, est composé dans le même esprit puisque sur les onze membres, six sont désignés par le Conseil municipal et gardent ainsi la maîtrise du jugement.

Le 21 octobre 1889, quatre-vingt-quinze projets sont déposés à la salle Saint-Jean à l'Hôtel de Ville. A l'issue du vote au premier degré, les trois sculpteurs Perrin, Louis-Noël et Steiner sont retenus pour fournir une maquette au tiers de l'exécution finale. Puis,

FIG. 124

FIG. 125

FIG. 124
Jean-François SOITOUX
La République, 1848 anciennement Paris, devant l'Institut
(Roger-Viollet).

FIG. 125
Joseph-Michel CAILLE
Voltaire, 1885 anciennement Paris, quai Malaquais
(Paris, Bibliothèque nationale).

STATUE DE
CONDORCET

REPUBLIQUE
DE SOITOUX
STATUE
DE VOLTAIRE

FIG. 126
Léopold STEINER
Condorcet maquette, 1890 Paris, dépôt des œuvres d'art.

FIG. 127
LOUIS-NOËL
Condorcet maquette, 1890 Paris, dépôt des œuvres d'art.

FIG. 128
Jacques PERRIN
Condorcet maquette, 1890 Paris, dépôt des œuvres d'art.

FIG. 129
Jacques PERRIN
Condorcet détail.

CAT. 82
Jacques PERRIN
Condorcet modèle, 1890.

FIG. 126

FIG. 127

le 22 mai 1890, Perrin obtient, au second degré, l'unanimité des suffrages et se trouve chargé, moyennant huit mille francs, de l'exécution du modèle définitif. La première prime est décernée à Louis-Noël et la seconde à Steiner. La maquette de Steiner (FIG. 126) est très proche de son *Rousseau*, primé à cet autre concours quelques années auparavant : même attitude souple du corps, même expression du visage marquée d'un léger sourire, même modelé fin et nerveux. Mais cette sorte de préciosité réduit trop ici Condorcet à la seule image d'un intellectuel raffiné. Dans son projet (FIG. 127), Louis-Noël confère plus de dignité au philosophe, par une attitude très franche : silhouette droite, visage levé, proche du portrait. Les multiples facettes du talent de Condorcet s'éclairent là par le jeu des attributs (livres, équerre, rapporteur...) et des inscriptions (citant son mémoire sur l'instruction publique) qui garnissent le petit édicule à l'arrière-droit de la terrasse.

D'un esprit différent, le projet de Perrin (FIG. 128) abandonne l'anecdote pour donner au personnage, sous une apparente simplicité de moyens, une authentique force d'expression. Deux éléments y contribuent que l'on peut encore mieux juger dans le modèle à grandeur d'exécution, aujourd'hui conservé (CAT. 82). D'une part, l'étirement de la silhouette que crée, dans une longue ondulation, le dessin des jambes et du manteau, donne une belle prestance à la figure qui affirme de cette manière sa présence dans l'espace. D'autre part, le visage accentue certains traits pour en rendre l'expression plus prenante. Ainsi l'immense front, les arcades sourcilières saillantes qui creusent un regard profond et fixe, le menton rentré, disent le pouvoir de concentration, l'intelligence et la force morale, tout intériorisée, du philosophe. Rarement portrait n'a été à ce point *transcendé* pour traduire un caractère et un destin, dont la fin tragique se lit presque dans la terrible détermination de l'expression. Par un vote unanime, deux fois renouvelé, le jury du concours n'avait pu que saluer l'efficacité d'une telle composition aux réelles qualités monumentales.

Mais les membres du jury, en dernières observations, n'hésitent pas à discuter, une fois de plus, nos grands hommes et l'emplacement de leur statue. Ainsi, afin d'honorer également d'Alembert — après Condorcet — d'un hommage bien légitime, plusieurs membres remettent en question, une ultime fois et en vain, la disposition prévue : *Précisément, de l'autre côté de l'Institut, là où se trouve maintenant la statue de Voltaire, d'une*

FIG. 128

CAT. 82

échelle un peu trop grande pour l'endroit où elle est installée, et mieux faite, comme proportions, pour servir de pendant au Rousseau de la place du Panthéon, rien ne conviendrait mieux que la figure en bronze de d'Alembert, ancien secrétaire perpétuel de l'Académie française, comme Condorcet le fut de l'Académie des sciences, et grand comme lui non seulement devant une illustre compagnie, mais devant l'humanité toute entière[80]. Là s'achèvent cependant ces spéculations, puisque Voltaire restera, cette fois-ci, bien en place. Il semble d'ailleurs qu'aucune statue de d'Alembert n'ait vu le jour à Paris suite à ce vœu.

Dès la fin du concours, Perrin met en œuvre le modèle à grandeur du *Condorcet* et, en 1892, la statue sort des fonderies Thiébaut frères et est exposée au Salon des artistes français où elle obtient une médaille de seconde classe. Mais les travaux d'installation du piédestal retardent de près de deux ans l'inauguration du monument, finalement fixée au 14 juillet 1894. Dans le discours qu'il prononce au cours de la cérémonie et parmi d'autres éloges, le préfet Poubelle dresse un portrait du philosophe auquel renvoie fidèlement la statue de Perrin : *Sa conscience est ferme comme sa logique est rigide. Il ne transige pas avec elles. Son courage moral est de la même trempe que sa*

FIG. 130
Jacques PERRIN
Condorcet, 1894 anciennement Paris, quai Conti (coll. part.).

FIG. 131
La statue de Condorcet au moment de sa destruction vers 1942, photographie Pierre Jahan.

FIG. 130

FIG. 131

hardiesse intellectuelle (...). Nulle prétention, nulle vanité, une abnégation généreuse et toute naturelle[81]. Emile Corra, parlant au nom de la société positiviste, expose quant à lui les raisons qui l'ont poussé à solliciter du Conseil municipal l'érection d'une statue : *Pour nous, vue de loin et de haut, la Révolution s'incarne et se symbolise dans trois génies supérieurs, qui sont : dans l'ordre philosophique, Condorcet ; dans l'ordre politique, Danton ; dans l'ordre militaire, Hoche*[82]. Danton avait alors son monument, Hoche sa célébration annuelle à Versailles, restait à immortaliser dans le bronze le grand philosophe (FIG. 130). En cette année qui commémore le centenaire de sa mort, c'est enfin chose faite, mais pour bien peu de temps... Moins de cinquante ans plus tard, sous l'occupation, la statue de Condorcet subit le triste sort des monuments en alliage cuivreux destinés à la fonte. Juste avant celle-ci, alors que le bronze éclaté allait être broyé, Pierre Jahan a fait un saisissant constat de cette mort insensée (FIG. 131).

Paris et les grands hommes

1 *Bulletin municipal officiel*, 16 juillet 1891.
2 Hargrove, 1986, pp. 243-282.
3 Agulhon, 1988, pp. 137-185.
4 *Ibid.*, p. 167.
5 « Subventions pour travaux à des monuments historiques, restauration ou érection de statues. Subventions à des sociétés ». Archives de Paris, VR 73 - VR 74.
6 Conseil municipal, *Procès-verbaux*, 11 mars 1879.
7 *Ibid.*, 25 avril 1888.
8 *Ibid.*, 23 février 1883.
9 *Gazette des architectes et des bâtiments*, n° 9, 2 mars 1879, pp. 54-55.
10 Conseil municipal, *Procès-verbaux*, 29 juin 1880.
11 *Ibid*, 23 février 1883.
12 *Ibid.*, cité par le conseiller Songeon.
13 *Bulletin municipal officiel*, 20 mai 1889.
14 *Rapport* de Formigé, architecte des promenades, 4 juillet 1885, archives de la Direction des affaires culturelles de la Ville de Paris.
15 Conseil municipal, *Procès-verbaux*, 22 juillet 1892.

Le monument à Ledru-Rollin

16 Hamel, *Histoire de la Seconde République*, Paris,1891, p. 93.
17 Conseil municipal, *Procès-verbaux*, 27 février 1879.
18 Agulhon, 1988, p. 168.
19 *Ibid.*, note 3.
20 *Bulletin municipal officiel*, 25 février 1885.
21 *Ibid.*

Le monument à Etienne Dolet

22 Delhomme, 1884.
23 *Ibid.*
24 Nicolet, 1982, p. 223, note 3.
25 Chassaigne, 1930, p. 97.
26 *Ibid.*, p. 155. Chassaigne cite cet extrait des *Commentaires* de Dolet.
27 *Carnet de reçus des projets*, archives de la Direction des affaires culturelles de la Ville de Paris.
28 Conseil municipal, *Procès-verbaux*, 29 mai 1885.
29 Sous-commission des Beaux-Arts, *Procès-verbaux*, 3 mars 1887, archives de la Direction des affaires culturelles de la Ville de Paris.
30 Commission des Beaux-Arts, *Procès-verbaux*, 26 mai 1887, archives de la Direction des affaires culturelles de la Ville de Paris.
31 *Bulletin municipal officiel*, 20 mai 1889.
32 *Ibid.*
33 Dans les années 1950, un *Etienne Dolet* de Couturier fut un temps prévu pour cet emplacement, puis finalement refusé par la Ville de Paris.

Le monument à Jean-Jacques Rousseau

34 Conseil municipal, *Procès-verbaux*, 23 février 1883.
35 *Ibid.*, 4 mars 1879.
36 *Ibid.*, 23 février 1883.
37 *Ibid.*
38 Delhomme, 1982.
39 Conseil municipal, *Procès-verbaux*, 23 février 1883.
40 *Ibid.*
41 Conseil municipal, *Procès-verbaux*, 28 mars 1884.
42 *Ibid.*, 23 février 1883.
43 *Ibid.*, 28 mars 1884.
44 *Ibid.*
45 Vitry P., « les monuments à J.-J. Rousseau de Houdon à Bartholomé », *Gazette des Beaux-Arts*, 1912, pp. 97-117.
46 Bresc-Bautier, Pingeot, 1986, repr. p. 327.
47 *Pétition au Conseil municipal de Paris pour l'érection d'une statue à Condorcet*, 15 février 1888, archives de la Direction des affaires culturelles de la Ville de Paris.
48 Lettre de Robinet à Alphand, directeur des Travaux de Paris, 19 novembre 1887, archives de la Direction des affaires culturelles de la Ville de Paris.
49 *Le Monde illustré*, 1889, t. I, p. 84.
50 *Ibid.*
51 *Bulletin municipal officiel*, 4 février 1889.
52 *Ibid.*
53 *Le Monde illustré*, op. cit.
54 Goulemot, Walter, 1984, p. 414.
55 Nicolet, 1982, p. 74. Nicolet cite cette phrase de Jaurès.
56 Conseil municipal, *Procès-verbaux*, 20 novembre 1882 ; cité par le conseiller Songeon.
57 Burollet Th., « le monument à Jean-Jacques Rousseau pour le Panthéon » ; in *la Sculpture française au XIXe siècle*, Paris, 1986.

Le monument à Danton

58 Nicolet, 1982, p. 99.
59 *Ibid.*, p. 98.
60 *Ibid.*
61 Conseil municipal, *Procès-verbaux*, 22 juillet 1887.
62 Conseil municipal, *Procès-verbaux*, 11 novembre 1887.
63 *Le Soleil*, 25 septembre 1888.
64 Strauss, 1890.
65 Conseil municipal, *Procès-verbaux*, 31 juillet 1884.
66 *Le Temps*, 30 octobre 1888.
67 Strauss, 1890.
68 *Ibid.*
69 Bion - Saint Gaudens, *Correspondance* ; manuscrit conservé à la Darmouth College Library ; copie à la documentation des sculptures du musée d'Orsay.
70 *Bulletin municipal officiel*, 16 juillet 1891.
71 *Ibid.*
72 *Ibid.*
73 *Ibid.*
74 *Le Monde illustré*, 11 juillet 1891. En légende de la gravure du groupe d'Auguste Paris, *le Monde illustré* cite cette phrase de Michelet, tirée de l'*Histoire de la Révolution.*

Le monument à Condorcet

75 *Pétition au Conseil municipal de Paris pour l'érection d'une statue à Condorcet*, 15 février 1888, archives de la Direction des affaires culturelles de la Ville de Paris.
76 *Ibid.*
77 *Ibid.*
78 *Ibid.*
79 *Cf.* cat. « le monument à Jean-Jacques Rousseau ».
80 Renaud, 1895.
81 *Bulletin municipal officiel*, 17 juillet 1894.
82 *Ibid.*

Steiner Léopold-Clément-Amédée
Paris, 1853-1899

68 repr. p. 135
Ledru-Rollin

Plâtre patiné.
H. 0,63 ; L. 0,31 ; P. 0,30.
A l'avant de la terrasse : *le suffrage universel, c'est la REPUBLIQUE.*
Autour de l'urne, sur un bandeau : *VOX POPULI.*
Sur la page d'un livre ouvert : *DROITS DE L'HOMME.*
Sur le côté de la terrasse, à droite : *L. STEINER.*
Esquisse retenue en 1882 au 1er degré du concours pour la statue à Ledru-Rollin. Versée dans les collections municipales ; *Inventaire général* n° 565.Dépôt des œuvres d'art de la Ville de Paris.
Statue commandée en 1883.

Capellaro Charles-Romain-Joseph
Paris, 1826-1899

69 repr. p. 135
Ledru-Rollin

Plâtre patiné.
H. 0,65 ; L. 0,39 ; P. 0,33.
Sur l'urne : *VOX POPULI.*
A l'arrière, sur un livre : *1848/DECRETS.*
Sur le côté de la terrasse, à droite : *C. Capellaro.*
Esquisse retenue en 1882 au 1er degré du concours pour la statue à Ledru-Rollin. Versée dans les collections municipales ; *Inventaire général* n° 568. Dépôt des œuvres d'art de la Ville de Paris.

Guilbert Ernest-Charles-Demosthène
Paris, 1848 - lieu et date de mort inconnus

70 repr. p. 142
Etienne Dolet

Plâtre patiné.
H. 0,70 ; L. 0,22 ; P. 0,22.
Esquisse retenue en 1884 au 1er degré du concours pour la statue à Etienne Dolet. Versée dans les collections municipales ; *Inventaire général* n° 583. Dépôt des œuvres d'art de la Ville de Paris.
Statue commandée en 1885.

71 repr. p. 147
Arrestation d'Etienne Dolet

Bas-relief plâtre.
H. 1,26 ; L. 1,48 ; P. 0,16.
Sur un feuillet à gauche : *Guilbert 87.*
Sur le livre, à l'avant : *après la mort tu ne seras plus rien.*
Modèle à grandeur définitive commandé en 1887 pour la statue à Etienne Dolet. Versé dans les collections municipales ; *Inventaire général* n° 910
Dépôt des œuvres d'art de la Ville de Paris.

72 repr. p. 147
Etienne Dolet sur le bûcher

Bas-relief plâtre.
H. 1,26 ; L. 1,48 ; P 0,16.
Modèle à grandeur définitive commandé en 1887 pour la statue à Etienne Dolet. Versé dans les collections municipales ; *Inventaire général* n° 910.
Dépôt des œuvres d'art de la Ville de Paris.

Germain Jean-Baptiste
Fismes, ? - mort en 1910.

73 repr. p. 143
Etienne Dolet

Plâtre patiné.
H. 0,67 ; L 0,25 ; P. 0,25.
Sur la presse, en bas, à droite : *JB^T GERMAIN.*
Sur le livre posé sur la terrasse : *CICERO*[N].
Sur le feuillet posé sur la presse : *APRES LA MORT/ TU NE SERAS RIEN/ DU TOUT/ -SOCRATE/ Non dolet ipse dolet/sed pia turba dol/* [et].
Sur le livre tenu dans la main droite : *PLATON.*
Esquisse retenue en 1884 au 1er degré du concours pour la statue à Etienne Dolet. Versée dans les collections municipales ; *Inventaire général* n° 581. Dépôt des œuvres d'art de la Ville de Paris.

Berthet Paul
Dijon, ? - lieu et date de mort inconnus.

74 repr. p. 143
Etienne Dolet

Plâtre.
H. 1,35 ; L. 0,45 ; P. 0,45.
Maquette présentée en 1885 au 2d degré du concours pour la statue à Etienne Dolet. Première prime. Versée dans les collections municipales ; *Inventaire général* n° 580. Dépôt des œuvres d'art de la Ville de Paris.

Rousseau Henri (dit Le Douanier)
Laval, 1844 - Paris, 1910.

75 repr. p. 149
Les représentants des puissances étrangères venant saluer la République en signe de paix

Huile sur toile.
H. 1,30 ; L. 1,61.
S.d.b.d. : *Henri J. Rousseau 1907.*
Donation Picasso. Paris, musée du Louvre (RF 1973-91).

Berthet Paul
Dijon, ? - lieu et date de mort inconnus

76 repr. p. 152
Rousseau

Plâtre patiné.
H. 0,72 ; L. 0,23 ; P. 0,21.
A l'avant de la terrasse : *J.J. ROUSSEAU.*
Sur le côté de la terrasse, à droite : *P. Berthet/ 1885.*
Esquisse retenue en 1885 au 1er degré du concours pour la statue à Jean-Jacques Rousseau. Versée dans les collections municipales ; *Inventaire général* n° 754. Dépôt des œuvres d'art de la Ville de Paris.
Statue commandée en 1886.

LARCHE Raoul-François
Saint-André-de-Cubzac, 1860 - Paris, 1912.

77 repr. p. 153
Rousseau

Plâtre patiné.
H. 0,67 ; L. 0,26 ; P. 0,29.
Esquisse retenue en 1885 au 1er degré du concours pour la statue à Jean-Jacques Rousseau. Versée dans les collections municipales ; *Inventaire général* n° 756. Dépôt des œuvres d'art de la Ville de Paris.

STEINER Léopold-Clément-Amédée
Paris, 1853-1899.

78 repr. p. 153
Rousseau

Plâtre patiné.
H. 0,77 ; L. 0,26 ; P. 0,29.
Sur le côté de la terrasse, à droite : *L. Steiner*.
Sur un livre : CONTRAT SOCIAL.
Esquisse retenue en 1885 au 1er degré du concours pour la statue à Jean-Jacques Rousseau. Versée dans les collections municipales ; *Inventaire général* n° 758. Dépôt des œuvres d'art de la Ville de Paris.

PARIS Auguste
Paris, 1850-1915.

79 repr. p. 163
Monument à Danton

Plâtre.
H. 2,15 ; L. 0,90 ; P. 0,95.
Sur le socle, à l'avant : *A/DANTON/LA VILLE DE PARIS.*
Côté gauche : *DE L'AUDACE/ENCORE DE L'AUDACE/ET TOUJOURS DE L'AUDACE.*
Côté droit : *APRES LE PAIN/L'INSTRUCTION EST LE/PREMIER BESOIN DU PEUPLE.*
A l'arrière, dans un cartouche : *1789/REPUBLIQUE FRANCAISE/G.J./DANTON.*
En dessous : *MONUMENT/ ERIGE PAR ARRETE/DU PREFET DE LA SEINE/ APRES DELIBERATION/ DU CONSEIL MUNICIPAL/DE PARIS.*
Maquette présentée en 1889 au 2d degré du concours pour le monument à Danton. Prix d'exécution. Versée dans les collections municipales ; *Inventaire général* n° 852. Dépôt des œuvres d'art de la Ville de Paris.
Monument commandé en 1889.

DESCA Edmond
Vic en Bigorre, 1855 - ?, 1918.

80 A-C repr. p. 163
Monument à Danton

Plâtre.
Maquette présentée en 1889 au 2d degré du concours pour le monument à Danton. Première prime. Versée dans les collections municipales ; *Inventaire général* n° 854. Dépôt des œuvres d'art de la Ville de Paris.

A
Danton

Plâtre.
H. 1,35 ; L. 0,50 ; P. 0,50.

B repr. p. 166
Danton haranguant les femmes des Halles

Relief plâtre.
H. 1,40 ; L 0,90 ; P. 0,50.

C repr. p. 166
Le Départ des Volontaires

Relief plâtre.
H. 1,45 ; L. 0,85 ; P. 0,55.

LEVASSEUR Henri-Louis
Paris, 1853 - lieu et date de mort inconnus

MAISTRASSE
lieux et dates de naissance et de mort inconnus

81 A-B repr. p. 168
Monument à Danton

Plâtre.
Maquette présentée en 1889 au 2d degré du concours pour le monument à Danton. Deuxième prime. Versée dans les collections municipales ; *Inventaire général* n° 856. Dépôt des œuvres d'art de la Ville de Paris.

A repr. p. 168
Danton

Plâtre.
H. 1,25 ; L. 1,07 ; P. 0,55.

B
Socle avec deux figures : la République et le Patriote

Plâtre.
H. 1,95 ; L 1,20 ; P. 1,30.
Sur la partie haute du socle : *A L'ASSEMBLE LEGISTIVE / 2 SEPTBRE 1792/ LE CANON QUE VOUS ENTENDEZ/ N'EST POINT UN SIGNAL D'ALARME/ C'EST LA CHARGE CONTRE LES/ENNEMIS DE LA PATRIE, POUR LES VAINCRE IL NOUS FAUT DE L'AUDACE, ENCORE DE L'AUDACE. TOU-/JOURS DE L'AUDACE...*
Sur la partie basse, à l'avant : *REPUBLIQUE FRANCAISE/ LIBERTE EGALITE FRATERNITE/ LE CONSEIL MUNICIPAL DE LA VILLE DE PARIS/PAR UNE DELIBERATION EN DATE DU 30 DECBRE 1887/ AYANT DECIDE DE RENDRE UN HOMMAGE PUBLIC/ A LA GLOIRE DE DANTON/ CE MONUMENT FUT INAUGURE LE 14 JUILLET 1890 / CARNOT ETANT PRESIDENT DE LA REPUBLIQUE / TIRARD PRESIDENT DU CONSEIL DES MINISTRES.*

PERRIN Jacques
Lyon, 1847 - Paris, 1915.

82 repr. p. 175
Condorcet

Plâtre.
H. 3,20 ; L. 1,05 ; P. 1,05.
Modèle à grandeur définitive commandé en 1890 à l'issue du second degré du concours pour la statue à Condorcet. Versé dans les collections municipales ; *Inventaire général* n° 950. Dépôt des œuvres d'art de la Ville de Paris.

LECOINTE Léon-Aimé-Joachim
Paris, 1826 - 1913.

83 repr. p. 130
Diderot

Plâtre.
H. 1,95 ; L. 1,10 ; P. 1,50.
Modèle acheté par la Ville de Paris au Salon de 1884. *Inventaire général* n° 420. Dépôt des œuvres d'art de la Ville de Paris.

La fête

Genèse du 14 Juillet parisien

L*a République adopte la date du 14 Juillet comme jour de la Fête nationale annuelle :* le 6 juillet 1880, une loi, constituée de cet article unique, consacre légalement une fête qui appartient déjà à la tradition républicaine. Une décennie s'est pourtant écoulée avant que la Troisième République, proclamée le 4 septembre 1870, choisisse officiellement l'anniversaire de la prise de la Bastille pour célébrer la Fête nationale[1].

Le 14 Juillet avait été célébré sous la monarchie de Juillet et le Second Empire, mais de façon plus ou moins clandestine. Au début de la Troisième République, la progression du parti républicain et la part active que prend Gambetta lui-même dans les tournées de propagande et les campagnes de banquets, qu'il organise à cette occasion symbolique, préparent les esprits et anticipent, par des célébrations encore officieuses, l'institution de la Fête nationale à cette date-là. De son côté, le Conseil municipal n'est pas en reste de ces initiatives. Les convictions républicaines et la fidélité à l'héritage révolutionnaire, revendiquées par sa majorité, l'incitent, nous le verrons, à multiplier dès 1878 les propositions en faveur d'une commémoration officielle du 14 Juillet. Dans un projet de vœu du 13 mai 1879, plusieurs conseillers radicaux affirment ainsi leur confiance : *L'heure viendrait où cette fête du 14 Juillet, si vivement désirée par toute la France Républicaine, s'imposerait d'elle-même*[2]. Ces volontés convergentes ont en effet pour elles bien plus que leur seule logique historique et politique : à la fin des années 1870, elles sont rendues légitimes par un véritable soutien populaire. En 1878, à l'occasion d'une fête nationale prudemment fixée au 30 juin et en 1879, pour un 14 Juillet encore officieux, les habitants de la capitale s'emparent spontanément des rues, pavoisent et illuminent la plupart des quartiers. La fête naît donc également de la volonté du peuple.

Soucieux de répondre aux aspirations de la population, les élus parisiens prennent dès 1878 l'initiative de propositions en faveur d'une célébration nationale du 14 Juillet. Le 18 mai, le Conseil examine ainsi un rapport, présenté par Viollet-le-Duc, décrivant *une fête que la Ville de Paris se propose de donner, avec l'autorisation du gouvernement, le 14 juillet prochain, anniversaire de la prise de la Bastille*[3]. Dans ses grandes lignes (inaugurations, concerts, illuminations...), ce projet est bien l'esquisse des programmes futurs du 14 Juillet. Mais, déniant au Conseil le droit d'instituer lui-même une telle solennité, le gouvernement refuse d'approuver la délibération et fixe de son côté au 30 juin la célébration d'une grande fête nationale. Redoutant toute manifestation à caractère politique, le gouvernement de Mac-Mahon place cette journée sous le signe de la concorde et de la paix et... sous le regard des nations qui ont prêté leur concours à l'Exposition universelle. Réception pacifique des peuples étrangers, mais surtout *fraternisation intime des Français réconciliés entre eux*[4], la fête libère une véritable ferveur populaire, immortalisée, dans son débordement tricolore, par les *impressions* de rues de Monet (CAT. 84 et FIG. 132). Ceci n'empêche d'ailleurs pas l'opinion républicaine de se mobiliser quinze jours plus tard, le 14 Juillet, pour les célébrations jumelées et d'initiative privée, de l'anniversaire de la prise de la Bastille et du centenaire de la mort de Jean-Jacques Rousseau[5].

L'avènement à la tête de l'Etat, début 1879, d'un Président sincèrement républicain, encourage le Conseil municipal à maintenir la pression sur le gouvernement. *S'inspirant des sentiments de la population parisienne,* il a renouvelé, le 13 mai 1879, *le vœu qu'une grande fédération nationale eût lieu chaque année à l'occasion de l'anniversaire du jour où le peuple de Paris a renversé la forteresse de l'arbitraire et de la tyrannie*[6]. Dans ce processus qui amène peu à peu les républicains à la conquête du pouvoir, la célébration du 14 Juillet représente autant le symbole des ultimes *bastilles* à conquérir que l'instrument d'une pédagogie vivante. Ainsi que le rappelle le conseiller radical Ernest Hamel, *au moment où le parti royaliste et le parti bonapartiste, sur le point de disparaître, réunissent leurs forces pour donner un dernier assaut à la République, ce serait affirmer hautement les principes de la Révolution que de célébrer, comme fête nationale, l'anniversaire de la prise de la Bastille*[7]. Cependant, face aux hésitations du Parlement, la véritable question qui se pose alors aux élus parisiens concerne à nouveau la possibilité pour la Ville de prendre elle-même l'initiative de la fête. Souhaitant tourner le problème juridique — les pouvoirs publics étant normalement seuls compétents pour instituer une fête nationale —, le Conseil s'interroge sur la meilleure stratégie à adopter. Si le conseiller Henricy défend ainsi le droit de la Ville à donner une fête municipale, Ernest Hamel maintient le problème sur le plan du principe général : *Il ne s'agit pas d'établir une fête parisienne mais bien une Fête nationale*[8]. Ce point de vue emporte l'adhésion de la majorité du Conseil qui, à l'issue de sa séance du 26 juin 1879, adopte une nouvelle proposition invitant le gouvernement à fixer la fête nationale au 14 juillet. A cette date, la Chambre des députés, seule, décide de se mettre en congé afin de célébrer le *premier jour de la liberté civile, de la liberté religieuse et de la souveraineté nationale* et Gambetta donne, pour l'occasion, une grande réception au palais Bourbon[9]. Surtout, la population parisienne prête à nouveau son concours spontané à la fête : *Paris, comme l'année d'avant, se pavoisa, se fleurit, s'illumina de lui-même. Il chanta, dansa par ses rues, sans la permission de l'autorité, sans le moindre accident, avec l'enthousiasme le plus gai*[10].

L'année 1880 voit enfin la légalisation de cette fête du 14 Juillet qui, comme certains édiles parisiens l'avaient imaginé, avait peu à peu réussi à *s'imposer d'elle-même.* Si le Conseil municipal renouvelle dès le mois de février ses propositions, le processus qui va conduire à la promulgation de la loi du 6 juillet démontre alors la volonté d'une réelle collaboration entre la Ville et l'Etat. Le projet de loi, instituant ce jour annuel de fête

CAT. 84

FIG. 132

CAT. 84
Claude MONET
La rue Montorgueil à Paris,
30 juin 1878.

FIG. 132
Claude MONET
La rue Saint-Denis,
fête du 30 juin 1878 Rouen,
musée des Beaux-Arts.

CAT. 15

CAT. 16

CAT. 20

CAT. 15
Léopold MORICE
Prise de la Bastille, 1883.

CAT. 16
Léopold MORICE
Fête de la Fédération, 1883.

CAT. 20
Léopold MORICE
La Fête nationale, 1883.

nationale, est adopté à la Chambre des députés (sur proposition de Benjamin Raspail) et au Sénat (après un rapport présenté par Henri Martin) respectivement les 8 et 29 juin 1880. Le 15 juin, le Conseil municipal; quant à lui, prend connaissance d'un projet de l'administration *tendant à l'organisation d'une fête de nuit sur la place de la Bastille et sur la place de la République le 14 Juillet prochain, jour choisi pour la distribution des drapeaux à l'armée*[11]. Quelques jours plus tard, l'annonce du projet de loi, concernant l'amnistie pleinière, véritable geste de réconciliation, achève de convaincre le Conseil de la bonne volonté du gouvernement. Dans l'opinion républicaine, les deux choses (amnistie et fête) sont en effet liées car, ainsi que le souligne le conseiller Hattat, *il ne pouvait être question de réjouissances publiques tant que le gouvernement n'aurait pas pris des mesures pour effacer les dernières traces de nos discordes civiles*[12]. Dès ce moment, les bases de l'organisation matérielle de la fête se mettent en place sous la responsabilité conjointe de l'Etat et de la Ville de Paris. Le 19 juin, le Conseil municipal décide de contribuer à la fête pour la somme de deux cent mille francs (l'Etat en accorde trois cent mille pour Paris) et élit trois de ses membres pour siéger à la commission mixte (Ville-Etat), dont le principe avait été proposé par le ministre de l'Intérieur. Cette commission a pour tâche d'arrêter le programme définitif de la célébration sur le détail duquel nous reviendrons. Au-delà de son importante contribution financière, matérielle et humaine, la Ville de Paris décide également d'affirmer publiquement le rôle qu'elle entend jouer par une manifestation à caractère purement municipal. A cet effet, le Conseil offre, le 13 juillet au soir, une réception aux maires et aux délégués des conseils généraux et municipaux de France. Cette fête se tient dans l'un des salons du tribunal du Commerce et est honorée de la présence de plusieurs députés et de nombreuses personnalités dont Victor Hugo. L'évocation renouvelée de ce thème de la fédération communale, lié à l'idéal fraternitaire du 14 Juillet, sera ainsi pour les élus parisiens une occasion supplémentaire de revendiquer leur autonomie. Enfin, pour accompagner ces dispositions, les conseillers municipaux décident d'adresser un appel à la population, l'invitant notamment à s'associer à la Fête nationale par des illuminations privées.

Le rôle joué par l'initiative populaire dans la célébration du 14 Juillet donne à la fête publique un sens nouveau. Le choix de la date en constitue lui-même le symbole, puisqu'il veut autant rappeler la prise de la Bastille (14 juillet 1789), c'est-à-dire la prise en main par le peuple de son destin, que la Fête de la Fédération (le 14 juillet 1790), démonstration de l'unité de la nation. Une telle mise en perspective de l'histoire, plaçant le nouveau régime dans la continuité révolutionnaire, trouve d'ailleurs, à l'époque, une traduction plastique dans des décors sculptés ou peints. Ainsi, la série des bas-reliefs du monument de la place de la République conduit-elle des 14 juillet 1789 et 1790 à leur célébration contemporaine le 14 juillet 1880 (CAT. 15-16 et CAT. 20) ; un

RF
RF

CAT. 85

CAT. 86

CAT. 85
Albert BESNARD
Le 14 juillet 1790 esquisse, 1884.

CAT. 86
Albert BESNARD
Le 14 juillet 1880 esquisse, 1884.

projet de Besnard, pour la décoration de la salle des fêtes de la mairie du IVe arrondissement, unit de même, avec deux évocations de bals, la Fête de la Fédération et la première Fête nationale (CAT. 85 et CAT. 86). Symboles respectifs de la *Liberté* et de la *Fraternité*, les deux 14 Juillet révolutionnaires sont l'expression même des principes de la philosophie républicaine; ils conservent en outre la profonde valeur émotionnelle d'actes où les plus humbles se sont illustrés par leur courage ou leur générosité.

La fidélité à l'esprit de tels faits appelle une fête où le peuple lui-même sera l'acteur principal. Le peuple dans son ensemble n'était certes pas absent des fêtes royales ou impériales, où déjà jeux, bals, spectacles, s'étaient multipliés pour amuser le public. Mais comme le souligne Françoise Waquet à propos des fêtes royales sous la Restauration : *C'étaient surtout les Parisiens les plus modestes qui se rendaient dans ces fêtes où ils trouvaient, grâce aux distributions de vin et de comestibles, une amélioration à leur ordinaire*[13]. L'aspect philanthropique de la fête républicaine s'inscrit donc dans cette tradition. Pour les républicains, cependant, l'objectif principal consiste à inventer de nouveaux rapports à l'intérieur desquels il ne s'agira plus de *donner* au peuple de grandes fêtes, mais plutôt de lui permettre d'être *librement* et *collectivement* un véritable protagoniste de celles-ci. D'ailleurs les récits des premiers 14 Juillet ne manquent jamais d'observer cette liberté d'expression, cette nouvelle spontanéité, qui participent de leur véritable succès. Ainsi *La Ville de Paris*, quotidien municipal de courte existence, dresse-t-il ce bilan de la première Fête nationale : *Contrairement à ce temps que personne ne regrette, les citoyens ont davantage aidé à l'éclat de la fête que le gouvernement (...). Si on a fêté cet anniversaire du 14 Juillet 1789 avec un tel enthousiasme, il faut bien reconnaître avant tout qu'il ne s'agissait pas d'une réjouissance publique de commande*[14]. Et, se faisant sans doute l'écho enthousiaste des sentiments de la majorité des membres du Conseil municipal, il imagine les rapports de réciprocité qui veulent être la marque nouvelle de ces fêtes : *Il n'y a que la République pour s'offrir à elle-même de ces immenses représentations populaires, où tout le monde est à la fois spectateur et acteur, donne, et reçoit et communique le généreux enivrement de la solidarité démocratique et patriotique*[15].

Le rôle joué par la Ville de Paris dans la genèse de la Fête nationale est donc tout à fait primordial. Non seulement les élus de la capitale n'ont pas ménagé leurs interventions pour que cet événementfondateur de l'histoire de la République soit dignement célébré par celle-ci, mais ils ont aussi voulu insuffler à la fête ce vent de liberté et de passion sincère qui seul pouvait lui donner son véritable sens. De par son réel engagement politique et matériel – allant d'ailleurs l'un et l'autre croissant dans la décennie suivante – la Ville de Paris ne cessera de réclamer une plus grande maîtrise de l'organisation du 14 Juillet. Pourtant cette volonté n'échappera pas à l'ambiguïté qui planait déjà sur les débats précédant son institution légale, entre l'esprit *national* d'une fête somptueusement célébrée à Paris, capitale et siège du gouvernement de la France, et l'esprit *communal* d'une fête authentiquement républicaine, sacrifiant par là-même aux idéaux démocratiques et désirant répondre aux aspirations des populations les plus déshéritées. L'enthousiasme qui anime les récits du premier 14 Juillet témoigne en tout cas d'un réel consensus, preuve qu'entre ces enjeux différents, une Fête nationale et républicaine pouvait trouver sa place. Le lyrisme de Camille Pelletan pourrait, s'il était nécessaire, nous en convaincre : *Jamais ville au monde ne donna un si magnifique spectacle (...). En vain les ennemis de la République – on peut dire aujourd'hui les ennemis de la France – essayent de bouder la joie universelle (...) ; ces mauvaises humeurs disparaissent dans la splendeur de cette incomparable journée ; il faut les chercher pour les remarquer, les émigrés de l'intérieur ne peuvent même pas faire tache*[16].

Organisation et grands thèmes du 14 Juillet

Par un arrêté du ministère de l'Intérieur du 13 juillet 1880, l'organisation de la Fête nationale à Paris est confiée, sous l'autorité supérieure du préfet de la Seine, à une commission consultative et à un commissaire général *ordonnateur*. Dans une composition savamment équilibrée, la commission compte alors trois conseillers municipaux, trois membres de l'administration parisienne et trois représentants de l'Etat, auxquels s'ajoutent les chefs de la police et du corps des pompiers[17]. Le directeur des Travaux de Paris, Adolphe Alphand, occupe dès 1880 la fonction de commissaire général de la fête et cela jusqu'à sa mort en 1891. Outre son travail d'élaboration du programme officiel du 14 Juillet, la commission a la lourde responsabilité de sa mise en œuvre financière. L'ampleur de ces deux tâches alliée au désir de certains élus parisiens d'avoir une plus grande maîtrise de l'organisation de la fête entraînent dans les années suivantes une augmentation progressive des membres de cette commission. Les présidents du Conseil municipal et du Conseil général y entrent comme membres de droit en 1881[18]. En 1886, vingt-cinq membres siègent dans une commission où les représentants de l'Etat, de l'administration préfectorale et du Conseil municipal se répartissent toujours selon une proportion identique. Le chef du bureau des théâtres, le sous-directeur de l'enseignement primaire, les maires des XIe et XVIIe arrondissements, le peintre-décorateur Lavastre, en font maintenant partie aux côtés de membres de la hiérarchie militaire et du ministère des Beaux-Arts[19]. Cette liste atteint trente et une personnes en 1891, date à laquelle le principe même de cette commission est pourtant remis en question par le Conseil municipal[20].

Le désaccord qui intervient alors entre la Ville et l'Etat concerne notamment leur participation financière respective dans l'organisation de la Fête nationale. En effet, si la contribution de la Ville de Paris a, en dix ans, sensiblement augmenté, celle de l'Etat a suivi une évolution contraire et, de ce fait, l'équilibre de la représentation de l'une et de l'autre au sein de la commission a perdu, en 1891, sa légitimité initiale. Ainsi, en 1881, la commission dispose, pour l'organisation du 14 Juillet parisien, d'un budget global de 690 000 francs :

soit 300 000 francs accordés par l'Etat, 360 000 francs par la Ville de Paris (sa contribution, l'année précédente ne s'élevait encore qu'à 200 000 francs), et 30 000 francs par le département de la Seine[21]. Or, dix ans plus tard, pour un budget général en légère diminution, l'Etat n'offre plus que 100 000 francs, alors que la Ville a encore accru sa part qui s'élève maintenant à 400 000 francs (la somme allouée par le Conseil général restant stable)[22]. Contribuant aux quatre cinquièmes de la dépense, le Conseil municipal décide, en 1891, la création de sa propre commission composée de onze de ses membres et revendique le droit d'utiliser à sa convenance la subvention allouée par l'Etat[23]. Ne pouvant accepter cette dernière résolution, le ministre de l'Intérieur se voit dans l'obligation de rappeler au Conseil que *la célébration de la Fête nationale à Paris, capitale de la République et siège du gouvernement, n'a pas, comme dans les autres villes de France, un caractère purement municipal*[24]. Cependant, la commission d'organisation reste chargée de la mise en place matérielle et financière du programme général, dont les grands thèmes ne sont guère contestés et varient peu au cours des années 1880. Il reste que cet aspect officiel est loin de recouvrir l'ensemble des manifestations; d'autres plus locales, ou d'initiative privée, expliquent l'exubérance joyeuse des premiers 14 Juillet républicains. Nombreuses ont été les offres spontanées de temps, d'idée, d'invention ou de matériel... dont certaines ont été soumises à la commission d'organisation mais dont la plupart se sont concrétisées ça et là librement.

La fête sera annoncée dans la matinée du 14 Juillet par des salves d'artillerie. Des distributions extraordinaires de secours seront faites par les bureaux de bienfaisance : cette formule rituelle ouvre chacun des programmes des manifestations officielles de la Fête nationale[25]. Pour les élus parisiens, le 14 juillet 1789 est le point de départ d'une ère de justice et de solidarité et la célébration d'une telle date ne saurait oublier ceux qui souffrent de la misère ou de la maladie. La somme élevée, allouée chaque année par la commission d'organisation aux familles indigentes de Paris et de banlieue, témoigne bien de cette préoccupation prioritaire (FIG. 133).

La revue des troupes constitue également l'un des éléments invariables du programme. L'existence de celle-ci précède l'institution légale du 14 Juillet. Dès le 29 juin 1871, Thiers fait en effet défiler cent mille hommes à Longchamp afin d'exalter la renaissance de l'armée : *Un rite est créé, auquel s'associent républicains et monarchistes, unanimes à vouloir le redressement militaire*[26]. Cette revue, organisée le 1er juillet en 1877 et le 13 juillet en 1879, est fixée à la date du 14, en 1880, alors que la décision d'instituer ce même jour la Fête nationale n'est pas encore prise. Il est vrai que la revue connaît cette année-là une ampleur et un sens supplémentaires avec la remise des nouveaux drapeaux à l'armée française. Les drapeaux impériaux ayant été confisqués lors des capitulations de Sedan et de Metz, les régiments reconstitués après la Commune n'avaient reçu qu'un drapeau provisoire, fait en laine. Or, dès 1879, le gouvernement décide de rendre à l'armée des drapeaux de soie et de faire coïncider leur remise aux troupes avec une grande Fête nationale. Le caractère symbolique d'une telle solennité n'échappe d'ailleurs pas au lyrisme de Hugo : *Le drapeau est la plus noble expression de l'armée (...). Glorifier le drapeau le jour où l'on glorifie le 14 Juillet, cela est grand et juste ; c'est unir le symbole le plus noble à la fête la plus haute*[27]. Des tribunes sont, pour la circonstance, spécialement construites et la cérémonie, précise et détaillée, longuement répétée, se déroule en présence du président de la République, du gouvernement, du corps diplomatique et de l'ensemble des députés et sénateurs. Afin de conserver le souvenir de cet événement de portée nationale, le

FIG. 133

FIG. 133
Distribution de secours aux indigents à la mairie du VIe arrondissement, 14 juillet 1880 (Paris, Bibliothèque nationale).

Le drapeau est la plus noble expression de l'armée (....). Glorifier le drapeau le jour ou l'on glorifie le 14 Juillet, cela est grand et juste; c'est unir le symbole le plus noble à la fête la plus haute.
RF
?
1832

CAT. 87
Edouard DETAILLE
La distribution des drapeaux à Longchamp esquisse, 1880, remaniée en 1885.

CAT. 87

ministre des Beaux-Arts confie la réalisation d'un grand tableau au peintre militaire Detaille[28] (CAT. 87 pour l'esquisse remaniée). Outre cette commande officielle, plusieurs autres peintres, comme Garnier, fixent également sur la toile cette cérémonie de remise des drapeaux (CAT. 88). La manifestation, qui attire à Longchamp près de 300 000 Parisiens, remporte un immense succès populaire, qui se renouvellera d'ailleurs chaque année. Au-delà du seul sentiment patriotique, le succès de la revue révèle un désir profond, presque affectif d'exorciser la défaite par une fraternisation intime avec l'armée. Le besoin de cette communion étroite frappe les chroniqueurs par sa spontanéité : *Les troupes arrivent dès le matin et campent aussitôt. Le spectacle est des plus pittoresques : « les pékins » viennent faire la conversation avec les soldats*[29], mais elle révèle quelquefois un sentiment plus grave : *Un défilé, c'est la répétition d'un départ (...). Depuis vingt ans, les revues militaires qui étaient une distraction autrefois, sont devenues une émotion*[30].

Pour répondre à la volonté de rapprocher l'armée des populations et d'éviter, en même temps, la désaffection pour les fêtes locales, provoquée par le déplacement massif des Parisiens à Longchamp, la revue des troupes est fractionnée, en 1884 et en 1885, pour se dérouler simultanément sur le cours de Vincennes et sur les Champs-Elysées (FIG. 134). La revue retrouve à nouveau le champ de courses, à partir de 1886, et soulève un enthousiasme qu'amplifie alors le culte voué au général Boulanger.

Un tel spectacle, conçu pour frapper les imaginations, vaut également pour la leçon de patriotisme qu'il offre aux jeunes générations. Dès 1880, les garçons des écoles primaires de la Ville sont invités à assister au défilé militaire. Comme le précise Alphand, il s'agit pour eux d'*une sorte d'initiation virile aux devoirs que leur imposera plus tard le service obligatoire*[31]. De même, pour les élèves ne pouvant assister à la revue, la commission recommande la tenue de fêtes locales, organisées par les écoles, où les enfants exécuteraient des exercices mêlés de chants. Cette idée conduit, en 1881, à la formation de bataillons scolaires. Chacun d'eux reçoit du ministre de l'Instruction publique un drapeau spécial (FIG. 135) et effectue régulièrement un entraînement physique et militaire qui, à Paris, se déroule à proximité de la place Denfert-Rochereau, sur les boulevards Arago ou Saint-Jacques[32] (CAT. 89 et FIG. 136). Pour la première fois en 1882, les bataillons scolaires défilent sur la place de l'Hôtel de Ville à l'occasion de la Fête nationale (FIG. 137). Dans l'esprit des républicains, l'intérêt de cette formation dépasse d'ailleurs la seule nécessité d'*instruire la jeunesse du devoir qui lui incombe de défendre le sol menacé*[33] ; elle prend également un sens social et politique : *L'éducation militaire, ainsi admise et passée dans nos mœurs, rendra inutile une présence trop longue sous les drapeaux et permettra ainsi au commerce, à l'industrie, à l'agriculture d'avoir plus d'éléments à sa disposition*[34]. La revue des bataillons scolaires, dont le prin-

CAT. 88
Jules GARNIER
La distribution des drapeaux à Longchamp esquisse, 1880.

CAT. 89
Géo ROUSSEL
Le midi esquisse, 1889.

FIG. 134
La revue des Champs-Elysées, le 14 juillet 1885 (Paris, Bibliothèque nationale).

FIG. 135
La remise du drapeau au bataillon scolaire de la Ville de Paris à l'occasion de l'inauguration du nouvel Hôtel de Ville, 14 juillet 1882 (Paris, Bibliothèque nationale).

FIG. 136
Les bataillons scolaires : l'exercice sur le boulevard Saint-Jacques, 1882 (Paris, Bibliothèque nationale).

FIG. 137
Le défilé des bataillons scolaires devant l'Hôtel de Ville n° exceptionnel du *Voltaire*, 14 juillet 1882.

CAT. 89

FÊTE NATIONALE DU 14 JUILLET
NUMERO EXCEPTIONNEL DU VOLTAIRE
LE DEFILE DU BATAILLON SCOLAIRE

FIG. 137

CAT. 88

FIG. 135

FIG. 136

FIG. 134

CAT. 90

CAT. 91

CAT. 90
Edmond DEBON
Hommage au mérite esquisse, 1893.

CAT. 91
Hippolyte BERTEAUX
Souvenir de la fête nationale, 1895.

cipe est pourtant contesté par l'opinion conservatrice, n'en représente pas moins l'une des manifestations essentielles des 14 Juillet des années 1880. En 1885, par exemple, leur défilé sur la place de la République constitue l'un des *clous* de la fête ; l'année suivante, un enfant des bataillons scolaires devient le motif principal de la pièce allégorique du feu d'artifice tiré sur le lac Daumesnil.

Plus largement, la nécessité d'associer les enfants aux fêtes nationales et républicaines préoccupe les élus parisiens soucieux d'*arracher les jeunes générations aux pratiques de la superstition*[35]. Dès 1881, les programmes officiels prévoient chaque 14 Juillet l'organisation de représentations gratuites pour les délégations des écoles communales de la Ville de Paris, à l'hippodrome et dans les cirques. De plus, afin de parfaire la mission éducative assignée à la fête, ces dispositions s'accompagnent de conseils destinés aux enseignants pour qu'ils expliquent aux enfants le sens de cette journée : *Ils s'attacheront à éveiller dans l'âme des enfants les sentiments patriotiques en leur rappelant dans une forme simple et familière, les grands événements qui ont signalé l'année 1789 et l'année 1790*[36]. Dans les écoles, le 14 Juillet coïncide d'ailleurs avec

la fin de l'année scolaire et la distribution des prix, occasion d'un cérémonial destiné à célébrer les principes de l'éducation laïque, sujet évoqué par Debon dans le décor de la mairie de Maisons-Alfort (CAT. 90 pour l'esquisse). Des distributions de petits drapeaux et d'insignes, des bals et des jeux intègrent également les enfants dans les manifestations locales et concourent ainsi à les associer étroitement au rituel républicain de la fête (CAT. 91).

Le choix des emplacements et la recherche d'un équilibre entre la fête centrale et les fêtes locales posent davantage de problèmes à la commission d'organisation. Les programmes des premiers 14 Juillet déterminent un ou plusieurs centres de la fête et, en fonction de ceux-ci, les espaces et les grands axes qui bénéficieront des décorations et des illuminations les plus nombreuses (à la charge de l'administration parisienne en ce qui concerne les voies principales et les édifices publics). En 1880, les décors et les manifestations les plus remarquables se concentrent en plusieurs points de la ville, dont celui, symbolique, de la place de la République, où le

CAT. 93

CAT. 94

FIG. 138

FIG. 139

CAT. 93
Alfred ROLL
Le 14 juillet 1880
esquisse, 1880.

CAT. 94
Alfred ROLL
Le 14 juillet 1880, 1882.

FIG. 138
Illumination de la place de la République avec la version provisoire du monument des frères Morice
Le Monde Illustré, 24 juillet 1880.

FIG. 139
La fête vénitienne du Bois de Boulogne
Le Monde Illustré, 23 juillet 1881.

monument des frères Morice est inauguré dans sa version provisoire, en plâtre (FIG. 138). En souvenir de l'événement, l'Etat commande au peintre Roll une immense toile qui, dans l'esprit du *panorama*, met en scène une foule vibrante, dont chaque groupe incarne en réalité un aspect de la fête : les couples dansent au son de l'orchestre, les camelots agitent leurs colifichets tricolores et le régiment défile sous les acclamations, au pied du monument de la République (CAT. 93-94). En 1881, un fil continu de lumières relie les Tuileries aux lacs du bois de Boulogne où se déroule une somptueuse fête vénitienne (FIG. 139). L'année suivante, en raison de l'inauguration de l'Hôtel de Ville, le centre des réjouissances se déplace vers l'est et se prolonge d'une part vers le bois de Vincennes et d'autre part vers la Seine, pour une décoration particulière de la ligne des quais : *On pourrait ainsi par deux voies parallèles gagner l'Hôtel de Ville qui se dresserait comme un énorme vaisseau pavoisé et resplendissant de lumière*[37] (CAT. 95 et FIG. 140). En 1883, la création d'effets d'eau et de groupes sculptés devant le palais du Trocadéro offre l'opportunité d'une mise en scène particulièrement spectaculaire au Champ-de-Mars (FIG. 141).

Au gré des aménagements de la capitale et des inaugurations de monuments s'établit ainsi, d'une année sur l'autre, une relative alternance des lieux. Mais l'équilibre entre l'Est et l'Ouest est d'autant plus difficile à maintenir que la revue militaire, le plus souvent organisée à Longchamp, attire une grande partie de la population vers ce secteur de la capitale. De plus, certains espaces (Concorde, Champs-Elysées, Champ-de-Mars...) s'imposent d'eux-mêmes pour accueillir la fête centrale en vertu de leur prestige, du poids de la tradition ou tout simplement pour des raisons de sécurité (FIG. 142 et 143). Dans la droite ligne de la tradition impériale, Alphand défend ces principes : *Il ne faut pas perdre de vue que le centre d'une grande fête, doit être établi de telle façon qu'elle soit digne d'une capitale comme Paris ; ce centre déterminé par la topographie même de la Ville doit être placé dans les plus beaux quartiers, dans ceux qui sont pourvus de voies larges, où la foule puisse facilement circuler*[38]. Cependant, dès 1882, la commission d'organisation ressent la nécessité de trouver de nouveaux emplacements et de donner satisfaction aux habitants éloignés de la fête. Une telle préoccupation marque d'ailleurs, cette année-là, la préparation du 14 Juillet, puisqu'il existe une *sorte de corrélation morale entre l'inauguration de l'Hôtel de Ville et l'organisation d'une fête à Vincennes et dans les quartiers populaires (...) à l'Est de Paris*[39]. Mais à plusieurs reprises, les élus de l'Est ou de la périphérie de la capitale, porteurs de pétitions, interviennent auprès du Conseil municipal. C'est le cas, par exemple, en 1886, lorsque les habitants de la place de Rennes demandent la décoration de leur quartier, soulignant à cette occasion l'oubli dans lequel avait été laissée toute la rive gauche. Deux ans plus tard, la population du XIe arrondissement se plaint de voir le boulevard Voltaire exclu du projet d'illumination, grief repris au Conseil par Charles Longuet : *On ne doit pas oublier que le boulevard Voltaire est en quelque sorte le boulevard des Italiens, non seulement du 11e arrondissement, mais encore des populations laborieuses du 12e et du 20e qui, les unes et les autres, ont montré maintes fois leur attachement à la République et quel souvenir respectueux elles gardent du grand œuvre dont le 14 Juillet rappelle l'anniversaire*[40].

CAT. 95

FIG. 140

CAT. 95
Hubert CLERGET
L'avenue Victoria et l'Hôtel de Ville illuminés, le soir de l'inauguration, 13 juillet 1882.

FIG. 140
Aspect de la place de l'Hôtel de Ville dans la soirée du 13 juillet 1882 (Paris, Bibliothèque nationale).

FIG. 141
Les illuminations du parc et du palais du Trocadéro *L'Illustration,* 21 juillet 1883.

FIG. 142
La fête du 14 juillet 1883 : la place de la Concorde *Le Journal illustré,* 22 juillet 1883.

FIG. 143
La fête du 14 juillet 1883 : l'Ecole militaire *Le Journal illustré,* 22 juillet 1883.

FIG. 141

FIG. 142

FIG. 143

FIG. 144

Confrontée à ce paradoxe qui veut que le *clou* des réjouissances se tienne généralement dans les quartiers qui, politiquement, sont les moins favorables à la célébration du 14 Juillet, la commission compte sur la compensation que les fêtes locales offrent dans les autres parties de la ville. Cependant, par nécessité budgétaire autant que par idéal démocratique, l'organisation de celles-ci est confiée, pour l'essentiel, à l'initiative privée. Dès 1880, le préfet de la Seine en fixe le principe dans une lettre adressée à tous les maires d'arrondissements : *Pour que la fête réponde aux sentiments de la Population, il est nécessaire qu'elle s'étende dans tous les quartiers de Paris, et, dans ce but, je viens vous demander de constituer dans votre arrondissement, une Commission composée du Maire, Président, des adjoints, des Membres du Bureau de Bienfaisance et de la Caisse des Ecoles, des architectes et des commissaires-voyers de la Ville de Paris*[41]. Par des souscriptions et grâce au concours des citoyens, ces commissions *locales* sont chargées d'organiser des concerts et des bals ; en adressant un appel à la population et en provoquant des réunions de propriétaires, elles se chargent de faire pavoiser et illuminer les habitations particulières et de décorer les rues au moyen d'arcs de triomphe, de guirlandes de feuillage, etc. De même, elles autorisent le déroulement de fêtes foraines (FIG. 144). Dans de nombreux arrondissements, les comités républicains et les diverses sociétés locales s'emploient à mettre sur pied les attractions les plus variées : cérémonies commémoratives, retraites aux flambeaux (FIG. 145), cortèges historiques, ascensions de ballons, jeux (FIG. 146), concours sportifs et fêtes nautiques (FIG. 147). Compte tenu de cet encouragement à l'initiative privée, les sommes allouées pour l'organisation de ces fêtes locales sont assez modiques et s'élèvent en raison directe de l'éloignement de la fête officielle. Ce fait suscite les protestations des maires d'arrondissements qui, dans bien des cas, voudraient disposer de davantage de crédits. Les élus des quartiers populaires manifestent également leur inquiétude, auprès de la commission d'organisation, devant cet abandon de responsabilité à l'égard des fêtes locales, qui risque de provoquer un réel déséquilibre entre le centre et la périphérie de la capitale : *Il n'y aurait donc plus à Paris qu'une fête officielle, très belle il est vrai, offrant un caractère très artistique, mais ne satisfaisant pas autant la population que ces quantités de fêtes locales*[42].

FIG. 144
La fête du 14 juillet 1883 :
l'esplanade des Invalides
Le Journal illustré, 22 juillet 1883.

FIG. 145
La grande retraite aux flambeaux
du IXe arrondissement
Le Journal illustré, 25 juillet 1880.

FIG. 146
Les jeux populaires au 14 juillet : le baquet
L'Illustration, 18 juillet 1891.

FIG. 147
La fête du 14 juillet 1883 :
le petit feu d'artifice sur le terre-
plein du Pont-Neuf
Le Journal illustré, 22 juillet 1883.

Le Journal illustré

DIX-SEPTIÈME ANNÉE — N° 30

Gravures

La retraite aux flambeaux du IXe arrondissement, par **Henri Meyer**. — *La réception au tribunal de commerce,* par **Nielsen**. — *Une alerte, les sarcleuses de Colza,* par **Henri Meyer**. — *Les bains froids,* par **Nielsen** — *Nos illustrations de* LE FIACRE N° 13, par **Henri Meyer**.

DIMANCHE 25 JUILLET 1880

Le Journal illustré est mis en vente dès le vendredi matin

ABONNEMENT	UN AN	SIX MOIS
Paris	6 50	3 50
Départements	7 50	4 »

Administration et Rédaction, à Paris, hôtel du **Petit Journal** *rue Lafayette, 61.*

PRIX DU NUMÉRO : 15 CENTIMES

Texte

Chronique de la semaine, par **Aristide Roger**. — *Beaux-Arts et Théâtres,* par **Charles Darcours**. — *Nos gravures.* — *Comment se maria mon oncle Boniface,* nouvelle (fin), par **V. Vattier** — *Courrier des modes,* par Mme la comtesse de **Béran**. — *Mot carré syllabique inédit.*

La grande retraite aux flambeaux du IXe arrondissement

Dessin d'après nature de Henri MEYER. — Voir l'article, page 235.

FIG. 145

FIG. 147

FIG. 146

RF
RF

CAT. 98

CAT. 99

CAT. 98
Théophile-Alexandre STEINLEN
Le quatorze Juillet, 1895

CAT. 99
Théophile-Alexandre STEINLEN
Bal du 14 Juillet.

Le problème du juste compromis entre ces deux aspects de la fête est à nouveau débattu en 1891, lorsque les élus parisiens, à l'écoute des critiques, tentent de reprendre en main l'organisation du 14 Juillet ; ils veulent insuffler à la fête un air de nouveauté, pour lui donner un caractère de plus grande justice. *La décoration des voies et promenades publiques ne varie guère et ce sont toujours les mêmes endroits qui sont décorés (...) il faut donc rechercher un programme qui favorise davantage les fêtes locales, sans pour cela détruire l'éclat de la fête en général*, remarque ainsi le conseiller Maury[43]. Cette opinion, favorable à une certaine décentralisation des manifestations, prévaut ainsi dans la préparation du 14 juillet 1892. Le Conseil préconise pour l'occasion la suppression du pavoisement et des illuminations d'un grand nombre d'établissements municipaux au profit de la décoration de squares et de places de la capitale où se tiendraient concerts et bals.

L'élan spontané et l'exubérance joyeuse des réjouissances des rues ont été saisis par Steinlen, dans le style coloré et incisif qui lui est propre (CAT. 98 et 99). Comme la revue militaire — et en contrepartie à celle-ci — les bals sont le lieu d'une grande mobilisation populaire. Répartis en de multiples endroits de la capitale dans les impasses, autour des monuments ou aux carrefours, où souvent ne sont dressées que de simples estrades, ils donnent à la rue une atmosphère de liesse et de liberté. Ainsi que le souligne Rosemonde Sanson : *Le 14 Juillet 1789, le peuple est descendu dans la rue pour lutter contre l'oppression et il en est resté maître. Il en reprend possession pour la remodeler selon ses rêves, le jour de la Fête nationale*[44]. En 1881, une *pétition* adressée au Conseil municipal de Paris défend cette idée de la fête, libre et populaire, au détriment de son aspect officiel et dénonce le caractère onéreux des illuminations et des feux d'artifice qui déjà constituaient le décor imposé des fêtes royales et impériales. *Pour moi*, affirme le signataire de la pétition — un certain Simon — *la plus belle fête est celle où le peuple reçoit, où le peuple s'amuse, où il y a ces jours-là, liberté complète de s'amuser et de faire la fête comme chacun le désire*[45]... déclaration à laquelle font écho ces mots de Jules Vallès : *On sera vraiment pour un jour en République dans la ville livrée aux habitants, au milieu des rues dont la vie familière et libre fera échec à la vie officielle toujours solennelle et déclamatoire*[46].

Les décors provisoires et le thème républicain

Les guirlandes s'enlaçant aux guirlandes, les arcs de triomphe enjambant les rues, les bustes de la République dans les bosquets de verdure, les lustres aux globes bariolés, étincelants de toutes parts, les rues qui font aux yeux une explosion de couleurs vives... [47] : tel est le spectacle foisonnant, turbulent et joyeux qui s'offre aux observateurs des premiers 14 Juillet parisiens.

Selon les principes qui régissent l'organisation de la manifestation, les grands feux d'artifice, le pavoisement et l'illumination des avenues principales et des édifices publics incombent à l'administration parisienne. Parallèlement, par l'intermédiaire des maires d'arrondissement et des comités locaux, la commission d'organisation du 14 Juillet lance aussi de pressants appels à la population afin que celle-ci décore les habitations et les rues et contribue de cette manière à donner à la célébration encore plus d'éclat. Les Parisiens modèlent ainsi leur ville, par la création d'ornements éphémères qui manifestent leur adhésion à la fête et à ses symboles. Dès 1880, les quartiers rivalisent d'imagination dans la profusion des décorations.

Parmi tous les accessoires, le drapeau demeure l'emblème privilégié du 14 Juillet. Dressant, à l'occasion de la première Fête nationale, la liste des rues les plus pavoisées de Paris, les chroniqueurs relèvent ainsi quelques images particulièrement saisissantes : *Toutes les maisons, du Louvre à l'Hôtel de Ville, semblent former un immense rempart hérissé de drapeaux*[48] ; de même, dans le IIe arrondissement, de nombreuses rues *sont pavoisées au point d'obscurcir l'air et d'empêcher la circulation des omnibus dont les impériales sont sans cesse frôlées par les bannières des premiers étages*[49]. Oriflammes et guirlandes, décors de fleurs et de feuillages accompagnent dans la capitale les innombrables drapeaux (FIG. 148). Rue Cadet, dans le IXe arrondissement, *les maisons des deux côtés de la rue ont été reliées entre elles par des guirlandes de fleurs et des fils de fer chargés de lampions aux trois couleurs de la nation*[50] ; *un superbe portique couvert de grandes fleurs tricolores* s'élève au centre de la rue Réaumur et, au carrefour Lacépède, un *pavillon formé de guirlandes de verdure entremêlées d'écussons, entourées de drapeaux et de lampions, forme salle de bal*[51]. Certaines rues — souvent parmi les plus étroites et les plus populaires — retiennent l'attention par l'abondance de leur décor, telle la rue des Vertus, qui *disparaît absolument sous les trophées et les arcs de triomphe*, la rue Mouffetard, où la corporation des chiffonniers multiplie drapeaux, banderoles et arcs de triomphe ou la rue du Temple avec ses vingt arcs de triomphe ornés[52]... Si le Xe arrondissement se distingue par ses nombreuses constructions provisoires (onze arcs de triomphe, quatre portes monumentales, au moins six statues ou bustes et plus de dix mâts de cocagne), le VIIe arrondissement choisit un décor plus aérien, constitué de longues oriflammes suspendues à des mâts[53]. A la tombée du jour, ces décors s'illuminent de verres de couleurs, de ballons lumineux et de lanternes vénitiennes, qui scintillent de mille feux et contribuent à l'enchantement des fêtes de nuit.

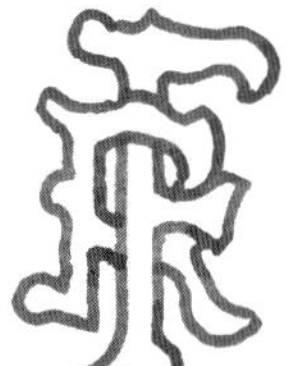

Même si, comme le souligne Mona Ozouf, *la vieille géographie révolutionnaire ne se lit plus beaucoup dans la distribution de l'enthousiasme sur le sol parisien*[54] (la place de la Bastille n'est qu'un lieu pavoisé parmi d'autres), les décors provisoires, lorsqu'ils existent, n'en font pas moins référence à l'imagerie et aux symboles républicains. Les formes en sont des plus variées : simples

FIG. 148
La rue Réaumur le 14 juillet 1880
Le Monde illustré, 24 juillet 1880.

FIG. 148

inscriptions sur des banderoles ou des portiques, statues ou bustes, en terre ou en plâtre, arcs de triomphe ou personnages en carton-pâte, écussons lumineux ou même grands tableaux peints, rapidement brossés et accrochés pour une journée sur une façade de maison. Les feux d'artifice dessinent également de grands motifs républicains. A l'époque, la pyrotechnie utilise en effet, outre les traditionnels bouquets de fusées et autres bombes de couleurs, des pièces décoratives représentant des armes de

ville, des statues, des monuments ou autres sujets allégoriques : *Un décor de sapin et d'osier, laissé jusque là dans l'ombre, s'allume et s'anime tout à coup, découvrant une image illuminée de centaines de petits jets d'artifice (lances de décor) qui en constituent les contours*[55].

Ces décors jouent d'un certain nombre de motifs, dont le plus évident est bien sûr la figure de la République. Rappelons à ce titre qu'un événement hautement symbolique — l'inauguration du grand modèle du monument de la République — couronne la célébration du premier 14 Juillet, unissant désormais étroitement l'allégorie du régime à la célébration de la Fête nationale. Instrument privilégié d'une propagande par l'image, l'effigie de Marianne se multiplie à profusion. Dans les rues, des bustes sont installés sur de hauts socles, garnis de fleurs, entourés de drapeaux, constituant des sortes de reposoirs patriotiques (FIG. 149). Un tableau de Jeannin, exposé au Salon de 1882, montre ainsi une Marianne dominant du regard un amoncellement impressionnant de fleurs (CAT. 101), composition que pourrait illustrer ce refrain chanté à l'époque : *Dans un élan patriotique/que tout Français porte un bouquet/au buste de la République/quand vient le 14 Juillet*[56]. Trop nombreux pour les

citer sont les carrefours de Paris où s'élève ainsi un buste de la République. Notons que souvent ils sont érigés à l'emplacement même où se déroule le bal, sous un dôme de verdure ou près de l'estrade des musiciens. A l'intérieur des Halles, traditionnellement pavoisées, chaque étal est garni de trophées et de bustes de Marianne autour desquels se déroule un grand bal (FIG. 150). A défaut de bustes, de nombreuses façades s'ornent d'écussons à l'effigie républicaine, entourés de trophées de drapeaux.

Dans presque chacun des arrondissements de la capitale, de grandes *Mariannes* se dressent également, ouvrages spontanés, conçus dans un enthou-

FIG. 149

CAT. 101

FIG. 150

FIG. 149
Buste de la République
érigé dans une rue de Paris, 1878
(Paris, Bibliothèque nationale).

FIG. 150
La fête du 14 juillet 1883 :
le bal des Halles centrales
Le Journal illustré, 22 juillet 1883.

CAT. 101
Georges JEANNIN
Un jour de fête, 1882.

FIG. 151
VAUDESCAL
La République statue provisoire
érigée au carrefour des Gobelins
Le Journal illustré, 18 juillet 1880.

FIG. 152
Pierre GRANET
La République statue provisoire
érigée impasse du Maine
L'Illustration, 23 juillet 1881.

FIG. 151

FIG. 152

siasme créatif épris de colossal. Elles sont parfois l'œuvre de sculpteurs connus, dont certains ont participé au concours du monument de la République. En 1880, les journaux signalent ainsi une *République* de Granet, devant le bassin de l'avenue Portalis, et une autre de Soitoux, sur la place Saint-Joseph[57]. Le sculpteur et maire du XIXe arrondissement, Mathurin Moreau, érige l'une de ses œuvres place Armand Carrel ; il s'agit d'une *République*, s'appuyant de la main gauche sur l'urne et sur les tables de la loi et tenant levée, de l'autre main, l'équerre, symbole d'Egalité[58]. Parmi toutes ces statues, celle érigée en bas de l'avenue des Gobelins, près du carrefour Monge, est la plus abondamment décrite par les chroniqueurs, à cause de l'intérêt et la curiosité, qu'elle suscite. *Coiffée d'un bonnet phrygien, drapée d'un long manteau,* [elle] *élève un flambeau de la main droite et de la gauche tient une palme qui enveloppe un cartouche sur lequel sont écrits ces mots : suffrage universel*[59] (FIG. 151). Haute de sept mètres, la statue est en plâtre peint d'un ton imitant le bronze. Œuvre de Vaudescal, elle est, nous dit-on, *improvisée en quelques heures et érigée par souscription publique*[60]. Les noms des citoyens qui ont prêté leur concours au sculpteur figurent d'ailleurs sur le socle de la statue. Mais le zèle de la population du quartier ne s'arrête pas là : on se préoccupe aussi d'alimenter au gaz le sommet de la torche, afin que celle-ci éclaire toute l'avenue d'une grande lueur. En 1881, une figure de Granet, exécutée d'après son esquisse du concours du monument de la République, est élevée impasse du Maine et semble veiller de sa grandeur hiératique sur les plaisirs de la fête nocturne (FIG. 152).

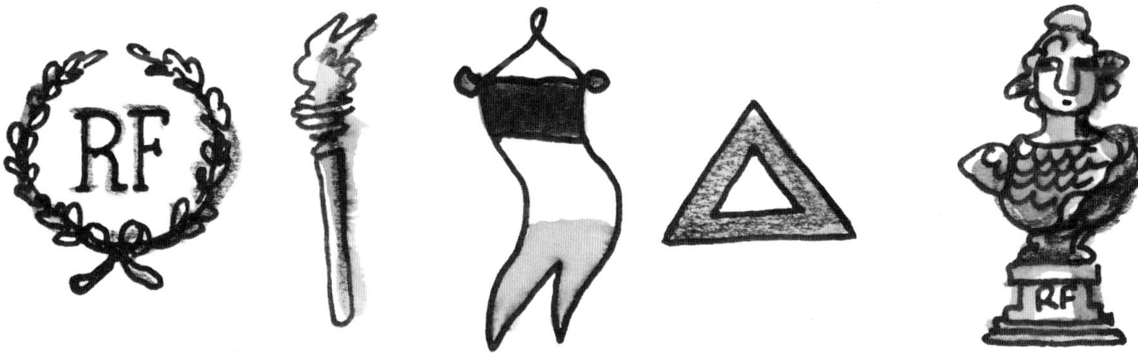

RF
RF

RF

CAT. 102

CAT. 103

CAT. 102 et 103
Décors de pièces pyrotechniques avec figure de République,
(coll. Aubin).

CAT. 104
Décor de pièce pyrotechnique avec figure de République carte noire montrant la répartition des couleurs des lances de décor (coll. Ruggieri).

CAT. 106
Décor de pièce pyrotechnique d'après le *Pro Patria* de Longepied (coll. Ruggieri).

CAT. 104

CAT. 106

Le motif principal du feu d'artifice tiré du haut de l'arc de Triomphe de l'Etoile, à l'occasion de la première Fête nationale, montre de même une *République* colossale, entourée de trophées de drapeaux (FIG. 153). La même année, celui tiré à Montmartre présente une grande décoration pyrotechnique en feu de lances reprenant dans son dessin la statue des frères Morice qui vient d'être érigée place de la République. Des modèles de ces compositions, conservées par la maison Ruggieri, montrent à quel point la statuaire de l'époque inspire directement les pièces allégoriques (CAT. 102 à 104 et CAT. 106). Ainsi, en 1881, le motif principal *(la République sur une sphère portée par des lions*[61]*)*, du feu d'artifice tiré place de la Nation emprunte son thème au groupe du sculpteur Dalou, érigé quelques années plus tard à cet emplacement ;

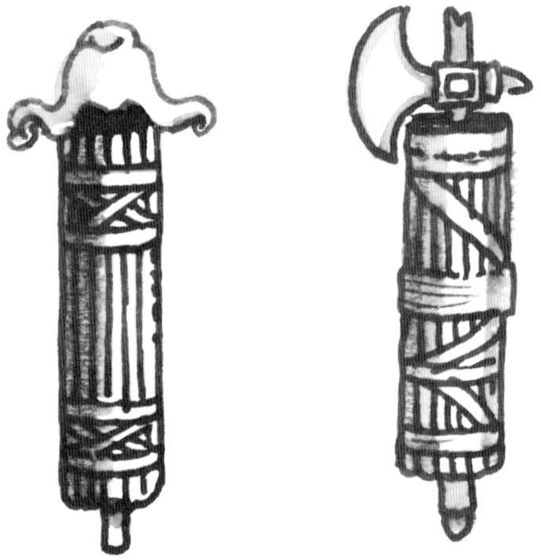

en 1883, c'est la *Défense de Paris* de Barrias (inauguré la même année à Courbevoie) qui sert de modèle aux artificiers[62].

Le thème républicain s'élargit quelquefois en un programme plus complexe, comme sur la porte monumentale dessinée par le peintre Emile Bin et dressée rue Lepic à l'occasion du 14 juillet 1880 : *La Liberté, sous la forme de la République, sort triomphante des débris de la Bastille et de la Royauté, tenant à la main droite une étoile lumineuse et de la gauche le drapeau national. A ses côtés, sont le Travail et l'Agriculture*[63] (FIG. 154). Puisant dans le vaste répertoire de la symbolique républicaine, tous ces décors varient à l'infini figures et attributs. A l'image de la République se substitue quelquefois celle de la France, emblème national et réconciliateur. Ainsi le feu d'artifice tiré, en 1880, au viaduc du Point du jour présente-t-il une grande décoration, où la *France* tend de chaque main une couronne, d'un côté vers la figure de l'*Industrie* et, de l'autre, vers celle du *Commerce*, selon une tradition iconographique héritée du passé[64].

Les grandes dates et les grands thèmes de la Révolution française, source essentielle de

FIG. 153

FIG. 154

FIG. 153
Le feu d'artifice tiré de l'Arc de Triomphe, le 14 juillet 1880 (Roger-Viollet).

FIG. 154
L'Arc de Triomphe construit rue Lepic, le 14 juillet 1880
L'Illustration, 17 juillet 1880.

FIG. 155
Le feu d'artifice tiré place de la Nation, le 14 juillet 1880 (Paris, Bibliothèque nationale).

FIG. 156
Le feu d'artifice tiré au carrefour de l'Observatoire, le 14 juillet 1880
L'Illustration, 24 juillet 1880.

FIG. 155

FIG. 156

l'imaginaire républicain, se retrouvent dans les décors éphémères au travers de l'évocation des événements fondateurs ou dans des compositions allégoriques. A l'occasion du premier 14 Juillet républicain, deux des grands feux d'artifice tirés à Paris (place de la Nation et au carrefour de l'Observatoire) offrent, dans un raccourci de symboles, une belle métaphore du destin révolutionnaire de la France : un premier décor illuminé montre la forteresse de la Bastille qui, après un simulacre d'écroulement, laisse apparaître la colonne de Juillet couronnée du génie de la Liberté[65] (FIG. 155 et 156). En 1884, la pièce finale du feu d'artifice du Champ-de-Mars, décrite comme le *monument commémoratif de 1789*, dispose un autel de la patrie, avec un feu brûlant, sous un arc de triomphe surmonté des vertus républicaines[66] (FIG. 157). Un esprit de reconstitution historique préside également à l'élaboration de décors d'un autre genre. Citons, par exemple, ces personnages de grandeur naturelle, vêtus de costumes de gardes françaises et disposés, en 1880, à l'emplacement de l'ancienne entrée de la Bastille.

Les grands personnages de la Révolution semblent, eux, plus discrètement évoqués par des inscriptions sur des cartouches ou des banderoles. Ils sont alors associés aux autres grandes figures du Panthéon républicain ; ainsi, le 14 Juillet 1880, de larges écussons entourent la place Daumesnil, portant les noms de *Mirabeau, Danton, Mme Rolland, Camille Desmoulins, Loustalot, Joseph Chénier, Voltaire, Gambetta, Dupont de l'Eure, Armand Carrel, Baudin...*[67]. La même année sont érigées des statues provisoires de Ledru-Rollin (X^{e} et XIe arrondissements) et de Voltaire (V^{e} arrondissement) et un buste de Baudin, à l'emplacement même où il fut tué (XIIe arrondissement).

Cette célébration des grands hommes, dans les décors provisoires, embrasse l'hommage rendu à des figures plus contemporaines. Au début des années 1880, Gambetta dispute ainsi à Victor Hugo la primauté des évocations. En dehors du XXe arrondissement, où le député de Belleville est l'objet d'un véritable culte, plusieurs autres décors le représentent : parmi les plus étonnants, celui conçu par André Gill et Pierre Carrier-Belleuse et dressé en travers de l'avenue Trudaine montre,

FIG. 157

FIG. 158

FIG. 159

FIG. 157
A. LEPERE
La principale pièce du feu d'artifice du Champ-de-Mars, représentant le projet de monument commémoratif de 1789, 14 juillet 1884
(Paris, Bibliothèque nationale).

FIG. 158
André GILL et **Pierre CARRIER-BELLEUSE**
Gambetta serrant la main d'un amnistié,
décor dressé en travers de l'avenue Trudaine, 1880
(Paris, Bibliothèque nationale).

FIG. 159
Le feu d'artifice tiré de la Tour Eiffel,
le 14 juillet 1888
(Paris, Bibliothèque nationale).

sous la forme de deux énormes personnages en carton-pâte, Gambetta serrant la main d'un amnistié (FIG. 158). En 1885, le triomphe revient au grand poète, à qui l'on vient d'organiser des funérailles nationales ; la pièce principale du feu d'artifice tiré cette année-là au Champ-de-Mars symbolise alors l'*apothéose de Victor Hugo*[22].

Un décor de débit de vin, rue des Entrepreneurs, combine spontanément tous ces thèmes : un double écusson lumineux représente, d'un côté, le portrait de Victor Hugo et de l'autre, ceux de Grévy et de Gambetta avec cette devise : *14 Juillet 1789-1790 ; Progrès, Paix.* Entre les portraits des deux présidents se trouve une *République* entourée de nombreux travailleurs ouvriers[69].

à Paris, un arc de triomphe énorme, avec des attributs guerriers et militaires, pour honorer le retour des troupes du Tonkin[71]. La même année, la pièce principale du feu d'artifice tiré sur le lac Daumesnil représente, rappelons-le, *un enfant des bataillons scolaires*, alors qu'au Champ-de-Mars, un grand motif pyrotechnique, dessiné par Lavastre, symbolise *l'Exposition universelle.*

Des idées nouvelles se dessinent, ainsi au fil des années, appelant de nouveaux décors. Lors des premiers 14 Juillet, l'image de la République, multipliée à profusion, s'était imposée naturellement comme l'emblème d'un régime qui voulait renforcer sa légitimité par une grande communion populaire. Or, prenant le relais de cette phase démonstrative, d'autres préoccupations apparaissent à la fin des années 1880 : celles d'une République *adulte*, essentiellement portée par l'idée de progrès. On remarque par exemple qu'au motif en feu de lances dessiné en 1886 pour évoquer l'Exposition universelle se substitue, deux ans plus tard, le décor *réel* de la tour Eiffel en construction pour tirer un grand feu d'artifice (FIG. 159). Sous le titre : *Nouveaux décors*, un article, publié dans *La Marseillaise* à l'occasion du 14 juillet 1892, définit bien la trame de cette évolution : *Jadis, on eût organisé un spectacle*

A la dialectique habituelle, du passé et de l'avenir, s'ajoutent dans certains décors des sujets d'ordre social et politique ou à résonance contemporaine. Le thème du *Travail*, déjà rencontré çà et là, prend un éclairage particulier dans un tableau dressé, en 1881, à l'angle de la rue des Archives et qui représente *la République bénissant un travailleur des villes et un travailleur des champs*[70]. Tel événement militaire contemporain sert également de prétexte à des compositions destinées à exalter les sentiments patriotiques de la population. Pour le 14 juillet 1886, on projette d'élever

symbolique à la signification sentimentale et humanitaire. Les temps sont bien changés ! Ce n'est pas que la démocratie ait modifié son orientation, mais elle a marché plus loin dans sa voie ; elle s'est approchée d'horizons nouveaux. Aujourd'hui elle a d'autres succès à fêter, des joies nouvelles à exprimer autrement. Les féeries scientifiques, apothéose du progrès matériel, offrent de nouvelles curiosités. Ainsi le journaliste poursuit-il : *Pour les prochains Quatorze Juillet, quêtez donc aussi auprès de la Science, puisque ses combinaisons ont un pareil pouvoir sur les imaginations*[72].

Les commémorations révolutionnaires

Le 22 septembre 1892, pour le centenaire de la proclamation de la République, deux cortèges semblables constitués de cinq grands chars historiques et de très nombreux figurants, traversent Paris sur chacune de ses rives et témoignent ainsi du goût du public pour la pompe théâtrale des grandes cérémonies. Décrétée Fête nationale, cette journée s'inscrit dans la suite des célébrations révolutionnaires qui, depuis 1889, se multiplient dans la capitale. Cette année-là, l'Exposition universelle — d'ailleurs désignée comme l'Exposition du centenaire — constituait en elle-même l'œuvre majeure de la commémoration. D'autres cérémonies s'échelonnent cependant durant ces quelques années pour évoquer le souvenir des grandes pages de la Révolution française. Si le 14 Juillet, instauré depuis près de dix ans, possède son rituel — qui prend en 1889 une ampleur tout à fait exceptionnelle — l'idée de Fédération hante aussi les esprits à la recherche du caractère proprement républicain de la fête. Le choix des dates, la nature et la forme même à donner à ces célébrations sont parmi les questions majeures posées au Conseil municipal de Paris qui *passe en première ligne dès que la Révolution française est directement concernée*[73].

En 1889, les fêtes du centenaire sont placées sous la triple dépendance du commissariat général de l'Exposition universelle, de l'Etat et de la Ville de Paris. Celle-ci inscrit sa participation dans le programme pour toutes les manifestations qui revêtent un *caractère particulièrement républicain*[74]. Elle prête ainsi son concours, le 5 mai, à la commémoration de l'ouverture des Etats généraux, à Versailles; elle participe, le 12 juillet, à la fête donnée au Palais-Royal en souvenir de Camille Desmoulins et clôt les manifestations de la Fête nationale par l'organisation le 16, d'une grande fête du Travail à l'Hôtel de Ville; le 18 août, elle réitère, pour son propre compte, le banquet des maires de 1888, le faisant précéder d'un grand cortège entre l'Hôtel de Ville et le palais de l'Industrie; enfin, véritable point d'orgue des célébrations municipales, la Ville ordonne, à l'occasion de l'inauguration du groupe de Dalou, place de la Nation, la fête du *Triomphe de la République*, fixée symboliquement à la date du 21 septembre.

L'anniversaire de la fête de la Fédération, l'année suivante, remet à l'ordre du jour le double thème, cher aux élus parisiens, de l'autonomie municipale et de l'unité nationale. Dès le mois de juin, le socialiste Vaillant propose ainsi l'ouverture, le 14 Juillet, d'un congrès des communes républicaines de France. La réalisation de cette idée avait été amorcée à deux reprises déjà, en 1888 (à l'occasion de l'inauguration de la statue d'Etienne Marcel) et en 1889, sous la forme d'un banquet offert à tous les maires de France. Mais appelant de ses vœux une célébration qui ne soit pas simplement *gastronomique*, Vaillant insiste sur la signification politique de cette journée *qui a fondé la France moderne*, l'érigeant en symbole d'un enjeu bien contemporain : *Il faut donner à la République des bases solides de la liberté communale et, par l'union des communes, assurer avec l'unité nationale l'indestructibilité de la forme républicaine et le développement des institutions démocratiques*[75]. Par défaut de temps et, surtout, manque de volonté politique devant un projet qui pose le problème des rapports avec le pouvoir central, le congrès des communes est repoussé à une date ultérieure. Le centenaire de la Fédération est cependant célébré à la veille d'une Fête nationale qui prend comme centre géographique le Champ-de-Mars et ouvre aux cérémonies commémoratives le Dôme central et la galerie des Machines (FIG. 160). Le 13 juillet, un grand défilé, entre la cour du Louvre et le Champ-de-Mars, réunit des corps de l'armée de Paris, des sociétés musicales et de tir, les bannières des corporations et les drapeaux des districts parisiens en 1790[76]. (FIG. 161).

Le centenaire de 1792 — année fertile en événements historiques — mobilise à nouveau l'enthousiasme républicain. Pour sa part, le Conseil municipal confie à la commission de la célébration des grands souvenirs révolutionnaires, créée quelques mois auparavant, la mission d'examiner quelles peuvent être les dates dont la commémoration doit être proposée en 1892. Au nom de la commission, Louis Lucipia, son président, rédige un rapport où il établit le calendrier suivant : *Nous avions à célébrer le centenaire de la « Marseillaise » ; nos amis républicains de Choisy-le-Roi se sont chargés de ce soin. Il y avait encore l'anniversaire de la bataille de Valmy, de la proclamation de la République et celui de l'annexion de la Savoie à la France. Une loi récente, votée par le Parlement, a décidé que le 22 septembre prochain une fête solennelle consacrerait le souvenir de la proclamation de la République et de l'annexion de la Savoie. Il nous restait deux dates, celles du 20 juin et du 10 août*[77]. Puisque le 22 septembre est décrété Fête nationale, plusieurs élus parisiens veulent faire de la commémoration du 10 août 1792, jour de la prise des Tuileries, un *pendant* municipal, estimant qu'il appartient bien à l'assemblée parisienne de célébrer *la victoire du peuple, la victoire des inconnus, des misérables, de ceux qui tiennent le plus à la patrie parce qu'ils n'ont pas d'autre bien, et qui ont sauvé la patrie*

FIG. 160
Cérémonie commémorative de la Fédération de 1790, dans la galerie des machines (Paris, musée Carnavalet).

FIG. 161
Le centenaire de la fête de la Fédération de 1790 : le cortège se rendant au Champ-de-Mars (Paris, Bibliothèque nationale).

FIG. 160

FIG. 161

en renversant la royauté[78]. Un projet de délibération, fixant à cette date du 10 Août, l'organisation d'une grande fête populaire, est adopté au Conseil municipal, le 3 juin 1892, mais se heurte, quelques jours plus tard, au refus d'approbation du préfet, qui voit dans cette décision un acte de provocation politique[79]. A défaut d'une solennité officielle, que lui refuse le gouvernement, la Ville de Paris maintient au moins son idée d'une solidarité envers les plus défavorisés et organise, dans la journée du 10 Août, des distributions de secours aux indigents[80]. Des réunions se tiennent également dans plusieurs quartiers, à l'initiative de groupes radicaux et socialistes[81].

La commémoration, par une grande Fête nationale, de la proclamation de la République, rencontre, en revanche, un véritable consensus qui tient autant au caractère primordial de la journée dont on célèbre le souvenir, qu'au fait que, désormais, on ne conteste plus guère la forme républicaine du gouvernement. De plus, comme le précise alors Joseph Reinach, la date est *deux fois belle : la proclamation de la première République ayant été faite au bruit des canons qui annonçaient la victoire de Valmy, la libération du territoire*[82] (FIG. 162 et CAT. 17). La victoire militaire n'est ainsi jamais séparée de l'événement institutionnel, ce qui tend à lier l'idée de République à l'idée de combat (CAT. 111).

Puisque la célébration du 10 Août lui a été interdite, la Ville de Paris décide de reporter tous ses efforts sur la journée du 22 Septembre. Sa ferveur républicaine l'amène ainsi à contribuer pour les deux tiers aux dépenses de la fête. Celle-ci emprunte d'ailleurs au rituel du 14 Juillet, le pavoisement et l'illumination des principaux édifices de la capitale ; mais on y ajoute, pour la circonstance, la décoration particulière des statues et des monuments élevés aux grands hommes de la Révolution. Le matin, une grande cérémonie se déroule au Panthéon, présidée par Sadi Carnot. Mais le caractère spectaculaire de la célébration réside essentiellement dans les grands défilés historiques, organisés simultanément l'après-midi sur la rive gauche et la rive droite de la capitale (CAT. 112). Ces deux cortèges sont constitués de façon identique : cinq grands chars alternent avec les troupes de l'armée de Paris, des délégations des écoles municipales, des sociétés musicales ou de gymnastique ; tous ces groupes dressent ensemble un vaste panorama entraînant le spectateur de la fin du XVIIIe siècle jusqu'à la Troisième République (CAT. 113). Au moyen de décors fabriqués, animés par le jeu des figurants, tous les grands thèmes républicains sont successivement rappelés. En tête du cortège, on trouve l'évocation du siècle des Lumières, avec la *Cavalerie du XVIIIe siècle* et le *Char des Précurseurs de la Révolution*, qui montre deux statues monumentales de Voltaire et de Rousseau et des tableaux vivants composant des scènes tirées d'œuvres de l'époque *(le Barbier de Séville, le Jeu de l'amour et du hasard,* etc.*)*. Vient ensuite la partie du défilé

FIG. 162

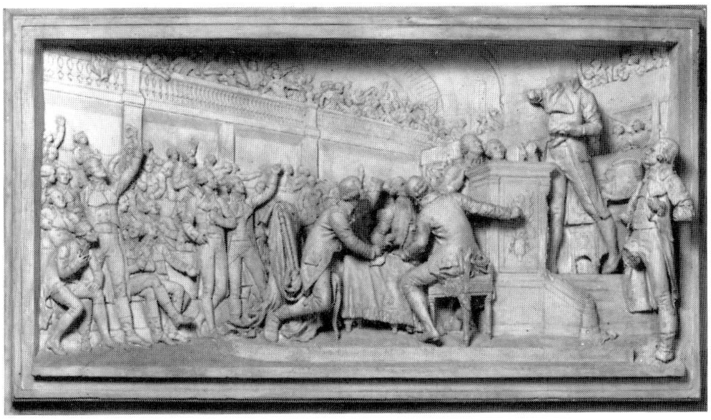

CAT. 17

CAT. 112

15 Cent Jeudi 22 Septembre 1892. – NUMÉRO SPÉCIAL 15 Cent

DIRECTEUR POLITIQUE : CAMILLE DREYFUS

LA NATION

RÉDACTEUR EN CHEF : PAUL DREYFUS

SECRÉTAIRE DE LA RÉDACTION : G. ARNOULD

LE CENTENAIRE

DE LA RÉPUBLIQUE

CAT. 111

FIG. 162
Léopold MORICE, *Valmy* modèle, 1883,
Paris, dépôt des œuvres d'art.

CAT. 17
Léopold MORICE
Abolition de la royauté
modèle, 1883.

CAT. 111
Le centenaire de la République La Nation,
22 septembre 1892.

CAT. 112
Louis HISTA
Fête du centenaire
de la proclamation de la République,
septembre 1892.

RF
RF

RF

CAT. 113

CAT. 113
Fête nationale du 22 septembre 1892 le défilé des chars.

FIG. 163
Char de la Marseillaise supplément littéraire illustré du *Petit Parisien*, 25 septembre 1892.

CAT. 114
Char du Triomphe de la République, 1892.

CAT. 116
Philippe CHAPERON
Char de la Concorde et de la Paix, 1892.

FIG. 163

CAT. 114

CAT. 116

CAT. 115
Char de la Concorde et de la Paix, 1892.

consacrée à l'histoire révolutionnaire, avec le *Char de la Marseillaise* que surmonte une grande *République* inspirée de l'œuvre de Rude (FIG. 163), les *Volontaires de la République* (fifres et tambours par les élèves des écoles), la *Victoire de Valmy* (par l'armée de Paris) et le *Char du Chant du Départ*, grand arc de triomphe surmonté d'un autel de la Patrie. Le *Char du Triomphe de la République* et le *Char de la Concorde, du Travail et de la Paix*, accompagnés d'harmonies musicales et de l'armée, ferment la marche. Dessiné par le décorateur Carpezat, le *Char du Triomphe de la République* a la forme d'un grand vaisseau. Entre la statue de *Paris* à la proue, conduisant le char, et la monumentale *République* qui se dresse triomphante, à l'arrière, au-dessus des trois vertus républicaines, près de cent figurants, aux costumes les plus variés, sont chargés de représenter les arts universels (CAT. 114). Dans une *composition à la fois allégorique et moderne*, le *Char de la Concorde, du Travail et de la Paix*, montre une *République* assise, portant les attributs de la paix, entourée de deux figures de l'*Abondance* qui enserrent des gerbes de blé. Les figurants, marins, soldats, ouvriers, tous en costumes modernes, exaltent les vertus du travail et de la paix dans un esprit de fraternité[83] (CAT. 115 et 116).

L'ampleur d'un tel spectacle, mais surtout la forme théâtrale qu'il revêt, s'écartant de l'esprit, plus libre et spontané, d'autres fêtes — comme le 14 Juillet —, ne manque pas de frapper les observateurs de l'époque. Ceux-ci profitent volontiers de l'occasion pour évoquer longuement les fêtes révolutionnaires que rappellent évidemment ces chars symboliques : *Ils se sont souvenus des cortèges pompeux que David ordonnait*, souligne ainsi l'hebdomadaire *La Ville*[84]. Alliant la démonstration pédagogique à l'enchantement du grandiose, ces cortèges témoignent d'une volonté de l'époque de trouver un caractère spécifique aux grandes cérémonies républicaines. Comme l'analyse le journaliste de *La Ville* : *Le cortège (...) emprunte un caractère de religiosité qui convient à ces solennités grandioses. Les unités disparaissent pour se fondre dans un tout harmonieux ; l'idée se dégage seule, nette, précise de cette phalange d'individus costumés en vue d'une sensation à produire (...). On va du concret à l'abstrait, de l'individu au groupe. Croyez que le char de la « Marseillaise » ne sera point une charpente habitée par des comparses, mais la « Marseillaise » tangible, vivante, hurlante qui parlera à la foule son langage enflammé*[85]. En lui empruntant ses grandes figures et ses grands thèmes, mais aussi l'esprit même de ses fêtes, art vivant de l'éphémère, la République achevait ainsi de payer sa dette à la Révolution française, dont le souvenir, ranimé par toutes ces célébrations, ne pouvait alors qu'habiter les consciences et les imaginations.

CAT. 115

Genèse du 14 Juillet parisien

1 Sur le choix de la date, ses enjeux, et sur l'histoire du 14 Juillet, il est nécessaire de se reporter aux études de Rosemonde Sanson, 1976, Mona Ozouf, 1984 et Christian Amalvi, 1984.
2 Conseil municipal, *Procès-verbaux*, 13 mai 1879.
3 *Ibid.*, 18 mai 1878.
4 *La Ville de Paris*, 14 juillet 1881. *La Ville de Paris* dresse dans ce numéro un bilan des fêtes de 1878, 1879 et 1880.
5 *Cf.*, cat. « Le monument à Jean-Jacques Rousseau ».
6 Conseil municipal, *Procès-verbaux*, 13 mai 1879.
7 *Ibid.*, 26 juin 1879.
8 *Ibid.*
9 *La Ville de Paris*, 14 juillet 1881. *La Ville de Paris* cite cette formule de Victor Guichard.
10 *Ibid.*
11 Conseil municipal, *Procès-verbaux*, 15 juin 1880.
12 *Ibid.*, 19 juin 1880.
13 Waquet F., *les Fêtes royales sous la Restauration*, Paris, 1981, p. 148.
14 *La Ville de Paris*, 15-16 juillet 1881.
15 *Ibid.*, 14 juillet 1881.
16 Sanson, 1976. Parmi les documents publiés en annexe, l'auteur cite ce récit de Camille Pelletan, extrait d'un article publié dans *La Justice* du 16 juillet 1880.

Organisation et grands thèmes du 14 Juillet

17 *Arrêté du ministère de l'Intérieur*, 13 juillet 1880. Archives de Paris, VR 146.
18 Conseil municipal, *Délibérations*, 21 juin 1881.
19 *Liste des membres de la commission de la Fête nationale.* Archives de Paris, VK^{3}85.
20 Conseil municipal, *Procès-verbaux*, 24 juin 1891.
21 Commission d'organisation de la Fête nationale, *Procès-verbaux*, 29 avril 1882. Archives de Paris, VR 147. Au cours de cette séance, la commission dresse un bilan financier des années précédentes.
22 Conseil municipal, *Procès-verbaux*, 24 juin 1891.
23 *Ibid.*, 30 décembre 1891.
24 *Ibid.*, 19 octobre 1891. Au cours de cette séance, une lettre du ministre de l'Intérieur, adressée au préfet de la Seine, est lue au Conseil municipal.
25 *Fêtes ; visites officielles ; bals du 14 Juillet (1871-1897)*. Archives de Paris, VR 146, VR 147, VR 148.
26 Mayeur J.-M., *Les débuts de la IIIe République*, Paris, 1973, p. 10.
27 Hugo V., *Choses vues (1870-1885)*, Paris, rééd. 1972, p. 427.
28 Humbert J.-M., « La distribution des drapeaux d'Edouard Detaille ou le centenaire d'un tableau détruit », *Revue de la Société des amis du musée de l'Armée*, n° 86, 1981/11.
29 *La Paix*, 16-17 juillet 1881.
30 *L'Illustration*, 11 juillet 1891.
31 Commission consultative pour l'organisation de la fête du 14 Juillet, *Procès-verbaux*, 5 juillet 1880. Archives de Paris, VR 146.
32 Sur l'histoire des bataillons scolaires, voir Albert Bourzac, « Les bataillons scolaires en France. Naissance, développement, disparition », in *les Athlètes de la République*, Paris, 1987, pp. 41-62.
33 *La Ville de Paris*, 15-16 juillet 1881.
34 *Ibid.*
35 Conseil municipal, *Procès-verbaux*, 22 juin 1880.
36 « Explications à fournir aux enfants au sujet de la solennité du 14 juillet ». Archives de Paris, VR 146.
37 Commission d'organisation de la Fête nationale, *Procès-verbaux*, 29 avril 1882.
38 Conseil municipal, *Procès-verbaux*, 2 juillet 1881.
39 Commission d'organisation de la Fête nationale, *Procès-verbaux*, 29 avril 1882.
40 Conseil municipal, *Procès-verbaux*, 18 juin 1888.
41 Lettre du préfet de la Seine envoyée aux maires d'arrondissement, 23 juin 1880. Archives de Paris, VR 146.
42 Commission d'organisation de la Fête nationale, *Procès-verbaux*, 11 mai 1882.
43 Conseil municipal, *Procès-verbaux*, 24 juin 1891.
44 Sanson R., 1976, p. 89.
45 *Pétition* adressée au ministre de l'Intérieur, au préfet de la Seine et au Conseil municipal de Paris, 20 juillet 1881. Archives de Paris, VR 146.
46 Vallès J., « la Fête » dans *La France*, 15 juillet 1882.

Les décors provisoires et le thème républicain

47 Sanson, 1976. Parmi les documents publiés en annexe, l'auteur cite ce récit de Camille Pelletan, extrait d'un article publié dans *La Justice* du 16 juillet 1880.
48 *L'Evènement*, 15 juillet 1880.
49 *Ibid.*
50 *Ibid.*
51 *Ibid.*
52 *Ibid.*
53 *Etat indiquant les emplacements sur lesquels seront élevées des constructions*, mairie du Xe arrondissement et *Programme de la Fête nationale du 14 juillet 1880*, mairie du VIIe arrondissement. Archives de Paris, VR 146.
54 Ozouf, 1984, p. 137.
55 Bracco P., Lebovici E., « les feux d'artifice, pigeons-voyageurs de l'idée républicaine », *Monuments historiques*, n° 144, avril-mai 1986, p. 28.
56 *Un bouquet à la République*, refrain cité par Rosemonde Sanson, 1976, p. 86.
57 *La Petite République française*, 16 juillet 1880.
58 *L'Evènement*, 15 juillet 1880.
59 *Le Temps*, 15-16 juillet 1880.
60 *La Petite République française*, 16 juillet 1880.
61 *La Ville de Paris*, 15-16 juillet 1881.
62 *Journal de la Fête nationale du 14 juillet*, programme des fêtes publié par Le journal *Le Plaisir*, 14 juillet 1883, p. 3.
63 *Le Petit Parisien*, 13 juillet 1880.
64 *Devis* de feu d'artifice par M. Ballotier, 14 juillet 1880. Archives de Paris, VR 146.
65 *Devis* d'un feu d'artifice pour la barrière du Trône devant être tiré le 14 juillet 1880, Maison Aubin & Cie, Morin successeur. Archives de Paris, VR 146. Voir aussi l'évocation que donne de ce décor l'un des personnages de Maupassant dans : « Avant la fête », *les Dimanches d'un bourgeois de Paris*, Paris, rééd. 1985, p. 152.
66 *La Nouvelle Presse*, 16 juillet 1884.
67 *La Petite République française*, 16 juillet 1880.
68 *Le Temps*, 10 juillet 1885.
69 *La Petite République française*, 16 juillet 1880.
70 *La Ville de Paris*, 15-16 juillet 1881.
71 Coupure de presse (sans référence) citée dans une lettre du 3 juin 1886. Archives de Paris, VR 148.
72 *La Marseillaise*, 11 juillet 1892.

Les commémorations révolutionnaires

73 Ory P., 1984, p. 536.
74 Conseil municipal, *Procès-verbaux*, 5 avril 1889.
75 *Ibid.*, 9 juillet 1880.
76 *Programme de la Fête nationale du 14 juillet 1890.* Archives de Paris, VR 148.
77 Conseil municipal, *Procès-verbaux*, 3 juin 1892.
78 Lucipia L., *Rapport* sur la commémoration du centenaire du 10 août 1792, 15 mai 1892.
79 Conseil municipal, *Procès-verbaux*, 27 juin 1892.
80 *Ibid*, 8 juillet 1892.
81 *Le Temps*, 10 août 1892.
82 cité dans *l'Eclair*, 8 janvier 1892.
83 On trouve les descriptions de ces chars dans plusieurs journaux de l'époque, dont *La Lanterne*, 20 septembre 1892 et le supplément illustré du *Petit Journal*, 24 septembre 1892.
84 *La Ville*, 24 septembre 1892.
85 *Ibid.*

Monet Claude
Paris, 1840-Giverny, 1926

84 repr. p. 184
La rue Montorgueil à Paris

Huile sur toile.
H. 0,81 ; L. 0,50.
S.b.d. *Claude Monet.*
Acquis par dation en 1982. Musée d'Orsay, RF 1982-71.

Besnard Paul-Albert
Paris, 1849-1934

85 repr. p. 188
Le 14 juillet 1790

Huile sur toile.
H. 0,70 ; L. 0,42.
En haut *14 Juillet 1790.*
Sur un phylactère *EGALITE - FRATERNIT*[E].

86 repr. p. 188
Le 14 juillet 1880

Huile sur toile.
H. 0,76 ; L. 0,73.
S.b.g. *A Besnard* (initiales entrelacées).
En haut *14 Juillet 1880.*
Esquisses retenues en 1884 au 1er degré du concours pour la décoration de la salle des fêtes de la mairie du IVe arrondissement. Versées dans les collections municipales ; *Inventaire général* no 552 ; transférées au musée du Petit Palais en 1986, PPP. 3862 et PPP 3861.

Detaille Jean-Baptiste-Edouard
Paris, 1848-1912

87 repr. p. 193
La distribution des drapeaux à Longchamp

Huile sur toile.
H. 2,59 ; L. 4,87.
Esquisse du tableau commandé en 1880. Remaniée en 1885.
Legs Detaille. Musée de l'Armée, Eb 85 D.

Garnier Jules-Arsène
Paris, 1847-1889

88 repr. p. 194
La distribution des drapeaux à Longchamp

Huile sur toile.
H. 0,88 ; L. 1,20.
Esquisse du tableau présenté au Salon en 1881.
Acquis en 1986. Petit Palais, P. DUT. 1459.

Roussel Georges-Frédéric dit Géo
Beauvais, 1860-Paris, 1928

89 repr. p. 194
Le midi

Huile sur toile.
H. 0,29 ; L. 0,64.
En bas, dans le cartouche *Le midi.*
Esquisse retenue en 1889 au 1er degré du concours pour la décoration de la salle des mariages de la mairie du XIVe arrondissement. Versée dans les collections municipales ; *Inventaire général* no 645 ; tranférée au musée du Petit Palais en 1986, PPP 4235.

Debon Edmond
Condé-sur-Noireau (Calvados), 1846-Paris, 1922

90 repr. p. 196
Hommage au mérite

Huile sur toile.
H. 0,29 ; L. 0,70.
S.b.d. *E.D.*
Esquisse, acceptée en 1893, pour une commande complétant le décor de la salle des fêtes de la mairie de Maisons-Alfort. Œuvre définitive non mise en place, ultérieurement transférée au théâtre Debussy (annexe de la mairie). Versée dans les collections municipales ; *Inventaire général,* no 908 ; transférée au musée du Petit Palais en 1986, PPP 3946.

Berteaux Hippolyte-Dominique
Saint-Quentin (Aisne) 1843-mort en 1928

91 repr. p. 196
Souvenir de la Fête nationale

Huile sur toile.
H. 3,80 ; L. 1,80.
S.d.b.d. *Hippolyte Berteaux 1895.*
Commandée en 1889 pour le décor de la galerie Lobau à l'Hôtel de Ville de Paris. Retirée en 1908 ; déposée au musée du Petit Palais en 1986, PPP 4710.

Roll Alfred-Philippe
Paris, 1846-1919

92
Le 14 juillet 1880

Encre et mine de plomb.
H. 0,40 ; L. 0,56.
En bas à g. *tonneau.*
S.b.d. *Roll.*
Acquis en 1988. Musée du Petit Palais, D. DUT. 1717.

93 repr. p. 198
Le 14 juillet 1880

Huile sur toile.
H. 1,75 ; L. 3,70.
Esquisse du tableau commandé par l'Etat en 1880.
Acquis du fils de l'artiste en 1928. Musée du Petit Palais, PPP 829 bis.

94 repr. p. 198
Le 14 juillet 1880

Huile sur toile.
H. 6,50 ; L. 9,80.
S.d.b.d. *Roll 1882*.
Commandée par l'Etat en 1880 et cédée par l'Etat à la Ville de Paris en 1884. Musée du Petit Palais, PPP 110.

CLERGET Hubert
Dijon, 1818-Saint-Denis, 1899

95 repr. p. 200
L'avenue Victoria et l'Hôtel de Ville illuminés, le soir de l'inauguration

Gouache et mine de plomb.
H. 0,34 ; L. 0,50.
En bas à g. *13 juillet 1882, inauguration et fête, Hôtel de Ville, avenue Victoria*.
Musée Carnavalet, D. 411.

JANKOWSKI E.
Actif de 1889 à 1904

96.A-H gravure repr. p. 203
Huit dessins représentant les jeux populaires au 14 Juillet, parus dans *L'Illustration* du 18 juillet 1891. Archives de *L'Illustration*, réf. 91 2 046 à 049.

A.
La poêle

Encre sur carton.
H. 0,23 ; L. 0,15.
S.b.g. *E. Jankowski*.

B.
La brouette

Encre, crayon, gouache sur carton.
H. 0,17 ; L. 0,24.
S.b.d. *E. Jankowski*.

C.
Les bouteilles

Encre sur carton.
H. 0,28 ; L. 0,21.
S.b.g. *E. Jankowski*.

D.
Le farinier

Encre sur carton.
H. 0,23 ; L. 0,15.
S.b.d. *E. Jankowski*.

E.
Le baquet

Encre et gouache sur carton.
H. 0,28 ; L. 0,21.
S.b.d. *E. Jankowski*.

F.
La grosse tête

Encre sur carton.
H. 0,28 ; L. 0,21.
S.b.g. *E. Jankowski*.

G.
Les ciseaux

Encre sur carton.
H. 0,17 ; L. 0,24.
S.b.d. *E. Jankowski*.

H.
Les pommes de terre

Encre et gouache sur carton.
H. 0,28 ; L. 0,21.
S.b.g. des initiales *E.J.*.

ANONYME

97
Le banquet des maires, 1888

Encre, gouache et mine de plomb.
H. 0,36 ; L. 0,48.
En bas à d. *FM*.
Archives de *L'Illustration*, réf. 88 2 041.

STEINLEN Théophile-Alexandre
Lausanne, 1859-Paris, 1923

98 repr. p. 206
Le quatorze Juillet, 1895

Huile sur toile.
H. 0,38 ; L. 0,46.
Musée du Petit Palais, Genève, nº 8800.

99 repr. p. 206
Bal du 14 Juillet

Huile sur toile.
H. 1,90 ; L. 2,68.
Acquis par la Ville de Paris en 1961. Déposé à la bibliothèque du Trocadéro.

CAZIN Jean-Charles
Samer (Pas-de-Calais), 1841-Toulon, 1901

100
Souvenir de fête à Paris. Le Courage, la Science et le Travail se concertent pour établir le règne de la Concorde.

Huile sur toile.
H. 2,89 ; L. 2,34.
S.b.d. *C. Cazin*.
En haut : *CONCORDIA*.
Au milieu, désignant chaque personnage : *SCIENTIA, LABOR, VIRTUS*.
Acquis par la Ville de Paris au Salon de la Société des Artistes Français de 1881. Musée du Petit Palais, PPP 402.

JEANNIN Georges
Paris, 1841-mort en 1925

101 repr. p. 210
Un jour de fête

Huile sur toile.
H. 3,05 ; L. 2,45.
S.d.b.g. *Georges Jeannin 1882*.
Acquis par la Ville de Paris au Salon de 1882 ; *Inventaire général* nº 512. Placé à l'Hôtel de Ville, salle du budget jusqu'à une date inconnue. Déposé à la Bibliothèque du Trocadéro.

ANONYME

102 repr. p. 214
Décor de pièce pyrotechnique avec figure de République

Aquarelle.
H. 0,85 ; L. 1,28.
Collection Aubin.

ANONYME

103 repr. p. 214
Décor de pièce pyrotechnique avec figure de République

Aquarelle.
H. 0,94 ; L. 1,45.
Collection Aubin.

CATALOGUE

Anonyme

104 repr. p. 215
Décor de pièce pyrotechnique avec figure de République

Crayons de couleurs sur carton noir.
H. 0,47 ; L. 0,63.
Collection Ruggieri.

Anonyme

105
Décor de pièce pyrotechnique avec allégorie féminine debout sur le monde

Gouache sur carton noir.
H. 0,50 ; L. 0,64.
Collection Ruggieri.

Anonyme

106 repr. p. 215
Décor de pièce pyrotechnique d'après le *Pro Patria* de Longepied

Gouache sur carton noir.
H. 0,48 ; L. 0,62.
Collection Ruggieri.

Anonyme

107
Décor de pièce pyrotechnique d'après la *République* de Morice

Bleu.
H. 0,40 ; L. 0,64.
En haut à d. *n°* 7 rayé *9A.*
Collection Ruggieri.

Anonyme

108
Décor de pièce pyrotechnique d'après la *République* de Soitoux

Bleu.
H. 0,40 ; L. 0,65.
Collection Ruggieri.

Anonyme

109
Décor de pièce pyrotechnique d'après la *République* de Peynot, avec décor d'architecture

Bleu.
H. 0,39 ; L. 0,64.
En haut à dr. *N° 2.*
sur l'architecture à g. *PAIX*, à d. *TRAVAIL.*
Collection Ruggieri.

Anonyme

110
Décor de pièce pyrotechnique d'après la *République* de Peynot

Bleu.
H. 0,39 ; L. 0,63.
Collection Ruggieri.

Morel E.

111 repr. p. 223
Le centenaire de la République (*La Nation*, 22 septembre 1892)

Gravure sur bois, en couleur.
H. 0,64 ; L. 0,44.
Bibliothèque historique de la Ville de Paris.
Série *Actualités.*

Hista Louis
né à Aire-sur-la-Lys - lieu et date de mort inconnus.

112 repr. p. 225
Fête du centenaire de la proclamation de la République

Aquarelle.
H. 0,25 ; L. 0,18.
En bas à dr. *Fête du centenaire, 7bre 1892, L. Hista.*
Don de l'auteur en 1929. Musée Carnavalet, D. 4262.

Meyer Henri

113 repr. p. 226
Fête nationale du 22 septembre 1892. Anniversaire du centenaire de la proclamation de la République française. (*Le Journal illustré*, 25 septembre 1892)

Gravure de F. Méaulle.
H. 0,39 ; L. 1,13.
Bibliothèque historique de la Ville de Paris. Série *Actualités.*

Meyer Henri

114 repr. p. 227
Le char du Triomphe de la République (*Le Petit Journal*, supplément illustré du 24 septembre 1892)

Gravure sur bois, en couleur.
H. 0,31 ; L. 0,45.
Bibliothèque historique de la Ville de Paris. Série *Actualités.*

Meyer Henri

115 repr. p. 228
Le char de la Concorde et de la Paix (*Le Petit Journal*, supplément illustré du 24 septembre 1892)

Gravure sur bois, en couleur.
H. 0,45 ; L. 0,31.
Bibliothèque historique de la Ville de Paris. Série *Actualités.*

Chaperon Philippe-Marie
Paris, 1823-mort en 1907

116 repr. p. 226
Char de la Concorde et de la Paix ; décor factice à l'occasion des fêtes données pour le centenaire de la République, le 22 septembre 1892

Aquarelle.
H. 0,28 ; L. 0,50.
En bas à d. *Ph. Chaperon, Août 1892.*
Acquis du fils de l'artiste en 1914. Musée Carnavalet, D. 6756.

L'Exposition universelle

La participation de la Ville de Paris à l'Exposition universelle

En *1889, nous montrerons à nos fils ce que leurs pères ont fait en un siècle par le progrès de l'instruction, l'amour du travail et le respect de la liberté*[1]. L'heure est à l'esprit de commémorations et nombreux sont ceux qui tentent d'élargir la grande fête familiale qui se prépare, à la dimension d'un véritable bilan humain. *Parce qu'il n'y a rien de plus commémorateur qu'un progressisme*[2], l'Exposition universelle de 1889, par la grande rétrospective qu'elle offre aux yeux de tous, est bien la plus grande des manifestations du premier centenaire de la Révolution française.

Après bien des hésitations – on craignait le désistement des monarchies étrangères – le Gouvernement vote, en 1886, les dispositions nécessaires à l'organisation matérielle de l'Exposition qui doit se tenir au Champ-de-Mars. Dès l'année précédente, les élus de la capitale, qui ont constitué de leur côté une commission municipale, ont émis le vœu de voir hâter sa mise en œuvre, *considérant que l'Exposition universelle de 1889 [...] est attendue comme un élément de succès certain par l'industrie et le commerce parisiens*[3]. Pour la Ville de Paris, l'enjeu économique est évidemment de taille, puisque le grand chantier de l'Exposition doit offrir du travail à des centaines d'ouvriers et dynamiser les affaires. Son engagement financier dans l'entreprise est d'ailleurs à la mesure de cet enjeu, puisque le Conseil municipal décide, le 21 mars 1886, d'allouer une somme de 8 millions de francs au Ministère du Commerce et de l'Industrie à titre de subvention à l'Exposition. Cet apport de la Ville de Paris s'inscrit alors dans un budget général des dépenses qui s'élève à 43 millions et pour lequel l'Etat contribue pour la somme de 17 millions et l'Association de garantie de l'Exposition pour 18 millions[4]. Au titre de cette participation, des représentants du Conseil municipal sont associés au travail d'organisation financière. Mais le rôle dynamique joué par l'administration parisienne dans la mise en œuvre de l'Exposition tient aussi à la personnalité de ses représentants, dont l'un des plus éminents, le directeur des travaux de Paris, Adolphe Alphand, est nommé en juillet 1886 directeur général des travaux de l'Exposition.

En 1889, l'ancien ingénieur en chef des embellissements de Paris arrive alors au terme d'une carrière parisienne tout à fait remarquable (CAT. 117). Ancien collaborateur d'Haussmann, Alphand est à l'origine des travaux qui ont le plus contribué à transformer la Capitale (squares, promenades, cimetières, boulevards...), sous le Second Empire et au début de la Troisième République. Lors de l'Exposition universelle de 1867, il a été chargé des opérations de nivellement du Trocadéro, sur les pentes duquel il conçoit, onze ans plus tard, les jardins de l'Exposition de 1878. Il est alors à la tête de la plus importante direction de la Préfecture de la Seine qui regroupe les services des eaux, des égouts et des travaux

CAT. 117

CAT. 118

CAT. 119

CAT. 117
Jules COUTAN
Adolphe Alphand, 1890.

CAT. 118
Alfred ROLL
Adolphe Alphand, 1888.

CAT. 119
Jules DALOU
Joseph Bouvard.

de Paris. Nous avons déjà évoqué le rôle qu'il joue dans l'organisation des fêtes parisiennes et du 14 Juillet, dont il est chaque année le commissaire général[5]. De son passage dans l'administration impériale, Alphand a sans conteste gardé l'esprit des grands travaux dictés par la volonté de moderniser une ville de l'ampleur de la Capitale. Ses compétences techniques et ses dons d'organisateur, il les adapte aux exigences d'un Conseil municipal élu, dont il connaît les ambitions démocratiques. Bon diplomate, Alphand compose avec ces contraintes pour mener à bien les aménagements de Paris. L'impulsion formidable qu'il donne aux travaux de l'Exposition de 1889 est unanimement saluée. *Il apporte une activité extraordinaire, une surprenante fécondité de ressources*[6] remarque-t-on à l'époque. Cet énorme chantier couronne une carrière, tout entière consacrée à la science et à la grandeur de la Capitale; c'est d'ailleurs dans ce décor, au cœur du chantier de l'Exposition que le peintre Roll a choisi d'immortaliser ce grand administrateur (CAT. 118).

Cependant, la participation de la Ville de Paris à l'Exposition universelle ne s'arrête pas à cette seule contribution financière et au rôle, éminent, joué par Alphand. Le Conseil municipal, dont on connaît les revendications d'autonomie, cherche aussi au sein de la grande rétrospective la reconnaissance de ses convictions républicaines et de leur bonne application dans la gestion des affaires de la Capitale. Comme le précise dans son introduction le volume annexe du *catalogue de l'exposition spéciale de la Ville : il y avait donc pour la Ville de Paris une obligation morale d'apporter à l'Etat autre chose qu'un concours financier. Il lui fallait, en faisant connaître dans ses rouages les plus détaillés et dans ses perfectionnements les plus récents, son organisation administrative et technique, prouver sa constante préoccupation des intérêts intellectuels et des besoins matériels d'une population de deux millions d'habitants*[7]. Fin 1886, une commission administrative composée des membres de la commission municipale de l'Exposition et des principaux chefs de service de la Préfecture de la Seine, est ainsi chargée d'examiner quelles pourraient être la nature et les conditions d'une participation particulière de la Ville de Paris en tant qu'exposante. Un mémoire préfectoral, nourri des travaux de cette commission, est transmis au Conseil municipal qui, le 12 décembre 1887, décide d'allouer un crédit de 700 000 francs jugé nécessaire, *tant pour faire face à tous les frais d'installation que pour assurer la préparation des documents et objets exposés*[8]. La mise en œuvre de cette présentation est placée sous la direction de Joseph Bouvard, architecte de l'administration centrale et nommé commissaire général de l'exposition de la Ville (CAT. 119). Depuis 1873, où il a organisé brillamment, à l'Exposition de Vienne, la première participation autonome de la Ville, Bouvard doit à ses qualités d'efficacité de s'occuper, avec Alphand, de chaque exposition universelle ou internationale, en France ou à l'étranger. En 1889, il est avec Dutert et Formigé l'un des principaux architectes des édifices de l'Exposition, construisant notamment le Dôme central et le Palais des industries diverses.

FIG. 164

FIG. 165

FIG. 166

Au lieu d'un pavillon unique – comme cela avait été le cas en 1878 –, Bouvard fait élever pour la Ville de Paris deux pavillons, disposés en plein cœur de l'Exposition, de part et d'autre de la pelouse qui précède le Dôme central (FIG. 164 et 165). Entourés par le palais des Beaux-Arts, d'un côté, et par le palais des Arts libéraux, de l'autre, ces pavillons bordent directement des jardins qui s'inclinent en légers degrés vers la Seine (FIG. 166). Sur cette vaste esplanade, au centre d'un axe médian qui relie le Dôme central à la Tour Eiffel, s'élève la fontaine de Coutan, allégorie monumentale du progrès : une triomphale République, acclamée par le *Progrès, la Science* et *l'Art*, y domine un immense vaisseau dont la *Liberté* tient le gouvernail. Dans ce cadre privilégié, les pavillons parisiens présentent une décoration extérieure relativement simple. La faible somme allouée à leur construction a obligé Bouvard et son adjoint, Gravigny, à réutiliser d'anciennes fermes métalliques provenant de l'Exposition du centenaire des chemins de fer français à Vincennes. Mais les architectes semblent avoir joué de ces contraintes pour se soumettre à la nature même du lieu et privilégier le caractère décoratif *approprié aux jardins au milieu desquels ils se trouvent* et obtenu par des moyens assez simples : applications de menuiserie et de bois découpés et moulurés, treillages d'ornement, peintures de couleurs vives[9] (CAT. 124).

Chaque pavillon représente une surface de vingt mètres sur cent, aménagée intérieurement, nous dit-on, *avec le plus grand soin et la plus grande méthode*[10]. Le pavillon Ouest (côté palais des Arts libéraux) est affecté pour moitié à la Direction de l'Enseignement, l'autre moitié regroupant, en des présentations restreintes, les services des Bibliothèques, de la Statistique, des Finances, des Aliénés, de l'Assistance publique, de la Préfecture de police et des Sapeurs-pompiers. Le pavillon Est (côté du palais des Beaux-Arts) est réservé, pour sa part, aux différents organes de la Direction des travaux : Beaux-Arts, Travaux historiques, Architecture, Voie publique, Plan de Paris, Carrières, Eaux, Egouts et Service vicinal. Un catalogue détaillé, de près de mille numéros, dresse une liste impressionnante des *objets et documents* répartis

FIG. 164
Le Dôme central (Roger-Viollet).

FIG. 165
Un des pavillons de la Ville de Paris
Photographie Hippolyte Blancard
(coll. part.).

FIG. 166
Les pelouses du Champ-de-Mars,
à g. un des pavillons de la Ville de Paris
Photographie Hippolyte Blancard
(coll. part.).

CAT. 124

CAT. 120
Jules DALOU
Armand Renaud.

CAT. 124
ANONYME
[J. BOUVARD ou **U. GRAVIGNY]**
Elévation et décoration de la porte d'entrée de la façade principale des pavillons de la Ville de Paris projet.

CAT. 120

au sein des différentes sections[11]. On relève ainsi la présence de plans et vues des transformations de Paris, de nombreux dessins d'architecture représentant des bâtiments municipaux récemment construits (écoles, mairies, casernes, halles...) et, pêle-mêle, les objets les plus variés : outils de nettoiement, appareils de chimie, mobilier scolaire, matériel hospitalier, etc.

Le service des Beaux-Arts et des Travaux historiques, placé sous la responsabilité d'Armand Renaud, inspecteur en chef (CAT. 120), présente pour sa part un vaste choix de peintures, sculptures, gravures et médailles, ainsi qu'un certain nombre d'ouvrages et de plans ayant trait au centenaire de 1789. Ainsi l'ambitieux projet municipal de réunir dans une publication spéciale l'ensemble des documents relatifs à l'histoire de Paris pendant la Révolution française est représentée à l'Exposition de 1889 par quatre volumes déjà parus à cette date. Parmi les gravures, on note la présence de deux des œuvres de Laguillermie, destinées à l'illustration de la vie d'Etienne Marcel par Perrens, dont la commande d'esprit symbolique, a déjà été évoquée[12]. Mais l'unique salle dont dispose la section des Beaux-Arts, à l'intérieur du pavillon Est, est dans sa majeure partie consacrée à l'évocation des décors

L'AGRICULTURE

CAT. 127
Fernand CORMON
Allégorie du mariage, 1878.

CAT. 131
Albert BESNARD
Le Printemps
ou *Le matin de la vie*, 1886.

CAT. 132
Albert BESNARD
L'Eté ou *Le milieu de la vie*, 1886.

CAT. 133
Albert BESNARD
L'Hiver ou *Le soir de la vie*, 1886.

CAT. 134
Alexandre SEON
Les Saisons, 1884.

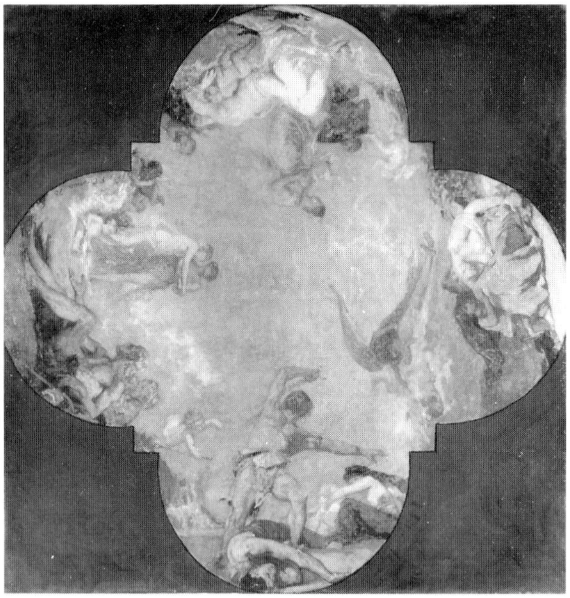

CAT. 127

CAT. 134

des mairies et des écoles nouvellement construites dans le département de la Seine. L'idée est bien de faire connaître la richesse de la politique de décoration engagée dans les édifices civils par la Ville de Paris depuis 1878, date avant laquelle les églises avaient principalement bénéficié des commandes de peintures et de sculptures. *Depuis cette époque, au contraire,* précise l'introduction de cette section dans le catalogue de la Ville, *le Conseil municipal et l'Administration ont pensé qu'il importait d'honorer en les embellissant les monuments qui sont le théâtre des actes de la vie politique et sociale de la nation, et le budget des Beaux-Arts a été presque entièrement consacré à cette tentative qui a déjà porté ses fruits, et qui promet d'être féconde par les éléments nouveaux qu'elle apporte à l'inspiration artistique*[13]. Evoquer ces décors à l'intérieur du pavillon de la Ville ne va pas sans poser des problèmes de présentation en raison du caractère immeuble de la plupart de ces œuvres. Ainsi, une quinzaine d'ensembles, déjà mis en place, sont représentés par des photographies, comme les décors de salle de mariages de Besnard (mairie du Ier arrondissement), de Cormon (mairie du IVe arrondissement) ou de Moreau de Tours (mairie du IIe arrondissement) (CAT. 127 à 133 pour les esquisses). Les peintures déjà exécutées mais non encore marouflées ne sont souvent exposées qu'en partie en raison de leurs dimensions monumentales. C'est le cas par exemple du grand plafond de Séon, consacré aux saisons, destiné à la salle des fêtes de la mairie de Courbevoie dont seuls deux compartiments (*l'Eté* et *l'Automne*) sont présentés (CAT. 134 pour l'esquisse d'ensemble). Si le choix des œuvres veut rendre compte de la variété des talents souvent jeunes auxquels le mécénat municipal et l'esprit démocratique ont donné leur chance, de telles créations témoignent aussi de la volonté des édiles parisiens de renouer avec la grande tradition de la décoration monumentale et de permettre au plus grand nombre de jouir de l'œuvre d'art dans les lieux mêmes des activités communes et familières de la vie publique. Mais nous ne reprendrons pas ici l'histoire de ces décors municipaux, de leurs thèmes et de leurs différences stylistiques, déjà largement étudiés à l'occasion de l'exposition *Le Triomphe des Mairies*[14].

Pour des raisons liées à l'exiguïté des salles intérieures des pavillons et à la destination même

CAT. 131

CAT. 132

CAT. 133

CAT. 129
MOREAU DE TOURS
La famille, 1880.

CAT. 130
MOREAU DE TOURS
Le sacrifice à la patrie, 1880.

CAT. 129

CAT. 130

L'INDUSTRIE

CAT. 123

FIG. 167
ANONYME
[J. BOUVARD ou **U. GRAVIGNY]**
Elévation de la façade latérale des pavillons de la Ville de Paris, avec projet d'emplacement de statues (Paris, bibliothèque administrative).

CAT. 123
ANONYME
[J. BOUVARD ou **U. GRAVIGNY]**
Elévation et décoration d'une partie de la façade principale des pavillons de la Ville de Paris, projet de mise en place du monument à La Fontaine d'Achille Dumilâtre.

FIG. 167

des œuvres, la plupart des sculptures présentées par la Ville en 1889 sont exposées à l'extérieur, *où elles sont du reste dans le jour qui leur convient*[15]. Dans une disposition minutieusement étudiée avec Bouvard – qui cherche dans plusieurs dessins le meilleur parti décoratif à tirer de la présence de sculptures devant les façades (CAT. 123 et FIG. 167) – Armand Renaud choisit de relier entre eux les deux bâtiments municipaux *en faisant contribuer à la décoration des allées* [...] *la plupart des nombreuses statues que* [la Ville] *avait à installer*[16]. Six alignements parallèles entourent chacun des pavillons, ainsi que le parterre central, au milieu duquel se dresse d'ailleurs une autre statue, effigie du régime que célèbre l'Exposition, la *République* de Peynot du monument de Lyon (FIG. 168, 169 et 170). Toutes ces œuvres viennent ainsi prendre place dans une vaste scénographie qui, au milieu des jardins, des terrasses et des bassins, intègre la logique de l'inventaire et le goût du symbole au réel plaisir des yeux. Cette présentation des sculptures prolonge donc, à l'extérieur des pavillons, le constat proposé au visiteur du chemin parcouru par la Ville de Paris depuis la dernière Exposition universelle, au long duquel, forte de son idéal républicain, elle a voulu offrir au plus grand nombre le bien-être, la sécurité et l'éducation, y compris au travers de la jouissance des œuvres d'art.

FIG. 168

FIG. 168
Emile PEYNOT
La République modèle de la statue du monument de Lyon, en avant du Dôme central (Roger-Viollet).

FIG. 169 et 170
Sculptures présentées par la Ville de Paris le long des pelouses et des pavillons
Photographie Hippolyte Blancard (coll. part.).

FIG. 169

FIG. 170

Les allées du Champ-de-Mars : le square et la statue

FIG. 171

L'originalité de l'exposition parisienne en 1889 fut d'ajouter au spectacle déjà prenant qu'offrait à l'intérieur des deux pavillons de la Ville le bilan exhaustif d'une décennie d'activité municipale, la création sur le Champ-de-Mars d'un musée éphémère des statues les plus récentes de la Capitale. Le catalogue d'ensemble de cette présentation souligne le caractère spectaculaire de ces lignes d'œuvres d'art qui enveloppent complètement les deux bâtiments et le jardin central et qui constituent *l'ensemble sculptural le plus saisissant de l'Exposition avec les trois marbres d'une dimension exceptionnelle que la Ville a également fournis pour orner le jardin inférieur* [...] *au-dessous du bassin que surmonte la fontaine monumentale de M. Coutan*[17] (FIG. 171).

Il y a là près d'une centaine de sulptures offertes au regard du visiteur qui, se dirigeant vers la Tour Eiffel, descend les allées, empruntant parfois les chemins sous velum qui bordent les pavillons (FIG. 172 et 173). La présentation est éclectique tant à cause de la diversité de style des œuvres qu'en raison de la variété de leurs destinations. Encore l'ensemble est-il incomplet au regard de la totalité des achats effectués, à l'égal de l'Etat, dans les Salons depuis dix ans et des nombreuses commandes passées directement aux sculpteurs au cours des mêmes années. Le grand décor de l'Hôtel de Ville est évoqué au travers de quelques-unes seulement des statues réalisées pour orner le bâtiment : sergents d'armes des guichets, allégories de l'art et de la science pour le parvis et torchères symbolisant les continents dans les salons intérieurs. Certaines pièces font un écho pédagogique au vaste effort d'aménagement architectural soutenu par l'ambition du bien public : écoles, théâtres (FIG. 174) ou abattoirs, celui de La Villette par exemple, qu'évoque, près de la pelouse centrale, la présence des groupes en bronze commandés en 1887 aux sculpteurs Albert-Lefeuvre et Lefèvre-Deslonchamp, *Au paturage*, et *A l'abattoir* (FIG. 175). La création des grands monuments de places publiques qui composent depuis 1879, on le sait, l'histoire de la sculpture parisienne à caractère politique et républicain est rappelée par la présentation des modèles au tiers de la *Défense de Paris* de Barrias et de la *République* de Morice ; celle-ci occupe une place privilégiée dans l'axe d'entrée du pavillon ouest et constitue le pendant symbolique du *Porte-falot* de Frémiet, œuvre maîtresse du nouvel Hôtel de Ville qui précède, lui, la façade de l'autre pavillon (FIG. 176). Mais l'ensemble le plus considérable de cette présentation éphémère est formé d'une cinquantaine de sculptures destinées à la décoration des squares et des parcs de la Capitale. Pour la plupart d'entre elles, il s'agit des plâtres originaux des bronzes et des marbres installés dans les jardins parisiens à partir de 1880, depuis que, chaque année, le Conseil municipal vote, au terme de débats souvent vifs, l'acquisition des œuvres les plus remarquées du Salon avant d'en commander à leurs auteurs la reproduction.

Le catalogue de l'exposition spéciale de la Ville de Paris souligne avec laconisme que ces sculptures de jardin disposées ainsi en plein air *jouent le rôle qui leur incombe normalement*[18]. En fait, l'envergure et le caractère très didactique de leur présentation – des cartouches apposés sur les socles indiquent les sujets et les noms de chaque auteur et les modèles ont été fréquemment regroupés selon leur destination – laissent deviner d'autres intentions. S'il s'agit bien de faire découvrir aux visiteurs l'abondance des commandes parisiennes en lui proposant, là encore comme à l'intérieur des pavillons, le bilan d'une politique volontariste, ce musée en plein air a également été conçu dans le double but de solliciter le jugement critique de chacun et de révéler à tous le rôle dévolu par le Conseil municipal à la sculpture placée dans les jardins. Comment ne pas remarquer en effet que les allées du Champ-de-Mars, longue avenue de verdure rythmée par la grande fontaine de Coutan et bordée par l'illusion d'une ville, où la sculpture apporte à la nature un toucher d'humanisme, recomposent en huis-clos sous les pas du promeneur de 1889 un de ces squares idéals dont le nombre sans cesse grandissant et le nouveau visage montrent le prix que les élus attachent à leur présence au sein de chaque arrondissement de la Capitale.

L'idée d'une présentation d'ensemble des modèles achetés au Salon a pris naissance dès 1885. Il s'agissait alors pour le Conseil municipal de contrebalancer par un recours à l'opinion publique le pouvoir jugé abusif de l'administration concernant le placement des sculptures. Le conseiller Strauss, soutenu par la commission municipale des Beaux-Arts, s'étonnant que des statues puissent être laissées en réserve – c'est le cas notamment du *Marat* de Baffier acheté en 1883 – réclame, pour mettre fin à ce qu'il appelle, désignant Alphand, *la dictature de M. le Directeur des Travaux*, la création d'un *musée des modèles* afin que le public puisse juger l'ensemble des œuvres acquises, disséminées dans Paris[19]. Cet appel utopique au jugement de tous incarne, on le sait, une vision foncièrement démocratique de l'exercice du pouvoir qui est la marque originale de la pratique politique de la municipalité dans les années 1880. On ne saurait donc s'étonner – et c'est là un des sens les plus intéressants de ce regroupement – de voir cette idée-clé – que c'est au public de juger en dernier ressort la Ville et les artistes – mise en œuvre à l'Exposition universelle, alors même que l'on célèbre le centenaire de 1789.

FIG. 171
Trois des grands marbres présentés par la Ville de Paris
Photographie Hippolyte Blancard (coll. part.).

FIG. 172 et 173
Alignements de sculptures entre pelouse et velum (Roger-Viollet) et photographie Hippolyte Blancard (coll. part.).

Tous les modèles exposés, que leur fragilité condamnait en principe à une présentation exclusivement intérieure, ont été protégés pour assurer leur conservation. Durcis au moyen d'un procédé d'arrosage chimique, ils ont reçu deux couches d'huile et d'ambrotine destinées à les imperméabiliser. L'efficacité du traitement permet d'ailleurs de constater, cinq mois après l'ouverture de la manifestation, que *le plâtre qui a reçu plusieurs fois des pluies torrentielles n'a pas bougé*[20]. Il s'agissait de préserver pour l'avenir l'intégrité de la collection. Son apparition éphémère à l'Exposition préfigure en effet sa présentation organisée, un an plus tard et de façon désormais permanente, au musée des collections artistiques de la Ville de Paris qui a ouvert ses portes en 1889 rue La Fontaine dans

FIG. 172

FIG. 173

FIG. 174
Auguste PARIS
Le temps et la chanson
modèle du marbre mis en place
au Théâtre de la Gaité, 1882
(Roger-Viollet) *cf.* cat. 141.

FIG. 175
Au bord de la pelouse,
groupes en bronze commandés
pour les abattoirs de La Villette
(coll. part.).

FIG. 176
Emmanuel FREMIET
Porte-falot à cheval modèle
(coll. part.).

FIG. 174

le XVIe arrondissement. Dans un des pavillons de l'Exposition remonté dans la cour, l'ensemble qui ne cesse de s'accroître est non seulement là pour solliciter le jugement du public mais également pour remplir cette mission sociale d'éducation que lui attribue le Conseil municipal dans un raccourci persuasif du rôle qu'il entend lui voir jouer au sein des squares parisiens.

Dès le Second Empire, Alphand avait été le principal ordonnateur de ces jardins dont la création procédait à l'origine d'une réflexion sur l'hygiène publique. *Les jardins,* écrit-il en 1873, *sont absolument nécessaires sous le rapport de la salubrité. Plus la science progresse,* souligne l'ingénieur, *plus les hommes sont attentifs à réaliser les meilleures conditions hygiéniques en dedans et au dehors*[21]. Cette conception philanthropique, bien que marquée de paternalisme, continue de séduire le Conseil municipal qui, malgré des rapports quelquefois difficiles, s'accommode assez bien de la présence de cet ancien fonctionnaire impérial à la tête de la Direction des travaux de Paris et lui conservera la responsabilité des promenades jusqu'à sa mort en 1892. Pourtant, contrairement à l'opinion de certains élus pour lesquels le square, dans une optique républicaine, est aussi un lieu d'éducation qui justifie la présence d'œuvres d'art, Alphand ne concède à la sculpture dans les jardins qu'un rôle limité de seul agrément. Critiquant vivement certains excès romantiques qui, en imposant une présence excessive des œuvres de l'homme, avaient fini par *dénaturer* les hâvres de repos, il écrit : *la nature* [y] *était comme fardée d'une poésie précieuse et guindée. Elle était le décor ; mais l'attrait principal s'attachait à la pierre, au bronze* [et] *au marbre*[22].

FIG. 175

FIG. 176

FIG. 177

FIG. 178

Cette vigoureuse défense de la seule présence de la nature explique pourquoi les jardins publics, disséminés aux quatre coins de la Capitale, étaient encore, au milieu des années 1870, à peu près vides de statues. L'administration n'est souvent pour rien dans la mise en place de celles qu'on y rencontre : il en est ainsi pour le *Cheval attaqué par un lion*, groupe en bronze de Fratin, installé en 1865 square Montrouge par le sculpteur lui même[23] (FIG. 177), comme pour les groupes d'enfants en marbre de Claude Vignon qui, depuis la fin de l'Empire, encadrent la pelouse principale du square Montholon[24]. Il n'y a ni bronze ni marbre dans quelques-unes des promenades les plus réputées de Paris, celles qui traduisent le mieux le projet de Napoléon III de faire bénéficier chaque quartier des avantages du plein air : au square de la tour Saint-Jacques, là où, comme l'écrit encore Alphand, *n'existait qu'un labyrinthe de petites rues dans lesquelles le jour pénétrait à peine*[25], au square du Temple à côté de la mairie du IIIe arrondissement, ou encore au square des Batignolles établi en 1862, *l'un des plus étendus, des plus pittoresques et des plus verdoyants de la Capitale*[26]. Pour mesurer l'effort de transformation accompli par le Conseil municipal, qui a acquis depuis 1879 l'autonomie de ses décisions, il suffit de constater que près d'une dizaine de sculptures ornent ces trois endroits dix ans plus tard et qu'on en compte six aux Buttes-Chaumont qui, avec le *Pilleur de mer* du sculpteur Ogé (FIG. 178) et le *Chasseur d'aigles* de Desca (FIG. 179) reçoit ses premiers groupes au début des années 1880.

Le catalogue des statues exposées dans les allées du Champ-de-Mars en 1889, que nous publions plus loin[27], rend compte de l'importance du changement qui vient d'affecter l'ensemble des squares parisiens. D'une façon générale, ce phénomène est lié à une renaissance de l'art statuaire que soulignent tous les critiques : Charles Timbal, qui tient la rubrique du Salon dans la *Gazette des Beaux-Arts* en 1877 note que ce sont 642 ouvrages, en plâtre, marbre ou bronze, qui sont exposés cette année là. *Il n'est pas facile de nier*, écrit-il *que la sculpture ne prenne décidément le pas sur la peinture*[...] *Il est loin* [le

FIG. 177
Christophe FRATIN
Cheval attaqué par un lion, 1846
bronze anciennement Paris,
Square Montrouge,
déposé en 1952 à Breteuil (Oise).

FIG. 178
Pierre-Marie-François OGE
Pilleur de mer modèle, 1880
Paris, dépôt des œuvres d'art.

FIG. 179
Edmond DESCA
Le chasseur d'aigles
bronze anciennement Paris,
Buttes-Chaumont
(Paris, Bibliothèque nationale).

CAT. 136
Louis-Ernest BARRIAS
Les premières funérailles, 1878.

FIG. 179

CAT. 136

temps] *où quelques rares amateurs circulaient, sans trop oser s'y attarder, devant les œuvres incomprises de nos statuaires* [...] *Toute cette froideur et toute cette indifférence ont fait place à une faveur nouvelle, croissante, qui touche presque à l'engouement*[28]. L'image et le rôle du square dans la cité s'en sont trouvés redéfinis. C'est Henri Jouin, grand spécialiste de la sculpture, qui définit sans doute le mieux, à l'époque, l'ambition nouvelle dont Paris montre un exemple cohérent : le square, peuplé de statues, se transforme en un espace pédagogique et devient un reflet supplémentaire des conceptions démocratiques de la vie sociale. *Puisque l'ouvrier sillonne le sol de nos villes* [et que] *l'usine ouvre sur la rue, c'est donc ce terrain là*, écrit-il en parlant des jardins, *qu'il faut peupler de statues comme il est peuplé de travailleurs*[29]. C'est la logique des achats parisiens que d'avoir voulu porter l'art hors des lieux officiels – en 1878 c'est encore pour le décor de l'Hôtel de Ville que l'on commande à Barrias le marbre des *Premières funérailles* (CAT. 136) – et les allées du Champ-de-Mars ont eu la charge, en 1889, de dessiner le portrait de ce rêve républicain.

LE BRONZE
LA PIERRE!
La nature était comme fardée d'une poésie précieuse et guindée. Elle était le décor; mais l'attrait principal s'attachait à la pierre, au bronze au marbre.
LE MARBRE
NATURE

CAT. 140
Mathurin MOREAU
L'avenir, 1886 présenté dans la section des Beaux-Arts à l'intérieur du pavillon Est
(Roger-Viollet).

CAT. 140

Les conseillers parisiens paraissaient donc tous d'accord en théorie : en 1887, ils prennent même directement en charge la sélection des sculptures au Salon parce qu'ils s'estiment trahis par l'administration. Mais il s'en faut de beaucoup pour que, face à l'éclectisme qui transforme l'art de l'époque en un champ permanent d'hésitations multiples, ils conçoivent d'une façon identique le rôle qu'ils s'attribuent et le choix même des œuvres.

Une petite partie des conseillers, au nom desquels Jobbé-Duval souvent s'exprime, opte pour une définition la plus large et la plus libérale possible. Face aux critiques de certains, qui trouvent aux propositions d'acquisitions une trop grande facilité dans le choix des sujets et dénoncent la tentation du mécénat, *cette vieille théorie monarchique de protection des arts*[30], Jobbé-Duval, peintre lui-même, défend le respect de la liberté intangible des artistes. Il inverse la condamnation et, dans une belle démonstration de la précarité des jugements, demande à tous de réagir *contre les errements despotiques. Nous, républicains*, s'élève-t-il, *qui, lorsque nous étions dans l'opposition, condamnions absolument les traditions des gouvernements monarchiques et césariens, allons-nous donc adopter le système que nous avons si énergiquement et si justement condamné chez nos adversaires*[31]. La divergence d'opinion sur le rôle du Conseil, d'une tournure quelque peu byzantine, masque, en fait, une différence d'appréciation de la forme et du contenu des œuvres, sur lesquelles achoppent tous les débats pendant la décennie. Paris sous la République reste pour quelques-uns comme Jobbé-Duval, qui aime répéter la formule, *la Capitale des arts et du goût* où doit continuer de régner la haute tradition de l'allégorie que l'Académie place au sommet de la hiérarchie des genres[32]. Disons, en résumant leur position, que pour cette raison, la présence du *grand style* s'impose dans le décor urbain et qu'il convient, par conséquent, que la Ville achète, à côté des sculptures d'intention plus moderne recommandées par certains, des œuvres de doctrine, allégoriques ou non. Le débat qui, en théorie, ne touche qu'au style des œuvres proposées à l'achat du Conseil, provoque surtout, chaque année, de vives controverses portant sur leurs sujets. C'est le cas, par exemple, de la *Circé* de Gustave Michel dont le parfum mythologique plus que la facture maniériste irrite ses détracteurs qui lui opposent le *caractère républicain* de l'*Avenir* de Mathurin Moreau (CAT. 140), statue acquise, comme elle, en 1886[33]. Rares sont d'ailleurs les conseillers qui, comme Vaillant, pour couper court à la polémique, suggèrent sans succès, de réserver au square les seuls chefs-d'œuvre imposés par le temps et de le transformer ainsi en un musée des copies pour la seule éducation esthétique du goût[34].

FIG. 180
Jules COUTAN
La porteuse de pain modèle, 1882
(coll. Debuisson).

CAT. 142
Jacques PERRIN
Le botteleur, 1887.

FIG. 181
Adrien GAUDEZ
Le moissonneur bronze
anciennement Paris, parc Monceau
(coll. Debuisson).

FIG. 182
Emile BOISSEAU
Le Crépuscule
La Gazette des Beaux-Arts, 1880.

CAT. 137
Emile BOISSEAU
La défense du foyer, 1885.

CAT. 142

FIG. 180

FIG. 181

FIG. 182

CAT. 137

Mais pour la majorité des conseillers, le jardin, espace d'enseignement autant que lieu d'agrément, doit accueillir principalement la sculpture la plus novatrice. Du discours de Levraud qui exige, en 1880, que les *sujets choisis* [...] *puissent faire l'éducation de la population parisienne et parler aux yeux de tous*[35] à celui du rapporteur de la commission des Beaux-Arts qui, à la veille de 1889, fixe le même objectif aux achats de la municipalité[36], le désir demeure constant : rechercher et recueillir les œuvres qui s'inspirent de la vie moderne. D'où le réalisme, souvent de façade parce que réduit aux seuls programmes, de bien des œuvres achetées par le Conseil municipal au cours de la période et qui s'attachent à reproduire de la vie le seul discours d'une morale fondée sur le culte des valeurs sociales. L'hommage rendu par la sculpture au labeur de l'ouvrier ou du paysan a, pour cette raison, la faveur de la commande parisienne : à la *Porteuse de pain* de Coutan (FIG. 180), installée square de la tour Saint-Jacques en 1886, répond ainsi, au square Parmentier le *Botteleur* (CAT. 142), figure mi-allégorique mi-réelle d'un travailleur des campagnes, si nombreuses dans les jardins publics en 1889 ; comme le *Moissonneur* de Gaudez (FIG. 00), placé, lui, au parc Monceau, la figure de Jacques Perrin enchevêtre les styles pour donner au paysan une dignité nouvelle et faire ressortir, comme le réclamait un conseiller municipal, *la saine et forte beauté du travailleur*[37].

Parfois, cette volonté des représentants parisiens d'unir au jardin l'humanisme confiant de l'idéalisme républicain entraîne leur choix vers des rébus inintelligibles. Le sculpteur Pézieux, paraphrasant une maxime d'Eschyle que reproduit le catalogue du Salon, choisit pour exprimer l'idée laïque d'une survie de l'homme au travers de sa descendance, de montrer un fossoyeur rêvant parmi des crânes, tandis qu'une femme portant deux enfants dans les bras, s'approche de lui. *Il faut de la perspicacité pour comprendre*, dira avec humour le critique Louis de Fourcaud[38] devant le bronze de Pézieux, intitulé *Non omnes morimur*, installé au square Parmentier en 1885. Il n'est pas exclu que le caractère volontairement narratif de la plupart des sculptures de l'époque ait été accentué par l'espoir des artistes de voir, de cette façon, leurs œuvres distinguées par la commande publique. Le succès inégal rencontré par Boisseau auprès des élus municipaux pourrait en témoigner : en 1880, l'artiste se voit ainsi refuser l'acquisition du *Crépuscule* (FIG. 182) en raison du caractère allégorique de l'œuvre, malgré d'évidentes qualités décoratives ; en revanche, les conseillers feront confiance au talent du sculpteur lorsque, deux ans plus tard, il crée la *Défense du foyer* (CAT. 137), groupe civique aux échos multiples illustrant le thème de la patrie, bien apte à décorer un square. Il y rejoindra quelques autres figures de gaulois d'inspiration académique comme un

CAT. 135
Jean-Paul AUBE
Le Dante, 1882.

CAT. 138
François ETCHETO
François Villon, 1882.

CAT. 138

CAT. 135

Ancêtre de Massoule ou le *Guerrier blessé reforgeant son épée* de Chrétien dont les modèles exposés l'année du centenaire, évoqueront, à côté de la *Jeanne d'arc* de Chatrousse le souvenir des volontaires de 1792 sans oublier celui de la défense de Paris.

Il aurait été étonnant que les conseillers parisiens ne disposent pas du square pour y installer, à côté de ces sculptures à thème qui mobilisent l'espace, des statues aux grands hommes qui, au cours des mêmes années, sont érigées dans divers endroits de la Capitale. Le nombre en fut relativement limité, comme si le genre se mariait difficilement à ce type de lieu. Des statues de Diderot et de Sedaine ont été mises en place au square d'Anvers ; une autre, créée par Etcheto et représentant le poète François Villon (CAT. 138) orne le square Monge, non loin de celle de Dante (CAT. 135) que l'on a élevée devant le Collège de France. La liste est donc courte de ces figures d'hommes illustres admis sur les pelouses de Paris jusqu'en 1889.

Il semble que le sentiment d'une hiérarchie des espaces ait dominé, ici comme ailleurs[39], l'esprit des conseillers municipaux. A la place publique, lieu d'histoire, revient la mission de mettre en scène le

TARDI

FIG. 183
Léon LECOINTE
Diderot, 1885
anciennement Paris, square d'Anvers
(coll. part.).

FIG. 184
Didier DEBUT
Rollin modèle
Paris, dépôt des œuvres d'art.

FIG. 185
Léon LECOINTE
Sedaine, 1882
anciennement Paris, Square d'Anvers
(Paris, archives de la Direction
des affaires culturelles).

FIG. 186
Jean BAFFIER
Marat, 1884
anciennement Paris, parc Montsouris
(Paris, Bibliothèque nationale).

FIG. 183

FIG. 185

FIG. 184

FIG. 186

monument aux grands hommes dont l'exemple s'impose à tous. Le square, en revanche, ne reflète que l'esprit du quartier : l'homme célèbre y a sa place mais on commémore ici les liens intimes ou symboliques qui l'unissent à l'arrondissement ou parfois même au seul bâtiment qui borde le jardin. Pour cette raison, la statue de Villon a trouvé logiquement son emplacement au cœur du quartier des Ecoles et celle de Dante devant l'édifice qui symbolise le mieux les activités supérieures de l'esprit humain. Le cas de Diderot et le sort particulier réservé à chacune des deux statues dont on honore le philosophe au moment du centenaire de sa mort illustre bien le sens différent que l'époque réserve au jardin ou à la rue.

A la demande d'un conseiller municipal[40], le *Diderot* de Lecointe (FIG. 183) est installé au square d'Anvers, promenade longée par le collège Rollin, qui porte le nom de cet écrivain-pédagogue dont la représentation (FIG. 184) orne la cour de l'établissement. Le même conseiller obtient que la statue de Sedaine rejoigne celle du philosophe sur les pelouses du square (FIG. 185). Le rapprochement des trois figures, favorisé par la proximité des lieux, permet de donner au jardin le charme poétique d'un espace dédié à quelques-unes des gloires littéraires du XVIIIe siècle. Le comité du centenaire demandera, lui, une place publique pour ériger la statue de Diderot créée par Gautherin. Dressée au carrefour Saint-Germain, au débouché de la rue de Rennes, l'œuvre célèbre cette fois, comme l'indiquait la demande adressée au Conseil municipal, le défenseur de l'idée de liberté et *le représentant le plus énergique des penseurs du XVIIIe siècle* [qui ont] *fait la révolution dans les cerveaux avant qu'elle se traduise dans les faits*[41].

L'espace de la rue est pour les hommes de l'époque le terrain privilégié du discours politique. Un autre exemple de cette lecture particulière est donné par le destin malchanceux de la statue de Marat (FIG. 186). On envisage un temps et logiquement d'ériger l'œuvre de Baffier sur une place publique, devant l'Ecole de Médecine[42]. Mais la carrière révolutionnaire très controversée du personnage retarde l'installation et la sculpture sera finalement mise en place au parc Montsouris, à l'abri des regards trop nombreux. Le square devient alors pour la statue le lieu paradoxal d'un exil discret. Cette relation étrangère de l'œuvre d'art et du jardin fut bien sûr ignorée en 1889 : ni le modèle en plâtre, ni le bronze du *Marat*, aujourd'hui détruits, ne figuraient dans les allées de l'Exposition universelle.

Catalogue des sculptures de l'exposition spéciale de la Ville de Paris

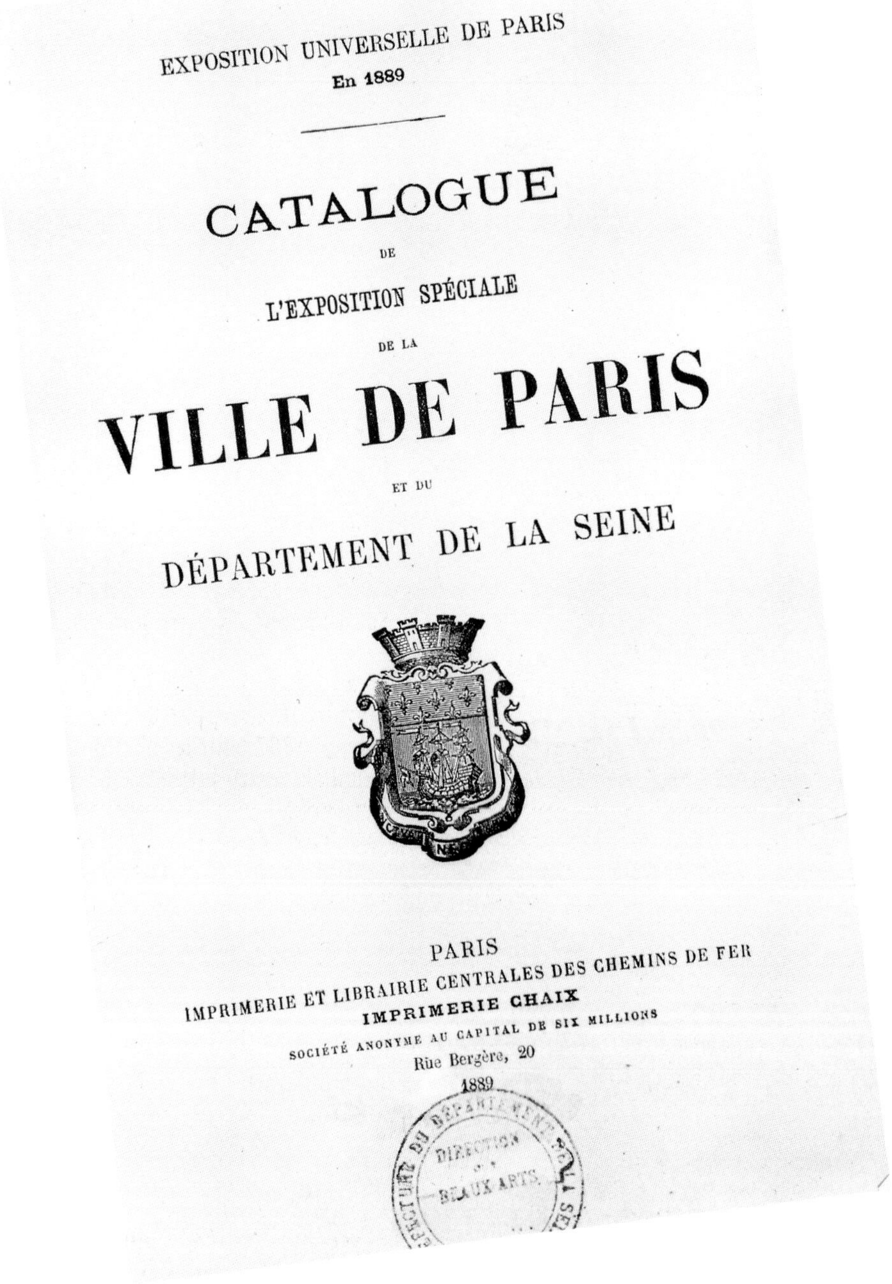

EXPOSITION UNIVERSELLE DE PARIS

En 1889

CATALOGUE

DE

L'EXPOSITION SPÉCIALE

DE LA

VILLE DE PARIS

ET DU

DÉPARTEMENT DE LA SEINE

PARIS

IMPRIMERIE ET LIBRAIRIE CENTRALES DES CHEMINS DE FER

IMPRIMERIE CHAIX

SOCIÉTÉ ANONYME AU CAPITAL DE SIX MILLIONS

Rue Bergère, 20

1889

L'historique de chaque sculpture a été établi à partir des renseignements portés dans l'Inventaire général des collections municipales. Cet inventaire a également été utilisé pour retrouver les dimensions de chacune des œuvres exposées en 1889 ; elles n'ont été vérifiées et complétées que pour les seules pièces conservées aujourd'hui au dépôt des œuvres d'art de la Ville de Paris. Le numéro de chaque sculpture, précédé de la mention abrégée E.U.89 V.P., est celui porté par l'œuvre dans le catalogue spécial des œuvres exposées par la Ville de Paris à l'Exposition universelle de 1889 (éd. Chaix, Paris, 1889). Enfin et dans toute la mesure de nos recherches, nous avons accompagné chaque notice de la reproduction photographique correspondante ; quand le document faisait défaut, nous avons pris le parti de reproduire l'œuvre immédiatement en rapport, qu'il s'agisse du plâtre original, du bronze ou du marbre correspondants. Dans deux cas seulement, nous avons fait appel à la gravure.

AIZELIN Eugène-Antoine
Paris, 1821 - Paris, 1902

Archer du XVe siècle
Statue plâtre. H. 2,00.
Modèle commandé en 1884 pour l'Hôtel de Ville (guichet nord). E.U. 89 V.P. n° 55. Dépôt des œuvres d'art de la Ville de Paris.
Bronze en place.

ALBERT-LEFEUVRE Louis-Etienne-Marie
Paris, 1845 - Neuilly-sur-Seine, 1924

Frère et sœur
Statue pierre. H. 1,70 ; L. 0,57 ; P. 0,57.
Acq. au Salon de 1888. E.U. 89 V.P. n° 56. Placée au square Saint-Laurent (Xe arrondissement) en 1897.

Au pâturage
Groupe bronze. H. 2,60 ; L. 3,00 ; P. 1,83.
Commandé en 1887 pour les abattoirs de la Villette (XIXe arrondissement). E.U. 89 V.P. n° 57.
Détruit vers 1942.
Plâtre modèle détruit en 1896.

ALLAR Joseph-André
Toulon, 1845 - Toulon, 1926

L'Europe
Torchère plâtre. H. 2,20.
Modèle commandé en 1884 pour l'Hôtel de Ville (parvis). E.U. 89 V.P. n° 58. Détruit en 1939.
Bronze en place (salle Saint-Jean).

AUBÉ Jean-Paul
Longwy, 1837 - Capbreton, 1916

Le Dante
Statue plâtre. H. 1,95 ; L. 0,60 ; P. 0,60.
Acq. au Salon de 1879. E.U. 89 V.P. n° 59.
Dépôt des œuvres d'art de la Ville de Paris.
Bronze (1882).
Cf. cat. 135.

BARRAU Théophile-Eugène-Victor
Carcassonne, 1848 - Paris, 1913

Fenaison
Statue plâtre. H. 2,13 ; L. 1,05 ; P. 0,90.
Acq. au Salon de 1882. E.U. 89 V.P. n° 60.
Dépôt des œuvres d'art de la Ville de Paris.
Bronze (1883) placé au square Saint-Médard
(Ve arrondissement) ; détruit vers 1942.

Vanneuse
Groupe plâtre. H. 1,63 ; L. 0,70 ; P. 1,10.
Acq. en même temps que le bronze en 1887.
E.U. 89 V.P. n° 61. Dépôt des œuvres d'art
de la Ville de Paris.
Bronze placé au square Saint-Bernard
(XVIIIe arrondissement) ; détruit vers 1942.

BARRIAS Louis-Ernest
Paris, 1841 - Paris, 1905

Les premières funérailles
Groupe marbre.
Cf. cat. 136.
E.U. 89 V.P. n° 62.
Plâtre acquis au Salon de 1878. Dépôt des œuvres
d'art de la Ville de Paris.

La Défense de Paris
Statue plâtre
Cf. cat. 47
E.U. 89 V.P. n° 63.

Blanchard Jules
Puiseaux, 1832 - mort en 1916

La Science
Statue plâtre. H. 2,15 ; L. 1,45 ; P. 1,10.
Modèle commandé en 1884 pour l'Hôtel de Ville (parvis). E.U. 89 V.P. n° 64. Dépôt des œuvres d'art de la Ville de Paris.
Bronze (1886) en place.

Boisseau Emile-André
Varzy, 1842 - mort en 1923

La défense du foyer
Groupe marbre.
Cf. cat. 137.
E.U. 89 V.P. n° 65.
Plâtre acq. au Salon de 1884 ; détruit en 1956.

Captier Etienne-François
Baugy, 1842 - Paris, 1902

*Archer du xv*e *siècle*
Statue plâtre. H. 2,10 ; L. 0,75 ; P. 0,60.
Modèle commandé en 1884 pour l'Hôtel de Ville (guichet nord). E.U. 89 V.P. n° 66. Dépôt des œuvres d'art de la Ville de Paris.
Bronze en place.

L'égalitaire
Statue bronze. H. 2,35 ; socle : diam. 1,00.
Commandée en 1887. E.U. 89 V.P. n° 67.
Placée au parc des Buttes-Chaumont (XIXe arrondissement) ; détruite vers 1942.
Plâtre acquis au Salon de 1886 ; détruit en 1939.

CARLES Antonin-Jean
Gimont, 1841 - Paris, 1919

Officier de ville du XVIIe siècle
Statue plâtre. H. 2,05.
Modèle commandé en 1884 pour l'Hôtel de Ville (guichet sud). E.U. 89 V.P. n° 68.
Localisation inconnue.
Bronze en place.

CHAPLAIN Jules-Clément
Mortagne, 1839 - Paris, 1939

Hallebardier du XIVe siècle
Statue plâtre. H. 2,32 ; L. 0,74 ; P. 0,92.
Modèle commandé en 1884 pour l'Hôtel de Ville (guichet nord). E.U. 89 V.P. n° 69.
Musée du Petit Palais.
Bronze en place.

CHARPENTIER Félix-Maurice
Bollène, 1856 - Paris, 1924

Jeune faune non repr.
Statue marbre. H. 1,40 ; L. 0,60 ; P. 0,70.
Commandée en 1885. Placée au parc Monceau (VIIIe arrondissement) ; E.U. 89 V.P. n° 70.
Localisation inconnue.
Plâtre acquis au Salon de 1884.
Localisation inconnue.

CHATROUSSE Emile
Paris, 1829 - Paris, 1896

Frigoult de Liesville
Buste plâtre. H. 0,67 ; L. 0,30 ; P. 0,18.
Acquis au Salon de 1886. E.U. 89 V.P. n° 71.
Dépôt des œuvres d'art de la Ville de Paris.
Bronze (1887) placé au musée Carnavalet.

Jeanne d'Arc
Statue bronze. H. 2,75 ; L. 0,86 ; P. 0,78.
Acq. en 1889. E.U. 89 V.P. n° 72.
Placée boulevard Saint-Marcel (XIIIe arrondissement) en 1891.

Chretien Eugène-Ernest
Elbeuf, 1840 - Paris, 1909

Guerrier blessé reforgeant son épée
Statue plâtre. H. 2,20 ; socle : diam. 0,80.
Acq. au Salon de 1881. E.U. 89 V.P. n° 73.
Dépôt des œuvres d'art de la Ville de Paris.
Bronze placé au square de l'Alma (VIIIe arrondissement) puis au square Henri-Galli (IVe arrondissement) à partir de 1925 ; détruit vers 1942.

Cordonnier Alphonse-Amédée
La Madeleine-lès-Lilles, 1848 - Paris, 1930

Héraut d'armes du xvie siècle
Statue plâtre. H. 2,00 ; L. 0,84 ; P. 1,01.
Modèle commandé en 1884 pour l'Hôtel de Ville (guichet sud). E.U. 89 V.P. n° 74. Musée du Petit Palais.
Bronze en place.

Maternité non repr.
Groupe pierre. H. 1,50 ; plinthe : 0,95 × 0,55.
Acq. au Salon de 1888. E.U. 89 V.P. n° 75.
Square Adolphe-Chérioux (XVe arrondissement) depuis 1924.

Cornu Vital
Paris, 1851 - lieu et date de mort inconnus

Le ricochet non repr.
Statue plâtre. H. 1,35 ; socle ovale : 0,82 × 0,13.
Acq. au Salon de 1880. E.U. 89 V.P. n° 76.
Non localisée.
Bronze (1881) placé square Saint-Jacques (IVe arrondissement) ; détruit vers 1942.

L'abandonnée
Statue marbre. H. 1,70.
Commandée en 1884. E.U. 89 V.P. n° 77.
Parc Monceau jusqu'en 1933 ; détruite en 1939.
Plâtre acq. au Salon de 1883. Dépôt des œuvres d'art de la Ville de Paris.

COUTAN Jules-Félix
Paris, 1848 - Paris, 1939

La porteuse de pain
Statue plâtre. H. 2,05 ; L. 0,80 ; P. 0,75.
Acq. au Salon de 1882. E.U. 89 V.P. n° 78.
Dépôt des œuvres d'art de la Ville de Paris.
Bronze placé au square Saint-Jacques
(IVe arrondissement) ; détruit vers 1942.

Sergent d'armes du XIVe siècle
Statue plâtre. H. 1,99 ; L. 1,03 ; P. 0,82.
Modèle commandé en 1884 pour l'Hôtel de Ville
(guichet nord). E.U. 89 V.P. n° 79. Dépôt des œuvres
d'art de la Ville de Paris.
Bronze en place.

La Paix armée
Statue plâtre. H. 2,80 ; L. 1,10 ; P. 0,90.
Modèle commandé en 1886. E.U. 89 V.P. n° 80.
Dépôt des œuvres d'art de la Ville de Paris.
Bronze (1888) placé autrefois au square d'Anvers
(IXe arrondissement) ; parc Montsouris
(XIVe arrondissement) depuis 1986.

DAILLION Horace
Paris, 1854 - mort après 1937

Le réveil d'Adam
Statue marbre. H. 1,75 ; L. 2,45 ; P. 1,10.
Commandée en 1883. E.U. 89 V.P. n° 81.
Musée du Petit Palais de 1902 à 1934 ;
Vincennes, parc municipal des sports.
Plâtre acq. au Salon de 1882 ; détruit en 1889.

DELHOMME Léon-Alexandre
Tournon, 1841 - Paris, 1895

L'âge de bronze non repr.
Statue plâtre. H. 1,55 ; socle : 0,65 × 0,85.
Don du sculpteur en 1887. E.U. 89 V.P. n° 82.
Détruite en 1939.
Bronze acq. au Salon de 1884. Placé au square
Latour-Maubourg (VIIe arrondissement) ;
détruit vers 1942.

Demaille Louis-Cosme
Gigondas, 1837 - Paris, 1906

Berthollet
Buste plâtre. H. 0,90.
Commandé avant 1885 pour la place de la mairie d'Arcueil. E.U. 89 V.P. n° 83. Dépôt des œuvres d'art de la Ville de Paris.
Marbre mis en place en 1885. Localisation inconnue.

Desca Edmond
Vic-en-Bigorre, 1855 - mort en 1918

Le chasseur d'aigles
Groupe plâtre. H. 2,65.
Acq. au Salon de 1881. E.U. 89 V.P. n° 84.
Dépôt des œuvres d'art de la Ville de Paris.
Bronze (1882) placé au parc des Buttes-Chaumont (XIXe arrondissement) ; détruit vers 1942.

Enderlin Joseph-Louis
Aesch, 1851 - mort en 1941

Bataille d'enfants
Groupe bronze. H. 1,80 ; socle : diam. 1,00.
Commandé en 1887. E.U. 89 V.P. n° 85. Placé au square Violet (XVe arrondissement) ;
détruit vers 1942.
Plâtre acq. au Salon de 1886 ; détruit en 1939.

Escoula Jean
Bagnères-de-Bigorre, 1851 - Paris, 1911

Bâton de vieillesse
Groupe plâtre. H. 1,70 ; socle : 0,78 × 0,60.
Acq. au Salon de 1882. E.U. 89 V.P. n° 86.
Déposé à Barentin (Seine-Maritime) en 1956.
Bronze (1883) placé au parc Montsouris
(XIVe arrondissement) ; détruit vers 1942.

Etcheto François
Madrid, 1853 - Paris, 1889

François Villon
Statue plâtre. H. 1,95 ; L. 0,65 ; P. 0,80.
Acq. au Salon de 1881. E.U. 89 V.P. n° 87.
Musée du Petit Palais de 1902 à 1934.
Dépôt des œuvres d'art de la Ville de Paris.
Bronze (1882).
Cf. cat. 138.

Fagel Léon
Valenciennes, 1851 - Paris, 1913

Chevreul non repr.
Buste bronze. H. 0,78.
Acq. au Salon de 1888. E.U. 89 V.P. n° 88.
Détruit vers 1942.

Ferrary Maurice
Embrun, 1852 - Neuilly-sur-Seine, 1904

Belluaire agaçant une panthère
Groupe plâtre. H. 2,05 ; socle : diam. 0,80.
Acq. au Salon de 1879. E.U. 89 V.P. n° 89
(*Le Belluaire*). Détruit en 1949.
Bronze (1880) placé au square des Batignolles
(XVIIe arrondissement) ; détruit vers 1942.

Fremiet Emmanuel
Paris, 1824 - Paris, 1910

Porte-falot à cheval
Groupe plâtre. H. 2,85.
Modèle commandé en 1882 pour l'Hôtel de Ville (escalier du Préfet). E.U. 89 V.P. n° 90 (*Héraut d'armes à cheval*). Dépôt des œuvres d'art de la Ville de Paris.
Bronze en place.

Gardet Georges
Paris, 1863 - Paris, 1939

Un drame au désert
Groupe bronze. H. 1,12.
Commandé en 1888. E.U. 89 V.P. n° 91.
Placé au parc Montsouris en 1891.
Plâtre acq. au Salon de 1887. Dépôt des œuvres d'art de la Ville de Paris.

Gaudez Adrien
Lyon, 1845 - Neuilly-sur-Seine, 1902

Le moissonneur
Statue plâtre. H. 1,30 ; socle ovale : 0,75 × 1,30.
Acq. au Salon de 1879. E.U. 89 V.P. n° 92.
Dépôt des œuvres d'art de la Ville de Paris.
Bronze placé au parc Monceau (VIIIe arrondissement) ; détruit vers 1942.

Le ciseleur non repr.
Statue plâtre. H. 1,50 ; socle : diam. 0,80.
Acq. au Salon de 1881. E.U. 89 V.P. n° 93 ; détruite en 1939.
Bronze (1882) placé à la mairie du IIIe arrondissement ; détruit vers 1942.

Lulli enfant
Statue bronze. H. 1,60 ; socle : diam. 0,50.
Commandée en 1886. E.U. 89 V.P. n° 94. Musée du Petit Palais de 1902 à 1939 ; détruite vers 1942.
Plâtre acq. au Salon de 1885. Dépôt des œuvres d'art de la Ville de Paris.

GAUTHERIN Jean
Ouroux, 1840 - Paris, 1890

Le paradis perdu
Groupe marbre. H. 1,85 ; socle : L. 1,22 ; P. 1,08.
Commandé en 1878. Placé au parc Monceau (VIIIe arrondissement) jusqu'en 1889. E.U. 89 V.P. n° 95. Mairie du Ve arrondissement, depuis 1931.
Plâtre acq. au Salon de 1878 ; détruit en 1939.

GUGLIELMO Lange
Toulon, 1839 - mort en 1917

Vieille histoire
Groupe marbre. H. 1,45 ; socle : L. 0,75 ; P. 1,10.
Commandé en 1884. E.U. 89 V.P. n° 96. Ecole normale d'institutrices, boulevard des Batignolles (XVIIe arrondissement) depuis 1887.
Plâtre acq. au Salon de 1883. Dépôt des œuvres d'art de la Ville de Paris.

GUILBERT Ernest-Charles-Démosthène
Paris, 1848 - lieu et date de mort inconnus

Héraut d'armes du XVIIe siècle
Statue plâtre. H. 2,15.
Modèle commandé en 1884 pour l'Hôtel de Ville (guichet sud). E.U. 89 V.P. n° 97.
Localisation inconnue.
Bronze en place.

Daphnis et Chloé
Groupe marbre. H. 1,42 ; socle : L. 0,93 ; P. 1,10.
Commandé en 1884. Placé au théâtre du Châtelet jusqu'en 1886. E.U. 89 V.P. n° 98. Mairie d'Ivry-sur-Seine, escalier d'honneur depuis 1941.
Plâtre acq. au Salon de 1883.
Dépôt des œuvres d'art de la Ville de Paris.

HERCULE Benoît-Lucien
Toulon, 1846 - Paris, 1913

Primevère
Statue marbre. H. 1,00 ; L. 0,50 ; P. 0,80.
Commandée en 1885. E.U. 89 V.P. n° 99. Placée à Varsovie (Pologne) en 1929 ; localisation inconnue.
Plâtre acq. au Salon de 1884. Dépôt des œuvres d'art de la Ville de Paris.

Turenne enfant
Statue plâtre. H. 1,56 ; L. 0,48 ; P. 0,48.
Acq. en 1889. E.U. 89 V.P. n° 100. Dépôt des œuvres d'art de la Ville de Paris.
Bronze argenté (1891) placé à l'Hôtel de Ville (Cabinet du Préfet) ; localisation inconnue.

HIOLIN Louis-Auguste
Septmonts, 1846 - Silly-la-Poterie, 1910

Au loup
Groupe plâtre. H. 1,80 ; L. 0,80 ; P. 1,25.
Acq. au Salon de 1885. E.U. 89 V.P. n° 101.
Détruit en 1939.
Bronze (1887) placé au parc des Buttes-Chaumont (XIXe arrondissement) ; détruit vers 1942.

HUGUES Dominique-Jean-Baptiste
Marseille, 1849 - Paris, 1930

L'Asie
Torchère plâtre. H. 2,20.
Modèle commandé en 1884 pour l'Hôtel de Ville (parvis). E.U. 89 V.P. n° 102. Détruit en 1939.
Bronze en place (salle Saint-Jean).

Femme drapée
Torchère plâtre. H. 2,20.
Modèle commandé pour l'Hôtel de Ville.
E.U. 89 V.P. n° 103. Détruit à l'Exposition universelle de 1889.
Bronze en deux exemplaires, en place (salon d'introduction sud).

LE BOURG Charles-Auguste
Nantes, 1829 - Paris, 1906

Le Travail non repr.
Statue plâtre. H. 1,90 ; L. 0,93 ; P. 1,03.
Acq. au Salon de 1883. E.U. 89 V.P. n° 104.
Détruite en 1913.
Bronze (1884) placé boulevard de la Villette, Ecole Diderot (XIXe arrondissement) en 1886 ; localisation inconnue.

LECOINTE Aimé-Joachim-Léon
Paris, 1826 - Paris, 1913

Sedaine
Statue plâtre. H. 2,10 ; socle : diam. 1,35.
Modèle commandé en 1881 d'après la statue acq. au Salon la même année. E.U. 89 V.P. n° 105.
Dépôt des œuvres d'art de la Ville de Paris.
Bronze (1882) placé au square Parmentier, aujourd'hui Maurice-Gardette (XIe arrondissement), puis au square d'Anvers (IXe arrondissement) à partir de 1886 ; détruit vers 1942.

Diderot
Statue plâtre.
Cf. cat. 83.
E.U. 89 V.P. n° 106.
Bronze (1885) placé au square d'Anvers (IXe arrondissement) ; détruit vers 1942.

LEFEVRE Camille
Issy-les-Moulineaux, 1853 - Paris, 1947

Le gué
Groupe plâtre. H. 2,10 ; L. 0,77 ; P. 1,17.
Acq. au Salon de 1884. E.U. 89 V.P. n° 107.
Détruit en 1939.
Bronze (1886) placé au parc des Buttes-Chaumont (XIXe arrondissement) ; détruit vers 1942.

LEFEVRE-DESLONCHAMPS Louis-Alexandre
Cherbourg, 1849 - Paris, 1893

A l'abattoir
Groupe bronze. H. 2,60 ; L. 3,00 ; P. 1,83.
Commandé en 1887 pour les abattoirs de la Villette (XIXe arrondissement) ; E.U. 89 V.P. n° 108.
Détruit vers 1942.
Plâtre modèle détruit en 1896.

LEMAIRE Hector
Lille, 1846 - Paris, 1933

L'Amérique
Torchère plâtre. H. 2,20.
Modèle commandé en 1884 pour l'Hôtel de Ville (parvis). E.U. 89 V.P. n° 109. Détruit en 1939.
Bronze en place (salle Saint-Jean).

Sauvée
Groupe plâtre. H. 2,30 ; L. 1,05 ; P. 1,05.
Acq. en 1889. E.U. 89 V.P. n° 110 (*Pompier-Sauveteur*). Détruit en 1939.
Bronze (1891) placé au square Violet (XVe arrondissement) en 1899 ; détruit vers 1942.

LENOIR Alfred
Paris, 1850 - Paris, 1920

Une mère
Groupe plâtre. H. 1,45 ; L. 1,00 ; P. 0,88.
Acq. au Salon de 1884. E.U. 89 V.P. n° 111.
Détruit en 1924.
Pierre (1887) placée à la mairie du VIe arrondissement ; aujourd'hui, 17 rue Visconti (VIe arrondissement).

Longepied Léon-Eugène
Paris, 1849 - Paris, 1888

Pêcheur ramenant la tête d'Orphée
Groupe marbre.
Cf. cat. 139.
E.U. 89 V.P. n° 112.
Plâtre acq. au Salon de 1880. Dépôt des œuvres d'art de la Ville de Paris.

Mabille Jules-Louis
Valenciennes, 1843 - Paris, 1897

L'amour blessé
Groupe bronze. H. 2,30 ; L. 1,05 ; P. 1,05.
Commandé en 1888. E.U. 89 V.P. n° 113.
Placé au parc Monceau (VIIIe arrondissement) ; détruit vers 1942.
Plâtre acq. en 1888. Dépôt des œuvres d'art de la Ville de Paris.

Marqueste Laurent-Honoré
Toulouse, 1848 - Paris, 1920

L'Art
Statue plâtre. H. 2,15.
Modèle commandé en 1884 pour l'Hôtel de Ville (parvis). E.U. 89 V.P. n° 114. Dépôt des œuvres d'art de la Ville de Paris.
Bronze en place.

MASSOULLE André-Paul-Arthur
Epernay, 1851 - Paris, 1901

Un ancêtre
Statue plâtre. H. 2,35 ; L. 0,85 ; P. 0,80.
Acq. au Salon de 1882. E.U. 89 V.P. n° 115. Musée du Petit Palais de 1908 à 1933 ; détruite en 1939. Bronze (1884) placé au square des Invalides (VIIe arrondissement) ; détruit vers 1942.

MICHEL Gustave-Frédéric
Paris, 1851 - Paris, 1924

L'aveugle et le paralytique
Groupe plâtre. H. 2,15 ; L. 1,00 ; P. 0,82.
Acq. au Salon de 1883. E.U. 89 V.P. n° 116.
Dépôt des œuvres d'art de la Ville de Paris.
Bronze (1884) placé square de la mairie du XXe arrondissement jusqu'en 1911 puis à Levallois-Perret à partir de 1928 ; détruit vers 1942.

Circé
Groupe plâtre. H. 2,60 ; socle : diam. 1,00.
Acq. en même temps que le bronze au Salon de 1886. E.U. 89 V.P. n° 117. Détruit en 1939.
Bronze placé au square des Batignolles (XVIIe arrondissement) ; détruit vers 1942.

MOMBUR Jean-Ossaye
Ennezat, 1850 - mort en 1896

Un sauveteur non repr.
Groupe plâtre. H. 2,15 ; L. 0,95 ; P. 0,82.
Acq. au Salon de 1884. E.U. 89 V.P. n° 118.
Détruit en 1939.
Bronze (1886) placé au square de Laborde (VIIIe arrondissement) jusqu'en 1935 ; localisation inconnue.

MOREAU Mathurin
Dijon, 1822 - Paris, 1912

L'avenir
Statue marbre.
Cf. cat. 140.
E.U. 89 V.P. n° 119.

MORICE Léopold
Nîmes, 1846 - Paris, 1920

République
Statue plâtre. H. 3,45.
Maquette présentée en 1880 au second degré du concours pour le monument de la place de la République. Prix d'exécution. E.U. 89 V.P. n° 120.
Détruit à l'Exposition universelle de 1889.

Sergent du parloir aux bourgeois du XVIe siècle
Statue plâtre. H. 2,30 ; L. 0,74 ; P. 0,92.
Modèle commandé en 1884 pour l'Hôtel de Ville (guichet sud) E.U. 89 V.P. n° 121.
Musée du Petit Palais.
Bronze en place.

NOEL Edme-Anthony-Paul *dit* Tony
Paris, 1845 - Palaiseau, 1909

La méditation
Statue marbre. H. 1,60 ; L. 0,80 ; P. 0,48.
Acq. au Salon de 1878. E.U. 89 V.P. n° 122.
Placée dans les jardins du Ranelagh.
Plâtre donné par l'auteur en 1889.
Dépôt des œuvres d'art de la Ville de Paris.

Pro Patria morituri
Groupe marbre. H. 2,20 ; L. 2,25 ; P. 1,85.
Commandé en 1884. Placé parc du Champ-de-Mars (VIIe arrondissement). E.U. 89 V.P. n° 123.
Dépôt des œuvres d'art de la Ville de Paris depuis une date inconnue.
Plâtre acq. au Salon de 1883 ; détruit en 1939.

Oge Pierre-Marie-François
Saint-Brieuc, 1849 - Paris, 1913

Pilleur de mer
Statue plâtre. H. 2,10.
Acq. au Salon de 1880. E.U. 89 V.P. n° 124.
Dépôt des œuvres d'art de la Ville de Paris.
Bronze (1882) placé au parc des Buttes-Chaumont (XIXe arrondissement) ; détruit vers 1942.

Paris Auguste
Paris, 1850 - Paris, 1915

Le temps et la chanson
Groupe plâtre. H. 2,15 ; socle : diam. 1,10.
Acq. au Salon de 1882. E.U. 89 V.P. n° 125.
Détruit en 1949.
Marbre (1885).
Cf. cat. 141.

1789
Statue bronze. H. 3,00.
Commandée en 1888. E.U. 89 V.P. n° 126. Placée au parc Montsouris (XIVe arrondissement) ; détruite vers 1942.
Plâtre acq. au Salon de 1887. Localisation inconnue.

Perrey Léon-Auguste
Paris, 1841 - Paris, 1900

Belgrand non repr.
Buste marbre. H. 0,88 ; L. 0,42 ; P. 0,32.
Commandé en 1878. E.U. 89 V.P. n° 127.
Localisation inconnue.
Plâtre modèle détruit avant 1887.

Perrin Jacques
Lyon, 1847 - Paris, 1915

Le botteleur
Statue bronze.
Cf. cat. 142.
E.U. 89 V.P. n° 128.
Plâtre acq. au Salon de 1886. Dépôt des œuvres d'art de la Ville de Paris.

Pezieux Jean-Alexandre
Lyon, 1850 - Epinay-sur-Seine, 1898

Non omnes morimur
Groupe plâtre. H. 2,00 ; L. 1,07 ; P. 1,15.
Acq. au Salon de 1882. E.U. 89 V.P. n° 129.
Localisation inconnue.
Bronze (1884) placé au square Parmentier, aujourd'hui Maurice-Gardette (XIe arrondissement) ; détruit vers 1942.

Ple Henri-Honoré
Paris, 1853 - Paris, 1922

Cyparisse
Statue plâtre. H. 1,50 ; L. 0,60 ; P. 0,58.
Acq. au Salon de 1880. E.U. 89 V.P. n° 130.
Dépôt des œuvres d'art de la Ville de Paris.
Bronze (1882) placé au square Saint-Jacques (IVe arrondissement) ; détruit vers 1942.

Richard Félix
Nantes, 1842 - Nantes, 1888

Le harponneur
Statue plâtre. H. 2,00 ; socle : diam. 0,80.
Acq. au Salon de 1880. E.U. 89 V.P. n° 131.
Dépôt des œuvres d'art de la Ville de Paris.
Bronze (1882) placé au square du Temple (IIIe arrondissement) ; détruit vers 1942.

RODIN René-François-Auguste
Paris, 1840 - Meudon, 1917

Victor Hugo
Buste marbre. H. 0,45 ; L. 0,30 ; P. 0,30.
Acq. en 1887. E.U. 89 V.P. n° 132.
Musée du Petit Palais.

ROLARD François-Laurent
Paris, 1842 - Paris, 1912

Monnaie de singe
Statue plâtre. H. 2,20 ; socle : diam. 0,72.
Acq. au Salon de 1882. E.U. 89 V.P. n° 133.
Dépôt des œuvres d'art de la Ville de Paris.
Bronze (1884) placé au square Montholon
(IXe arrondissement) ; détruit vers 1942.

Sauvé
Groupe plâtre. H. 1,80 ; socle : diam. 1,12.
Acq. au Salon de 1884. E.U. 89 V.P. n° 134.
Dépôt des œuvres d'art de la Ville de Paris.
Bronze (1886) placé au parc des Buttes-Chaumont
(XIXe arrondissement) ; détruit vers 1942.

STEUER Bernard-Adrien
Paris, 1853 - mort en 1913

Un éclaireur
Statue plâtre. H. 1,85 ; socle : diam. 0,90.
Acq. au Salon de 1884. E.U. 89 V.P. n° 135.
Localisation inconnue.
Bronze (1886) placé au square de Montrouge,
aujourd'hui Ferdinand-Brunot
(XIVe arrondissement) ; détruit vers 1942.

TURCAN Jean
Arles, 1846 - Paris, 1895

L'Afrique
Torchère plâtre. H. 2,20.
Modèle commandé en 1884 pour l'Hôtel de Ville (parvis). E.U. 89 V.P. n° 136. Détruit en 1939.
Bronze en place (salle Saint-Jean).

Femme drapée
Torchère plâtre. H. 2,20.
Modèle commandé pour l'Hôtel de Ville.
E.U. 89 V.P. n° 137. Détruit à l'Exposition universelle de 1889.
Bronze en deux exemplaires, en place (salon d'introduction sud).

VALTON Charles
Pau, 1851 - Chinon, 1918

Lionne blessée
Statue bronze. H. 1,60 ; L. 0,67 ; P. 2,35.
Commandée en 1888. E.U. 89 V.P. n° 138. Placée au parc Monceau (VIIIe arrondissement) ; détruite vers 1942.
Plâtre acq. au Salon de 1888. Dépôt des œuvres d'art de la Ville de Paris.

VERLET Raoul
Angoulême, 1857 - Paris, 1923

La douleur d'Orphée
Statue bronze. H. 2,55.
Commandée en 1888. E.U. 89 V.P. n° 139. Placée au square Malesherbes (XVIIe arrondissement) ; détruite vers 1942.
Plâtre acq. au Salon de 1887. Musée du Petit Palais de 1902 à 1934. Dépôt des œuvres d'art de la Ville de Paris.

La participation de la Ville de Paris à l'Exposition universelle

1 Berger G., « L'Exposition universelle de 1889 », in *L'Exposition de Paris de 1889*, Paris, 1889, t. 1, pp. 2-3.
2 Ory P., 1984, p. 541.
3 Conseil municipal, *Procès-verbaux*, 4 novembre 1885.
4 Guichard, 1889, t. 1, p. 54.
5 *Cf.*, cat. « Organisation et grands thèmes du 14 Juillet ».
6 « M. Alphand », in *L'Exposition de Paris en 1889*, Paris, 1889, t. 1, p. 42.
7 Chaix, *Notices (...)*, [1889], p. 7.
8 *Ibid.*, p. 8.
9 Guichard, 1889, t. 1, p. 71.
10 Chaix, *Notices* (...), [1889], p. 9.
11 Chaix, *Catalogue (...)*, 1889.
12 *Cf.*, cat. « L'image d'Etienne Marcel ».
13 Chaix, *Notices (...)*, [1889], p. 15.
14 Cat., *Le triomphe des mairies. Grands décors républicains à Paris (1870-1914)*, Paris, musée du Petit Palais, novembre 1986-janvier 1987.
15 Chaix, *Notices (...)*, [1889], p. 16.
16 Chaix, *Notices (...)*, [1889], p. 10.

Les allées du Champ-de-Mars : le square et la statue

17 Chaix, *Notices...* [1889], p. 16.
18 *Ibid.*
19 Conseil municipal, *Procès verbaux*, 29 mai 1885.
20 Chaix, *Notices...* [1889], p. 17.
21 Alphand, 1873, p. LIX.
22 *Ibid.*, p. XXXIII.
23 Chaix, *Edifices civils*, 1878, t. 1, p. 274.
24 *Ibid.*, p. 255 et Alphand, 1873, p. 217.
25 Alphand, 1873, p. 211.
26 *Ibid.*, p. 220.
27 *Cf.* cat. « Catalogue des sculptures de l'exposition spéciale de la Ville de Paris ».
28 Timbal Ch., « La sculpture au Salon », *Gazette des Beaux-Arts*, 1877, pp. 529-530.
29 Jouin H., *Esthétique du sculpteur*, Paris, 1888, pp. 69-70.
30 Conseil municipal, *Procès-verbaux*, 10 juin 1880.
31 *Ibid.*
32 *Ibid.*
33 *Ibid.*, 28 juin 1886.
34 *Ibid.*, 6 juillet 1887.
35 *Ibid.*, 10 juin 1880.
36 *Ibid.*, 4 juillet 1888.
37 *Ibid.*, 6 juillet 1887.
38 Fourcaud L. de, « Le Salon de 1884 », *Gazette des Beaux-Arts*, 1884, p. 61.
39 *Cf.* cat., « Paris et les grands hommes ».
40 « Square d'Anvers », *Paris : squares et bassins*, archives de la Direction des affaires culturelles de la Ville de Paris.
41 Conseil municipal, *Procès-verbaux*, 13 février 1884.
42 *Ibid.*, 8 juin 1883.

COUTAN Jules-Félix
Paris, 1848 - 1939

117 repr. p. 236
Adolphe Alphand

Buste marbre.
H. 0,76 ; L. 0,63 ; P. 0,35.
Sur le côté droit : *Jules COUTAN. 1890.*
Sur le cartouche : *ALPHAND/DIRECTEUR GENERAL DES TRAVAUX/DE L'EXPOSITION UNIVERSELLE DE 1889.*
Sur la plinthe : *LE PERSONNEL DE LA DIRECTION.*
Don des héritiers Alphand, 1927. Musée du Petit Palais, P.P.S. 1632.

ROLL Alfred-Philippe
Paris, 1846 - 1919

118 repr. p. 237
Adolphe Alphand

Huile sur toile.
H. 1,59 ; L. 1,28.
S.d.b.g. : *Roll 88.*
Acquis de l'artiste par la Ville de Paris en 1892. Placé à l'Hôtel de Ville dans la salle de réunion de la 3e commission du Conseil municipal. Transféré au musée du Petit Palais en 1902, P.P.P. 112.

DALOU Aimé-Jules
Paris, 1836-1902

119 repr. p. 237
Joseph Bouvard

Buste plâtre patiné.
H. 0,50 ; L. 0,26 ; P. 0,22.
Etude pour le monument à Alphand, exécuté de 1891 à 1896.
Achat de la Ville de Paris pour les collections du musée du Petit Palais en 1905, P.P.S. 310.

DALOU Aimé-Jules
Paris, 1836 - 1902

120 repr. p. 242
Armand Renaud

Buste plâtre patiné.
H. 0,54 ; L. 0,39 ; P. 0,25.
Achat de la Ville de Paris pour les collections du musée du Petit Palais en 1905, P.P.S. 309.

ANONYME [J. BOUVARD]

121
Plan du pavillon Est de la Ville de Paris à l'Exposition universelle de 1889

Crayon, encre et lavis sur calque.
H. 0,73 ; L. 1,62.
Partie sup. *Dressé par l'architecte commissaire général de l'exposition municipale/soussigné :/ Paris, le... 1889.*
Section locale d'architecture de l'Hôtel de Ville. Paris, Bibliothèque administrative.

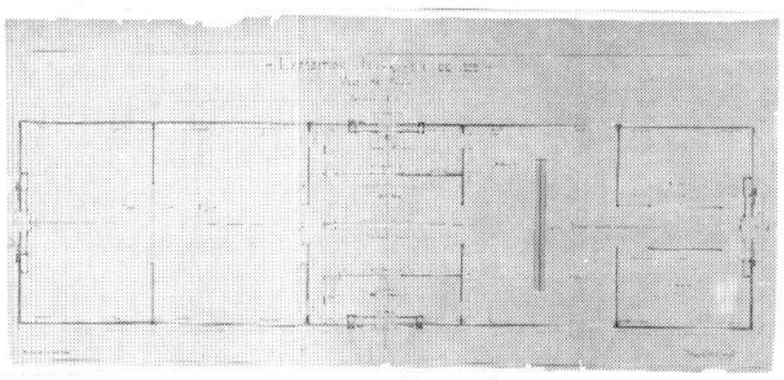

ANONYME [J. BOUVARD ou U. GRAVIGNY]

122 non repr.
Elévation de la façade des pavillons de la Ville de Paris à l'Exposition universelle de 1889.

Crayon et lavis sur calque.
H. 0,54 ; L. 0,37.
Section locale d'architecture de l'Hôtel de Ville. Paris, Bibliothèque administrative.

ANONYME [J. BOUVARD ou U. GRAVIGNY]

123 repr. p. 248
Elévation et décoration d'une partie de la façade principale des pavillons de la Ville de Paris à l'Exposition universelle de 1889.

Crayon sur calque.
H. 0,56 ; L. 0,76.
Section locale d'architecture de l'Hôtel de Ville. Paris, Bibliothèque administrative.

ANONYME [J. BOUVARD ou U. GRAVIGNY]

124 repr. p. 242
Elévation et décoration de la porte d'entrée de la façade principale des pavillons de la Ville de Paris à l'Exposition universelle de 1889.

Crayon et aquarelle sur calque.
H. 0,53 ; L. 0,68.
Section locale d'architecture de l'Hôtel de Ville. Paris, Bibliothèque administrative.

ANONYME [J. BOUVARD ou U. GRAVIGNY]

125 non repr.
Elévation de la façade latérale, avec projet d'emplacement de statues, des pavillons de la Ville de Paris à l'Exposition universelle de 1889.

Crayon sur calque.
H. 0,60 ; L. 1,84.
Section locale d'architecture de l'Hôtel de Ville. Paris, Bibliothèque administrative.

FERNIQUE Albert
Paris, 1841-1898

126 non repr.
Vue du Dôme, transport des statues dans l'allée centrale

Epreuve sur papier albuminé, virée à l'or.
H. 0,37 ; L. 0,26.
Section locale d'architecture de l'Hôtel de Ville. Paris, Bibliothèque administrative.

CORMON Fernand-Anne PIESTRE *dit*
Paris, 1845 - 1924

127 repr. p. 245
Allégorie du mariage

Huile sur toile.
H. 1,00 ; L. 1,01.
S.d.b.g. dans un des lobes du trèfle : *F. Cormon 78.*
Esquisse du plafond commandée en 1876 pour la salle des mariages de la mairie du IVe arrondissement ; *Inventaire général*, no 457. Entrée au musée du Petit Palais en 1902, P.P.P. 3931.

MOREAU DE TOURS Georges MOREAU *dit*
Ivry-sur-Seine (Val-de-Marne), 1848 - Bois-le-Roi (Seine-et-Marne), 1901

128
Le mariage

Huile sur toile.
H. 0,48 ; L. 0,42.
S.b.d. *Moreau de Tours.*

129 repr. p. 246
La famille

Huile sur toile.
H. 0,48 ; L. 0,77.
S.b.d. *Moreau de Tours.*

130 repr. p. 246
Le sacrifice à la patrie

Huile sur toile.
H. 0,48 ; L. 0,77.
S.b.d. *Moreau de Tours.*
Esquisses retenues en 1880 au 1er degré du concours pour le décor de la salle des mariages de la mairie du IIe arrondissement. Versées dans les collections municipales ; *Inventaire général* no 477 ; *La famille* transférée au musée du Petit Palais en 1978, P.P.P. 4192 ; les deux autres en 1986, P.P.P. 4194 (*le mariage*) et P.P.P. 4193 (*le sacrifice à la patrie*).

BESNARD Paul-Albert
Paris, 1849 - 1934

131 repr. p. 244
Le Printemps ou *Le matin de la vie*

Huile sur toile (cintrée), avec trace de mise au carreau.
H. 0,65 ; L. 0,81.
S.b.d. *A. Besnard.*

132 repr. p. 244
L'Eté ou *Le milieu de la vie*

Huile sur toile (cintrée)
H. 0,65 ; L. 0,74.
S.b.g. *A. Besnard.*

133 repr. p. 244
L'Hiver ou *Le soir de la vie*

Huile sur toile (cintrée), avec trace de mise au carreau.
H. 0,65 ; L. 0,85.
S.b.d. *A. Besnard.*
Esquisses du décor commandé en 1886 pour la salle des mariages de la mairie du 1er arrondissement ; *Inventaire général* no 549. Entrées au musée du Petit Palais en 1902, P.P.P. 3867, P.P.P. 3868 et P.P.P. 3869.

SEON Alexandre
Chazelle-sur-Lyon (Loire), 1855 - Paris, 1917

134 repr. p. 245
Les Saisons

Huile, encre et sanguine sur toile.
H. 1,25 ; L. 1,65.
S.b.m. *Alex. Séon.*
En bas : *PLAFOND (Les Saisons).*
Dans le cartouche, au milieu : *ETE.*
Au-dessus : *AUTOMNE.*
A gauche : *PRINTEMPS*, à droite : *HIVER.*
Esquisse retenue en 1884 au 1er degré du concours pour le décor de la salle des mariages de la mairie de Courbevoie. Versée dans les collections municipales ; *Inventaire général*, no 569. Entrée au musée du Petit Palais en 1902, P.P.P. 4257.

AUBE Jean-Paul
Longwy, 1837 - Capbreton, 1916

135 repr. p. 264
Le Dante

Bronze.
H. 1,95 ; socle 0,60 × 0,60.
Commandé par la Ville de Paris en 1882 ; *Inventaire général* no 314. Placé au square du Collège de France.

BARRIAS Louis-Ernest
Paris, 1841 - 1905

136 repr. p. 259
Les premières funérailles

Marbre.
H. 2,20 ; L. 1,35 ; P. 1,10.
Commandé par la Ville de Paris en 1878 ; *Inventaire général* no 306. Placé à l'Hôtel de Ville en 1884. Musée du Petit Palais de 1902 à 1942 ; centre hospitalier Sainte-Anne depuis 1947.

BOISSEAU Emile-André
Varzy, 1842 - mort en 1923

137 repr. p. 263
La défense du foyer

Marbre.
H. 2,35 ; socle ovale 0,95 × 1,00.
Commandé par la Ville de Paris en 1885 ; *Inventaire général* no 418. Placé au Champ-de-Mars de 1889 à 1898. Square des Invalides, aujourd'hui square d'Ajaccio, depuis 1899.

ETCHETO François
Madrid, 1853 - Paris, 1889

138 repr. p. 264
François Villon

Bronze.
H. 1,90 ; socle 0,95 × 1,00.
Commandé par la Ville de Paris en 1882 ; *Inventaire général* no 343. Placé au square Monge, aujourd'hui Paul-Langevin, de 1883 à 1942. Champigny-sur-Marne, square, rue Elisée-Reclus, depuis 1950.

LONGEPIED Léon-Eugène
Paris, 1849 - 1888

139 repr. p. 282
Pêcheur ramenant la tête d'Orphée

Marbre.
H. 1,90 ; socle diam. 1,00.
Commandé par la Ville de Paris en 1881 ; *Inventaire général* no 326. Placé dans les jardins du Ranelagh depuis 1883.

MOREAU Mathurin
Dijon, 1822 - Paris, 1912

140 repr. p. 261
L'avenir

Marbre. H. 1,30 ; socle ovale 0,51 × 0,38.
Acquis par la Ville de Paris au Salon de 1886 ; *Inventaire général* no 677. Placé au Palais Galliera en 1895. Maison des examens rue Mabillon de 1905 à 1960 ; mairie de Vincennes depuis 1961.

PARIS Auguste
Paris, 1850 - 1915

141 repr. p. 285
Le temps et la chanson

Marbre.
H. 2,15 ; socle diam. 1,10.
Commandé par la Ville de Paris en 1883 ; *Inventaire général* no 387. Placé au théâtre de la Gaité de 1885 à 1920. Aujourd'hui 4, rue du Docteur Hutinel (XIIIe arrondissement).

PERRIN Jacques
Lyon, 1847 - Paris, 1915

142 repr. p. 262
Le botteleur

Bronze.
H. 1,52 ; socle ovale, 1,45 × 0,88.
Commandé par la Ville de Paris en 1887 ; *Inventaire général* no 681. Placé au square Parmentier, aujourd'hui Maurice-Gardette depuis 1891.

CATALOGUE

BIBLIOGRAPHIE

AGULHON Maurice
1979. *Marianne au combat. L'imagerie et la symbolique républicaines de 1789 à 1880*, Paris.
1984. « La mairie », in *Les lieux de mémoire. I. La République*, Paris, pp. 167-193.
1988. « La statuomanie et l'histoire », in *Histoire vagabonde*, t. I, *Ethnologie et politique dans la France contemporaine*, Paris, pp. 137-185.
« Les statues du centenaire », *Gazette des Beaux-Arts*, janv.-fév., pp. 131-136.

ALPHAND Adolphe
1867-1873. *Les Promenades de Paris. Histoire. Descriptions et embellissements. Dépenses de création et d'entretien des bois de Boulogne et de Vincennes, Champs-Elysées, parcs, squares, places plantées. Etude sur l'art des jardins et arboretum*, Paris.

AMALVI Christian
1984. « Le 14-Juillet. Du *Dies irae* à *Jour de Fête* », in *Les lieux de mémoire. I. La République*, Paris, pp. 421-472.

BARRAL Pierre
1968. *Les fondateurs de la Troisième République*, Paris.

BIZARDEL Yvon
1974. « Les statues parisiennes fondues sous l'occupation (1940-1944) », *Gazette des Beaux-Arts*, mars, pp. 129-152.

BLANC Charles
14 oct. 1879. « Concours pour la figure de République », *Le Temps*.

BOUTEILLER de
1889. *Rapport sur l'exposition spéciale de la Ville de Paris* (Imp. n° 139).

BRÉDAN Philbert
12 oct. 1879. « Le concours pour la statue monumentale de la République », *Le XIXe Siècle*.

BRESC-BAUTIER Geneviève et PINGEOT Anne
1986. *Sculptures des jardins du Louvre, du Carrousel et des Tuileries*, Paris, 2 vol.

BURTY Philippe
15 oct. 1879. « Concours pour le monument de la République », *La République française*.

CAILLAUX Henriette
1935. *Aimé-Jules Dalou (1838-1902)*, Paris.

[Catalogues d'expositions]

1982. *Centenaire de la reconstruction de l'Hôtel de Ville*, Paris, bibliothèque administrative.
De Carpeaux à Matisse, La sculpture française de 1850 à 1914 dans les musées et les collections publiques du nord de la France, Association des conservateurs de la Région Nord-Pas-de-Calais, Lille.

1983. *La perspective de la Défense dans l'art et l'histoire*, Nanterre, archives départementales des Hauts-de-Seine.

1986. *La sculpture française au XIXe siècle*, Paris, éditions de la réunion des musées nationaux.

1986-1987. *Le triomphe des mairies*, Paris, musée du Petit Palais.

[Chaix, A.]

1878. *Inventaire général des œuvres d'art appartenant à la Ville de Paris, dressé par le service des Beaux-Arts. Edifices civils*, t. I, Paris.

1889. *Catalogue de l'exposition spéciale de la Ville de Paris et du département de la Seine*, Paris.

[1889]. *Notices sur les objets et documents exposés par les divers services de la Ville de Paris et du département de la Seine* (annexe du *catalogue spécial*), Paris.

CHASSAIGNE Marc
1930. *Etienne Dolet*, Paris.

CHAUDONNERET Marie-Claude
1987. *La Figure de la République. Le concours de 1848*, Paris.

[Conseil municipal de Paris]

1880→1890. *Délibérations*.

1878→1890. *Procès-verbaux*.

1878→1890. *Rapports* et *propositions imprimés*.
cf. Bouteiller, Delhomme, Depasse, Hamel, Hattat, Jobbé-Duval, Parent, Viollet-le-Duc, Voisin.

1879. *Programmes des concours de peinture, d'exécution des statues d'Etienne Marcel et du buste-type de la République autorisés par la délibération du 9 août 1879* (Imp. n° 90).

DELHOMME Léon
1882. *Rapport concernant la fonte en bronze de la statue de Voltaire. Mémoire* (Imp. n° 61).
Rapport sur la mise au concours d'une statue de Jean-Jacques Rousseau (Imp. n° 81).
1884. *Rapport sur l'érection d'une statue à Etienne Dolet, place Maubert* (Imp. n° 40).
1887. *Rapport sur la proposition de M. Jacques et d'un grand nombre de ses collègues demandant l'érection à Paris d'une statue de Danton* (Imp. n° 42).

DEPASSE
1886. *Rapport sur diverses propositions relatives à la construction d'un monument commémoratif de la Révolution française. Mémoire en annexe* (Imp. n° 80).
Rapport complémentaire (Imp. n° 104).
Compte rendu de la démarche de la 5e commission auprès de M. le Ministre de l'Instruction publique et des Beaux-Arts (Imp. n° 149).

DREYFOUS Maurice
1903. *Dalou, sa vie et son œuvre*, Paris.

DUBOIS Paul
1885. *Concours pour l'érection, square de l'Hôtel de Ville, d'une statue équestre d'Etienne Marcel. Rapport général sur les opérations du jury*, Paris, Chaix.

FROLLO Jean
11 oct. 1879. « Les statues de la République », *Le Petit Parisien*.

GOULEMOT Jean-Marie et WALTER Eric
1984. « Les centenaires de Voltaire et de Rousseau », in *Les lieux de mémoire. I. La République*, Paris, pp. 381-420.

GRIMM Thomas
11 oct. 1879. « La statue de la République », *Le Petit Journal*.

GUICHARD Victor
1889. « Rapport au Conseil municipal de Paris sur l'Exposition universelle », in *L'Exposition de Paris de 1889*, t. I, pp. 54-55, 62-63, 67, 70-71.
cf. Monteil.

GUILLAUME Eugène
1879. *Concours pour l'exécution d'un buste-type de la République et d'une face de médaille représentant les figures de la Ville de Paris et de la République. Rapport présenté au nom du jury chargé du classement des esquisses*, Paris, Chaix.
1880. *Concours pour l'érection, place de la République, d'une statue monumentale de la République. Rapport présenté au nom du jury chargé de juger les modèles admis au second degré du concours*, Paris, Chaix.

JANSON H.W.
1985. *Nineteenth-Century Sculpture*, Londres.

JOBBÉ-DUVAL Félix
1878. *Demande de participation de la Ville pour l'érection d'une statue destinée à figurer à l'Exposition universelle* (Imp. n° 8).
Mise au concours de la statue (Imp. n° 24).
1880. *Exécution du piédestal de la statue de la République* (Imp. n° 183).
Travaux relatifs à la décoration de la place de la République (Imp. n° 212).

HAMEL Ernest
1878. *Proposition tendant à la célébration d'une fête municipale le 21 septembre* (Imp. n° 64).

HARGROVE June
1986. « Les statues de Paris », in *Les lieux de mémoire. II. La Nation****, Paris, pp. 243-282.

HATTAT Félix
1882. *Mise au concours d'une statue équestre à Etienne Marcel* (Imp. n° 56).
1884. *Rapport sur les acquisitions à faire au Salon de 1884* (Imp. n° 66).
Exécution du piédestal de la statue équestre d'Etienne Marcel (Imp. n° 125).
1885. *Demande de crédit supplémentaire pour l'exécution du groupe allégorique de M. Jules Dalou* (Imp. n° 80).
1885. *Concours de peinture pour la décoration artistique des mairies des IVe, XVe et XXe arrondissements. Rapport général sur les opérations du jury*, Paris, Chaix.

HAVARD Henry
26 nov. 1879. « Le monument de la Défense de Paris », *Le Siècle*.
29 nov. 1879. « Le monument de la Défense nationale », *Le Siècle*.

HUNISAK John M.
1977. *The Sculptor Jules Dalou. Studies in His Style and Imagery*, New York & London.

LE NORMAND-ROMAIN Antoinette, PINGEOT Anne, HOHL Reinhold, ROSE Barbara et DAVAL Jean-Luc
1986. *La Sculpture. L'aventure de la sculpture moderne - XIXe et XXe siècles*, Genève.

LOYSEL Stéphane
25 oct. 1879. « Le concours pour la statue de la République », *L'Illustration*.

MAYEUR Jean-Marie
1973. *Les débuts de la IIIe République. 1871-1898*, Paris.

MÉNARD Louis
1879. « La sculpture à l'Exposition universelle de 1878 », *L'Art*, t. II.

MONTEIL Edgar et GUICHARD Victor
1884. *Rapport général sur le principe de l'Exposition universelle de 1889* (Imp. n° 124).

NICOLET Claude
1982. *L'idée républicaine en France*, Paris.

ORY Pascal
1984. « Le centenaire de la Révolution française. La preuve par 89 », in *Les lieux de mémoire. I. La République*, Paris, pp. 523-560.

OZOUF Mona
1984. *L'École de la France*, Paris.

PARENT Ulysse
1880. *Acquisition d'un groupe allégorique de Jules Dalou, dont l'esquisse a figuré à l'exposition du concours pour l'érection d'une statue monumentale de la République* (Imp. n° 85).

PERRENS F.T.
1874. *Etienne Marcel, prévôt des marchands (1354-1358)*, Paris.

POTHEY A.
13 oct. 1879. « La statue de la République », *Le Voltaire*.

RENAUD Armand
1893. *Concours pour l'érection d'une statue à Condorcet. Rapport général sur les opérations du jury*, Paris, Chaix.

SANSON Rosemonde
1976. *Le 14-Juillet, fête et conscience nationale*, 1789-1975, Paris.

STRAUSS Paul
1890. *Concours pour l'érection d'un monument à Danton. Rapport général sur les opérations du jury*, Paris, Chaix.

THOMAS Jules
1879. *Concours pour l'érection au rond-point de Courbevoie d'un monument allégorique de la Défense de Paris en 1870. Rapport présenté au nom du jury chargé du classement des esquisses*, Paris, Chaix.
1880. *Concours pour l'érection au rond-point de Courbevoie d'un monument allégorique de la Défense de Paris. Rapport présenté au nom du jury chargé de juger les modèles admis au second degré du concours*, Paris, Chaix.

VACHON Marius
11 oct. 1879. « Le concours pour la statue de la République », *La France*.
27 nov. 1879. « Le monument de la Défense de Paris », *La France*.

VAUDREMER Emile
1879. *Concours pour l'érection, place de la République, d'une statue monumentale de la République. Rapport présenté au nom du jury chargé du classement des esquisses*, Paris, Chaix.

VÉRON Eugène
1879. « Concours pour le monument de la place de la République », *L'Art*, t. IV.

VIOLLET-LE-DUC Eugène-Emmanuel
1878. *Programme relatif à la fête populaire et municipale projetée à propos de l'Exposition universelle le dimanche 14 Juillet, anniversaire de la prise de la Bastille* (Imp. n° 42).
1879. *Programme du concours pour l'érection de la statue de la République, place du Château-d'Eau* (Imp. n° 17).
1879. *Rapport sur la répartition du crédit de 300 000 francs inscrit au budget de 1879, pour travaux de peinture, sculpture, gravures en médailles et en taille-douce.*

VOISIN
1887. *Rapport sur la fonte de bronze par le procédé à cire perdue du groupe allégorique de M. Jules Dalou* (Imp. n° 50).

INDEX

CRÉDITS PHOTOGRAPHIQUES

AGENCE SYGMA
Cat. 97
Fig. 5, 6, 7, 9, 12, 32, 141, 146, 154, 156.

ARCHIVES PHOTOGRAPHIQUES (Direction du patrimoine et Caisse nationale des monuments historiques et des sites)
Cat. 135
Fig. 119 (phot. Jean Feuillie).

BIBLIOTHÈQUE ADMINISTRATIVE
Fig. 84
E.U. 89 V.P. n°s 58, 66, 68, 90, 97, 102, 103, 109, 136, 137 (phot. C. Graebling).

BIBLIOTHÈQUE NATIONALE
Fig. 8 (phot. Delmaet et Durandelle), 31, 51, 52, 54, 87, 90, 93, 95, 100, 108, 109, 110, 114, 116, 125, 133 à 136, 140, 145, 149, 151, 152, 155, 157 à 159, 161
E.U. 89 V.P. n°s 57, 89, 91, 101, 108, 117, 129, 134, 135, 138 (phot. Louis Briche).

BORDEAUX, musée d'Aquitaine
Fig. 45 (phot. V. Raynaud).

BULLOZ
Cat. 94, 100
Fig. 41, 70, 74
E.U. 89 V.P. n°s 69, 74, 121.

CAMBERRA, Australian National Gallery
Fig. 46, 47.

GENÈVE, musée du Petit Palais
Cat. 98.

GROUD, Guénola
IMBERT, Daniel
Cat. 29, 137, 139, 142
Fig. 3, 10, 11, 13 à 15, 21 à 24, 28, 33 à 36, 48, 50, 55, 57, 62, 64, 65, 75, 77, 80, 83, 92, 98, 105, 106, 111, 112, 123
E.U. 89 V.P. n°s 80, 81, 112, 122, 128.

JAHAN Pierre
Fig. 131.

LAUROS-GIRAUDON
Fig. 132.

LOTY, Jean-Claude
Fig. 40
E.U. 89 V.P. n° 111.

MICHOT, Emmanuel et
LOTY, Jean-Claude
Fig. 58
E.U. 89 V.P. n° 56.

MOREL, Dominique
Fig. 81.

PARIS, Ecole nationale supérieure des Beaux-Arts
Fig. 17, 18, 20 (phot. Pierre Petit).

PARIS, musée de l'Armée
Cat. 87.

PARIS, musée d'Orsay, archives photographiques
Cat. 121, 123, 124
Fig. 16 (phot. Anne Pingeot).

PARIS, musée Rodin
Cat. 33, 51 (phot. Bruno Jarret, ADAGP 1988).

PHOTOTHÈQUE DES MUSÉES DE LA VILLE DE PARIS
Cat. 1 à 23, 27, 28, 30 à 32, 34 à 49, 52, 53, 55 à 74, 76 à 83, 85, 86, 88 à 93, 104 à 106, 109, 117 à 120, 127 à 134, 136, 141
Fig. 27, 38, 39, 42 à 44, 59, 60, 61, 72, 96, 101, 118, 126 à 128, 129, 162
E.U. 89 V.P. n°s 55, 60, 61, 71, 73, 77, 79, 83, 84, 94, 98, 99, 100, 113, 116, 124, 125, 130, 131, 132, 139 (phot. Patrick Pierrain)
Cat. 25, 54, 95, 112, 116
Fig. 88, 160.

ROGER-VIOLLET
Cat. 140
Fig. 1, 2, 97, 103, 104, 124, 153
E.U. 89 V.P. n°s 65, 67, 107, 119, 133.

SEDAN, musée municipal
Fig. 67.

SERVICE AUDIOVISUEL DE LA DIRECTION DES AFFAIRES CULTURELLES DE LA VILLE DE PARIS
Cat. 99, 101 (phot. Martin Baÿ)
Cat. 107, 108, 110
Fig. 82 (phot. Marc du Broca)
Fig. 56 (phot. Patrice Clavier)
Cat. 99, 101, 111, 113, 114, 115
Fig. 19, 25, 30, 37, 49, 68, 76, 79, 86, 99, 115, 117, 137, 138, 142 à 144, 147, 148, 150, 163
E.U. 89 V.P. n°s 59, 63, 64, 72, 78, 87, 92, 96, 105, 106, 110, 114, 120, 126 (phot. Didier Giet).

SERVICE PHOTOGRAPHIQUE DE LA RÉUNION DES MUSÉES NATIONAUX
Cat. 24, 26, 50, 75, 84
Fig. 63.

Cet ouvrage a été achevé d'imprimer le 28 février 1989
sur les presses de l'Imprimerie Blanchard Fils au Plessis-Robinson
d'après les maquettes de Pierre-Louis Hardy

Le texte a été composé en Méridien
par L'Union Linotypiste à Paris
Les illustrations couleur ont été gravées par Clair-Offset à Paris,
la similigravure par N.S.R.G. à Paris
et les dessins de Tardi par Blanchard au Plessis-Robinson
Le papier a été fabriqué par les papeteries Job.

Dépôt légal mars 1989
ISBN 2-7376-2644-7